北京外国语大学"双一流"建设项目成果　项目批准号：2021SYLZD009
当代东方翻译理论学术著作译丛

非洲翻译

马会娟　李庆学　编著

中国出版集团
中译出版社

图书在版编目（CIP）数据

非洲翻译 / 马会娟，李庆学编著. -- 北京 : 中译出版社, 2025. 1. -- ISBN 978-7-5001-8137-8

Ⅰ. H059

中国国家版本馆CIP数据核字第20240HF649号

非洲翻译
FEIZHOU FANYI

出版发行 / 中译出版社
地　　址 / 北京市西城区新街口外大街28号普天德胜主楼4层
电　　话 / (010) 68359827，68359303（发行部）；68359725（编辑部）
邮　　编 / 100088
传　　真 / (010) 68357870
电子邮箱 / book@ctph.com.cn
网　　址 / http://www.ctph.com.cn

责任编辑 / 刘瑞莲
封面设计 / 冯　兴
排　　版 / 北京竹页文化传媒有限公司

印　　刷 / 三河市国英印务有限公司
经　　销 / 新华书店
规　　格 / 710毫米×1000毫米　1/16
印　　张 / 15.5
字　　数 / 252千字
版　　次 / 2025年1月第1版
印　　次 / 2025年1月第1次

ISBN 978-7-5001-8137-8　定价：59.00元

版权所有　侵权必究

中 译 出 版 社

目 录

非洲的翻译及非洲翻译研究的意义	1
非洲文学翻译与文化交流	15
中国影视作品对外译制模式探析	24
恩古吉的自译行为与非洲文学中的自译现象	35
东非语境下冷战时期的翻译：接受和反应	48
英国统治下的斯瓦希里文学翻译话语的"沉默"和构建 ——翻译的"去圣化"	69
坦桑尼亚的文学翻译与国家建设	102
西非戏剧中的文化翻译	120
南非荷兰语和英语儿童文学中文化内容的翻译	137
坦桑尼亚口译行业现状研究	160
非洲翻译研究综述（2018—2022年）	183
多语言多文化背景下的南非字幕翻译	207
《翻译的文化政治：全球背景下的东非》述评	221
《后殖民主义多元系统——南非儿童文学翻译的创作和反响》述评	231

非洲的翻译及非洲翻译研究的意义

武光军[①]

1 引言

　　非洲是世界第二大洲，仅次于亚洲，面积约占世界陆地总面积的 20.2%。非洲人口约为 10 亿，占世界总人口的 15%。同时，非洲是人类文明的发祥地之一，有着悠久的历史和文化传统。近代以来，由于西方殖民主义的统治，非洲的传统文化发展几近中断。但 20 世纪 80 年代以来，非洲文化再度复兴，特别是非洲文学迅速崛起，先后涌现了 4 位诺贝尔文学奖得主（1986 年，尼日利亚作家沃莱·索因卡获诺贝尔文学奖；1988 年，埃及作家纳吉布·马赫福兹获诺贝尔文学奖；1991 年，南非作家纳丁·戈迪默获诺贝尔文学奖；2003 年，南非作家约翰·马克斯维尔·库切获诺贝尔文学奖）。从没落的口头文学传统快速走到耀眼的世界文学前沿，且拥有自身独特的风格和内涵，非洲文学的崛起有着如此短暂却又丰硕的发展历程，引发了非洲研究者探究的兴趣（夏艳，2009：232）。在现代非洲文化、文学走向世界舞台的过程中，翻译发挥了重要作用。这是因为现代性的文化强调书写重于口头，但许多非洲国家没有自己的语言和文字，只是口头叙事，因此没有文学资本，所以翻译就成为非洲文化、文学在世界舞台上获得一席之地的主要方式（Bandia, 2009: 2）。

[①] 作者介绍：武光军，北京第二外国语学院教授。

2 非洲的翻译概况

实际上,非洲大陆的翻译实践与人类的交际一样古老,因为不同种族之间的交际是离不开翻译的。Bandia(2004;2009)指出,非洲翻译的历史发展经历了三个阶段:前殖民时期、殖民时期和后殖民时期。

2.1 前殖民时期

在这一时期,非洲的文化表达主要以口头为主,体裁有谚语、警句、演说、短篇故事、谜语等。理解这些口头叙事往往需要进行语内翻译。在非洲的法语区,还出现了职业的语言工作者"格里奥"(griot)。"格里奥"往往精通数种语言,非洲的许多英雄史诗就是靠他们传承下来的。在口头文学留下的作品中,最有名的是在马里和几内亚等国家喻户晓的英雄史诗《松迪亚塔》。在此时期,非洲的翻译还有一种特殊的形式——对鼓语(drum language)的符际翻译。在非洲,鼓语是一种交际的手段,因而也是一种"语言",可以"翻译"成文字。

2.2 殖民时期(15世纪至20世纪中叶)

非洲的殖民时期又可以分为两个主要阶段:一是欧洲殖民者的到来;二是从19世纪开始的、以非洲被分割为主要特征的前独立时期。在这一时期,由于欧洲人及阿拉伯人来到了非洲大陆,欧洲人、阿拉伯人及非洲人之间的交流对翻译的需求空前地增长。由于欧洲语言文化和非洲语言文化的不平等权力关系,翻译的方式主要是垂直翻译(vertical translation),即翻译不仅仅是语言文化的交流,而更强调其意识形态的基础。这一时期的翻译主要是选择性翻译,即选择那些与基督教冲突最小的文化成分或文本(Bandia,2004)。

一般认为,葡萄牙人是最早来到非洲的。1445年,葡萄牙人首先来到了塞内加尔。非洲文学最早译入的欧洲语言就是葡萄牙语。到了 19 世纪，非洲文学译为葡萄牙语的规模达到了顶峰。同时，传教士们意识到使用非洲当地的语言传教更有效，所以 17 世纪开始将《圣经》翻译为非洲当地语言，但《圣经》翻译为非洲当地语言并大规模地出版则是在 19 世纪。今天，《圣经》已被译为 100 多种非洲当地语言。同时，在这一时期的宗教翻译中，伊斯兰教的《古兰经》也被译为豪萨语和约鲁巴语。关于非洲的柏林会议（1884—1885）引发了对非洲大陆全面殖民统治。柏林会议后，不分种族或自然边界，非洲被切割为欧洲各国的势力范围。在这一时期，非洲文学在葡萄牙语、英语和法语中的发展成为欧洲殖民统治的副产品。同时，非洲翻译的先驱"格里奥"迅速式微。在非洲的法语区，法国关心的主要就是打造一个"法国海外省"（France outre-mer）。法兰西学院（Academie Francaise）要求，殖民地作家的作品必须使用完美的法语。由于法语区的非洲作家不能像英语区的非洲作家一样流利地将其口头叙事文学翻译为法语作品，所以这一时期在非洲用英语创作的作品多于用法语创作的作品（Bandia, 2004: 298）。

2.3 后殖民时期（20 世纪 50 年代后）

在这一时期，非洲的翻译发展进入了一个新的历史时期。20 世纪 50 年代末，出现了一批新的熟练掌握了欧洲语言写作技巧和非洲口头叙事语言技巧的非洲作家，他们创作的作品基本上都采用了非洲口头叙事的自由翻译形式（Bandia, 2004: 300）。这些作家主要包括法语区的塞内加尔著名诗人 Birago Diop、科特迪瓦的 Bernard Dadie 等、英语区尼日利亚的 Amos Tutuola 等。同时，这一时期的非洲作家在利用欧洲语言作为非洲文学创作的媒介上进行了许多有益的尝试。例如，阿尔及利亚作家 Djebar 就在自己创作的法语作品中使用了将阿拉伯语词汇直接译入法语的方法（张荣建，2003：91）。Bandia（2004: 299）提出，这一时期非洲的翻译可分为三类：宗教翻译、文学翻译和公共服务翻译。在这一时期，宗教翻译继续发展，例如，尼日利亚的大主教 Crowther 将《圣经》翻译为伊博语和约鲁巴语。在文学翻译方面，有很多的非洲文学被译为欧洲语言，而欧洲语言的文学译为非洲语言的则较少，非洲语言间的文学互译则几乎没有。在公共服务翻译方面，如在外交、政治、经济及文化领域，与人们的预想不同，非洲语言间的翻译活动没有发展。相反，翻译主要向另两个方向发展：一是非洲语言译为欧洲语言；二是欧洲语言译为非洲语言和欧洲语言译为欧洲语言。例如，在欧洲语言互译方面，由于实行英语和法语的双官方语言政策，喀麦隆成了非洲大陆欧洲语言间翻译的中心。

2.4 当代

目前，非洲的翻译市场还有很大的发展空间。根据美国著名语言行业调查机构 Common Sense Advisory 公司对全球翻译市场的调查，2011年，非洲翻译市场的份额仅占全球翻译市场0.26%（2013: 1）。非洲大陆有6大语系的2000多种语言，多语现象极其普遍。根据联合国教科文组织的统计，在非洲，大众传媒中至少使用242种语言，司法系统至少使用63种语言，政府系统使用的语言不少于56种（2013: 2）。1996年之后，根据南非的新宪法，其国家的官方语言包括11种语言。因此，翻译在非洲是一种交际的现实需要。此外，翻译在非洲还发挥着重要的社会作用。Common Sense Advisory 公司的调查显示，97.14%的受访者认为更多地接触翻译过来的信息可以帮助非洲人民了解自身的合法权利，95.19%的受访者认为更多地接触翻译过来的信息可以改进非洲各国人民的生活质量，91.96%的受访者认为更多地接触翻译过来的信息可以推进非洲各国的政治进程（2013: 33-34）。当前，在非洲，无论是翻译行业发展还是翻译研究开展方面，南非都是领先的。

3 非洲翻译的特点

整体来说，非洲的翻译有两大特点。

3.1 原作特殊：原作即翻译，且语言形式杂合

20世纪后，非洲的文化、文学逐渐走向独立。特别是1988年埃及作家纳吉布·马哈福兹的创作因"形成了全人类所欣赏的阿拉伯语言艺术"荣获诺贝尔文学奖，象征着非洲人民在殖民时代结束后对传统文化的创造性发展和民族自信的焕发（夏艳，2009：235）。因此，以非洲土著语言创作的非洲作品开始增多。但以非洲土著语言创作的非洲作品仍然受众面较窄，所占比重并不是太大。许多非洲作家为了扩大自己作品的受众面，不得不把原本用自己的非洲母语创作的作品译为欧洲语言。例如，肯尼亚著名作家恩古吉·瓦·提安哥（Ngugi wa Thiong'o）将自己用肯尼亚母语——基库尤语（Kikuyu）写成的作品译成英语。

由于非洲文化的口头传统，许多非洲国家和民族没有自己的语言文字，且非洲长期受欧洲的殖民统治，所以当代非洲的许多作品不得不用欧洲语言写成。但欧洲的语言又无法承载内涵丰富的非洲文化，所以当代非洲作家对欧洲的语言进行了改造，以使其能够表达非洲的文化和世界观，这造成了当代非洲作品的特殊性。通过"非洲化"欧洲语言，即将非洲语言直接译入其作品和欧洲语言，非洲作家向历史形成的欧洲语言的权威提出挑战，并将非洲语言作为平等的写作工具（张荣建，2003：94）。为了表达非洲的思想和世界观，非洲的作家进行了语言实验（linguistic experimentation），即对欧洲的语言进行非洲化的改造，主要是向欧洲语言引入非洲土著语的词汇、习语和语法。因此，当代非洲作家的语言是一种非洲土著语言和西方话语的混合物。借用霍米·巴巴的第三空间的概念，这种非洲作品的语言被 Bandia（2006）称为"第三种代码"（third code）。Bandia（2006: 355）认为，这第三种代码的性质是双话语（bi-langue），而非双语言的（bilingue）；是双文化（bi-culture），而非双文化的（bi-cultural）。第三种代码的主要作用是对作者和读者的再领土化（reterritorialize），即消除由外语施加在作者和读者间的语言和文化阻隔（2006: 355）。在法语作品方面，例如 Djebar 的作品，特别是在 *L'Amor, la Fantasia*（1985）、*Ombre Sultane*（1987）和 *Vaste est la prison*（1995）三部法语创作的作品中，

Djebar 通过口头标音直接将阿拉伯词汇译入了法语（张荣建，2003：91），从而使其作品成了法语和阿拉伯语的杂合文本。在英语作品方面，尼日利亚小说家、诗人 Gabriel Okara（1963: 15）指出，作为相信尽可能使用非洲观念、非洲哲学、非洲民间文化和形象的作家，有效使用非洲观念、非洲哲学、非洲民间文化和形象的唯一方法是将作者母语逐字翻译成他用作表达媒介的欧洲语言。例如，其作品《声音》(*The Voice*)使用的英语就有其非洲母语伊乔语（Ijaw）翻译过来的英语，特别是对习语和句法的改动较大。

事实上，由于许多当代非洲作品使用的语言并不是自己本民族的语言，而是欧洲语言，所以用欧洲语言写作的当代非洲作品本身就是一种翻译文本，且语言形式杂合，既有非洲文化的也有欧洲文化的特征。对于这种原作就是翻译文本的情形，目前的翻译研究尚无理论模式。

3.2 翻译形式多样、体系复杂

非洲的翻译形式较为复杂。从广义来说，非洲的翻译有五种形式：一是将口头叙事翻译为书写，也就是说创作即翻译；二是将非洲的文化、文学作品翻译为葡语、法语、英语等欧洲语言；三是将欧洲语言中的文学、文化作品翻译为非洲当地语言；四是欧洲语言间的互译；五是非洲语言间的互译。目前，非洲的翻译以前四种形式的翻译为主，第五种翻译较少。

由上段可见，与其他地域相比，非洲的翻译形式多样，较难做出统一性的概括和架构统一性的翻译体系。对于非洲的文学翻译，Bandia 提出，非洲的文学翻译应为包含两个层级的跨文化翻译体系。第一层级的翻译为非洲作家用欧洲语言表达非洲的思想，第二层级的翻译为将非洲的思想从一种欧洲语言转换为另一种欧洲语言。这两个翻译层级相互关联，第二层级的翻译实际上也与非洲本土的语言和文化间接关联。欧洲语言间的译者面对的原文实际上就是一个翻译文本（translated text），即用第三代码（third code）或中间代码（in-between code）写成的既不完全符合传统非洲话语也不完全符合欧洲话语系统的文本。在这个翻译过程中，译者三次远离现实，整个翻译过程为从非洲口头传统到作者写作的欧洲语言，再到第二种欧洲语言。我们可以看出，Bandia 的两级非洲文学翻译体系，仍未涉及非洲语言间互译的情形，也不是完整、统一的非洲翻译体系。因此，一个完整、统一的非洲翻译体系还有待构建。

4 非洲翻译研究的意义

Bandia（2006: 360）指出，目前由于对非洲翻译的历史研究尚不全面，非洲翻译实践的理论研究还相当欠缺。

在西方，2004 年 4 月 2 日至 3 日，荷兰的格罗宁根大学（University of Groningen）与莱顿大学（University of Leiden）共同组织了一场西方与非洲的翻译研究国际学术会议——"翻译与跨文化：西方与非洲"（Translation and Interculturality: Africa and the West）。当代西方最著名的非洲翻译研究专家是加拿大肯高迪亚大学（Concordia University）的 Paul Bandia 副教授。

从目前来看，我国对非洲文化、文学作品的译介显然落后于对欧美文化、文学作品的译介。我国译介的非洲文化、文学作品主要包括：（1）关于非洲的学术著作译介，如 1995 年、1996 年出版的联合国教科文组织编纂的《非洲通史》中译本三卷本，1980 年出版的刘宗次和赵陵生翻译的《非洲现代文学》，1991 年出版的李永彩翻译的《20 世纪非洲文学》等；（2）非洲的文学作品译介。新中国成立后，最早翻译的文学作品是 1957 年的《古代埃及故事》（倪罗译），第一部翻译的小说是 1958 年南非奥丽芙·旭莱纳的《一个非洲庄园的故事》。20 世纪八九十年代，译介最多的是埃及小说（有 20 多本）（夏艳，2011：157）。2000 年后稍有不同，诺贝尔作家的作品翻译迅速得到重视，主要是索因卡、马哈福兹、戈迪默和库切作品的翻译。总体来看，目前我国的非洲翻译研究还停留在具体作品的译介上，缺少对非洲翻译及翻译研究的整体梳理、现象认识和理论分析研究。我们认为，非洲的翻译研究对我国的翻译及翻译研究，乃至全球的翻译及翻译研究具有重要意义，这包括翻译实践和翻译理论研究两个方面。

4.1 对我国翻译实践的意义

4.1.1 深度翻译的翻译路径

当今英语文化世界中占主导地位的翻译策略和方法是通顺和归化。到 19 世纪和 20 世纪之交，在英语语言翻译中，消除外来文本中的语言与文化差异的翻译方法已被牢固地确立为一种准则（canon）(Venuti, 2010: 71)。在《译者的隐身》一书中，Venuti 彻底考察了从 17 世纪到当代的西方翻译，揭开了西方译文透明性（transparency）的神秘面纱，并指出这种归化和通顺的翻译策略在西方翻译传统中占主导地位的根本原因在于以西方的意识形态和民族主义为标准（郭建中，2000：49–50）。因此，当今西方的"通顺"的翻译策略不利于保护文化的多样性。

由于非洲民族主义的觉醒，非洲的翻译也由垂直翻译转为了水平翻译，注重保护和传达自己的民族文化。非洲的作家和翻译家在将本民族语言译为欧洲语言时，进行了很好的"深度翻译"实践。例如，乌干达诗人毕特克（Okot p'Bitek）在翻译 *Horn of My Love* 时，尼日利亚诺贝尔文学奖获得者索因卡（Wole Soyinka）翻译尼日利亚作家法古纳瓦（Daniel Olorunfemi Fagunwa）的约鲁巴语作品时，使用的都是深度翻译的方法。Gyasi（1999: 81）指出，西方的翻译理论以语言学为基础，而非洲语言中每个词语都有多重意义，西方翻译理论的主要缺陷就是没有考虑到非洲文学艺术家作品中的社会文化因素，因此西方翻译理论不太适用于非洲语言文本的翻译分析。考虑到非洲文学艺术家作品中的社会文化因素，就需进行"深度翻译"。

从人类学视角看，普林斯顿大学文化人类学家 Appiah 提出了"深度翻译"（thick translation）的概念，并指出这种翻译方法非常值得实践。深度翻译，即在翻译通过添加各种注释和评注等方法，将文本置于具有丰富内涵的文化语境和语言语境中（1993: 817）。深度翻译的哲学基础是人类学的文化相对主义，即一视同仁地看待世界各族人民及其文化，消解欧洲中心主义。由于完全翻译是不可能的，一种语言文化中的概念并不一定存在于另一种语言文化中，因此翻译中就需要进行语言语境和文化语境的重构,而深度翻译的目的就是创造译本的语言语境和文化语境,从而做到对他者文化、边缘文化和弱小民族文化的尊重。

著名翻译理论家 Hermans(2003)也大力提倡深度翻译。Hermans(2003:386)指出,深度翻译不是一种概括性的描述形式或翻译形式,而是对当代译学的批评,这与 Appiah 对深度翻译这一概念的使用不同。Hermans(2003:387)指出,深度翻译有五大优点:(1)在深度翻译中,翻译、阐释和描述发生在同一话语空间中,即深度翻译进入了语词、概念和话语,而不是高居在其之上;(2)深度翻译强调其建立的相似和差异是建构的,而非本质主义的;(3)深度翻译乐于精细的区分,而不是抽象的囊括;(4)质疑现有西方翻译理论的预设,打破译学的现有语汇,引进新的翻译理念和观念;(5)突出了译者的主体地位,消解了语言是透明的或描述是中立的幻想,引入了叙事的声音。

在英译汉方面,我国"深度翻译"已有很好的实践。例如,梁实秋在其《莎士比亚全集》翻译中采取了直译加注释的方式,先按照原文保留意象,然后释义说明其来由。他的注释中有许多有益的、深入浅出的个人见解,或考据,或描述,或阐述,或分析,持之以理,言之有据。他并非要单纯解释某一概念,而是要连带介绍一系列自成体系的西方文化知识,有时还穿插一些典故和逸事,力求借助注释加深读者对原著的理解,并引发有兴趣的读者对其进行进一步的学术研究,这使得他所翻译的《莎士比亚全集》成为莎氏学术版的典范(李明,2010:90)。又如在翻译爱尔兰作家詹姆斯·乔伊斯的小说《尤利西斯》时,无论是我国第一个翻译此书的金隄先生的译本还是萧乾和文洁若的译本,非常显著的特征之一就是数量众多的注释。金译本的五章中,注释少的一章也有数十条,多的一章更达 150 多条。萧译本因是全书,有的一章注释竟达近千条(孙宁宁,2010:17)。

目前中国文化正在由输入向输出转型,因此翻译实践中汉译英就显得尤为重要。但在汉译英方面,我国"深度翻译"的实践尚非常罕见,这应引起我们的重视。

4.1.2 再词汇化的翻译路径

对于"深度翻译",Bandia(2006)提出了批评。为符合国际受众对异国情调的需求,深度翻译迫使译者在译文中加入了大量的注释和明示信息,将译文转变为了一种说教式的或人类学的著作,这样一来,译文文本的文学性在接受时就可能会受到损害(2006: 358)。依据非洲作家对欧洲语言本土化的描写语言学的研究,Zabus(1991)提出了"再词汇化"(relexification)的概念,即在不大幅度改动语法的基础上用一种语言中的词汇替换另一种语言中的词汇。这是当代非洲作家和翻译家在翻译时常用的一种路径,目的也是保留非洲的民族语言和民族文化。

Bandia(1993: 74)指出,整体来说,非洲的作家和译者明显倾向于语义翻译或显性翻译(semantic, overt translation)。为能涵括非洲的思想和世界观,非洲的作家和译者对他们的宗主语言——欧洲语言进行了改造。例如:

英语原文:This my friend (i.e., this friend of mine) (Achebe, 1964, p. 96)

法语译文:Celui-ci, de mon ami (d'Almeida et al., 1978, p.131) (1993: 64)

"This my friend"是一种非标准的英语,但在西非英语中经常使用,在翻译成法语时译者将其进行了保留。

这种再词汇化的翻译路径对我国翻译实践的启示是:在不大幅度改动英语语法的前提下,我们可在我国的文学作品英译时适度保留中国文化元素和中国语汇,因为中国英语毕竟是一种客观现实(贾冠杰,2013)。

4.2 对我国翻译理论研究的意义

Bassnett-McGuire 指出,自从欧洲以外的文学研究兴起以后,文学研究的性质和方法都发生了改变。和文学研究一样,翻译研究中过度以欧洲为中心的观念也在逐渐消退。因此,正如文学研究已开始寻求摆脱欧洲中心主义的束缚,翻译研究也在开拓新的路径(Gyasi, 1999: 85)。

非洲作品有两大特征:一是很难找出其原文,因为很多时候,原文即非洲的口头传统,这种口头传统只是创作的灵感而已。换言之,作为翻译的写作来源于一个想象的原文,而不是一个真正的原文。二是非洲的作品本身(即原文)就是一种翻译文本。非洲翻译的这两点挑战了当代以西方为主的传统翻译理论。非洲的翻译情形无法用传统的二元对立的翻译概念进行分析,如源文 vs. 译文(original vs. secondary),源语 vs. 译语(source vs. target),支配 vs. 被支配(dominant vs. dominated),主要 vs. 次要(major vs. minor)(Bandia, 2006: 356)。

目前的翻译研究尚无理论模型能够描述或解释非洲的这种翻译现实,这是对当代翻译研究的巨大挑战。非洲的翻译的特殊性有可能会扩大翻译概念本身的内涵,也可能会拓宽翻译研究的理论空间,从而走出一条新的翻译研究路线。Bandia(2006: 360)认为,对非洲这种杂合文本、后殖民话语和后殖民写作进行研究,我们可能找出一条非二元、非对立的道路来对翻译实践进行理论化。

5 结语

当今世界的翻译研究正经历一个欧美主导的时代。目前翻译研究的主要流派、范式、概念及方法莫不出于欧美,而亚洲及非洲的翻译讨论较少,翻译研究也声音甚微。这说明当今世界的翻译研究格局是一个不平衡的格局,面积庞大、人口众多的亚洲和非洲的翻译研究亟待加强。

非洲复杂的多元现实及特殊的翻译实践都对当今以欧美为主导的翻译理论研究带来了巨大的挑战。目前,翻译研究注重的是欧美的翻译流派及理论体系,非洲的翻译研究还未引起足够的重视,也未成体系。由于其独特性,非洲的翻译研究可能会拓展翻译的概念内涵及翻译研究的理论范畴。无论对我国译学界还是全球译学界,这都将具有重大的理论研究意义和创新意义,因此应引起我国翻译研究学者的高度重视。

(原文发表于《外国语》2014 年第 5 期)

【参考文献】

Adejunmobi, M. (1998). Translation and postcolonial identity: African writing and European languages. *The Translator*, 4 (2), 163-181.

Appiah, K. (1993). Thick translation. *Callaloo*, 4, 808-819.

Bandia, P. (1993). Translation as culture transfer: evidence from African creative writing. *TTR*, 6 (2), 55-78.

Bandia, P. (2004). African tradition. In M. Baker (Ed.), *Routledge Encyclopedia of Translation Studies* (pp.295-305). Shanghai: Shanghai Foreign Language Education Press.

Bandia, P. (2006). African European-Language literature and writing as translation: some ethical issues. In T. Hermans (Ed.), *Translating others* (Vol. 2, pp.349-361). Manchester: St Jerome Publishing.

Bandia, P. (2008). *Translation as reparation: writing and translation in postcolonial Africa*. Manchester: St Jerome Publishing.

Bandia, P. (2009). Translation matters: linguistic and cultural representation. In J. Inggs & L. Meintjes (Eds.), *Translation Studies in Africa* (pp.1-20). New York: Continuum.

Bassnett, M. S. (1991). *Translation studies*. London: Routledge.

Common Sense Advisory. (2013, December 20). *The need for translation in Africa*. https://www.commonsenseadvisory.com/Portals/O/downloads/Africa.pdf

Finnegan, R. (1970). *Oral literature in Africa*. Oxford: Clarendon Press.

Gikandi, S. (1991). The epistemology of translation: Ngugi, Matigari, and the politics of language. *Research in African Literatures*, 22 (4), 161-167.

Gyasi, K. (1999). Writing as translation: African literature and the challenges of translation. *Research in African Literatures*, 30 (2), 75-87.

Gyasi, K. (2006). *The Francophone African Text: translation and the postcolonial experience*. Frankfurt: Peter Lang.

Hermans, T. (2003). Cross-cultural translation studies as thick translation. *Bulletin of the School of Oriental and African Studies*, 66 (3), 380-389.

Kruger, A. & Wallmach, K. (1997). Research methodology for the description of a source text and its translation(s) - A South African perspective. *South African Journal of African Languages,* 17 (4), 119-126.

Kruger, A. (1994). *New perspectives on teaching translators and interpreters in South Africa.* Pretoria: University of South Africa.

Linn, S., Mous, M. & Vogel, M. (Eds.) (2008). *Translation and interculturality: Africa and the West.* Frankfurt: Peter Lang.

Nama, C. (1990). A critical analysis of the translation of African literature. *Language & Development,* 10 (1): 75-86.

Nama, C. (1990). A history of translation and interpretation in Cameroon from precolonial times to present. *Meta,* 35 (2), 256-369.

Nama, C. (1993). Historical, theoretical and terminological perspectives of translation in Africa. *Meta,* 38 (3), 414-425.

Okara, G. (1963). African speech ... English words. *Transition,* 10, 15-16.

Packman, B. (1968). Some problems of translation in African literature. In C. Heywood (Ed.), *Perspectives on African Literature* (pp.64-77). New York: Africana.

Simpson, E. (1985). Translation problems of African countries. In H. Bühler (Ed.), *Tenth World Congress of FIT: Translators and their position in society.* Vienna: Braumüller.

Venuti, L. (2010). Translation as cultural politics: regimes of domestication in English. In M. Baker (Ed.), *Critical Readings in Translation Studies* (pp. 65-79). London and New York: Routledge.

Westley, D. (1987). African-language literature in English translation: An annotated bibliography. *Research in African Literature,* 18 (4), 499-509.

Zabus, C. (1991). *The African palimpsest: Indigenization of language in the west African Europhone novel.* Amsterdam: Rodopi.

段峰．(2006)．深度描写、新历史主义及深度翻译——文化人类学视域中的翻译研究．西华师范大学学报（哲学社会科学版），2，90-93．

郭建中．(2000)．韦努蒂及其解构主义的翻译策略．中国翻译，1，49-52．

贾冠杰．(2013)．中国英语再研究．当代外语研究，3，8-13．
李明．(2010)．双关语的"厚重翻译法"应用——以梁实秋的《莎士比亚全集》翻译为例．青岛科技大学学报（社会科学版），26（1），89-93．
孙宁宁．(2010)．翻译研究的文化人类学维度：深度翻译．上海翻译，1，14-17．
吴清和．(2007)．西非的口头文学．西亚非洲，2，58-60．
夏艳．(2009)．20世纪非洲文学的四个特点．世界文学评论，2，232-235．
夏艳．(2011)．非洲文学研究与中非交流与合作．云南民族大学学报（哲学社会科学版），28（2），156-160．
许方，许钧．(2013)．翻译与创作——许钧教授谈莫言获奖及其作品的翻译．小说评论，2，4-10．
张荣建．(2003)．非洲文学作品：语言学分析．重庆师范学院学报（哲学社会科学版），1，90-94．

非洲文学翻译与文化交流

查尔斯·奈玛（Charles Aangana Nama）[1]
管兴忠　朱晓萌[2]　译

1　引言

  非洲文学源于口头传述。和世界其他地区（例如欧洲、中东、亚洲某些地方）不同，撒哈拉沙漠以南的非洲在古代没有书面文学的传统，其相应的书面文学的翻译历史并不长。在前殖民地时代，图画文字在喀麦隆巴穆姆族（Bamoum）、巴米累克族（Bamileke）、贝蒂族（Beti）等部族地区是常见的艺术表达形式，在其他众多的非洲文化中也是常见形式。这样看来，欧洲人进入非洲前这里存在某种意义上的文字和翻译，这种说法是说得通的（例如，将非洲当地人的图画文字叙述转录为阿拉伯文字）。然而直到19世纪西方传教士将拉丁字母带到非洲，现代意义上的翻译才真正开始存在。随之而来的翻译活动对非洲文学产生了不可否认的影响，最主要的结果就是读写文化的出现。

2　非洲文学与欧洲语言

  在非洲的文化背景中，"民族语言""民族文学"甚至是"非洲文学"，

---

[1] 作者简介：查尔斯·奈玛，喀麦隆布埃亚大学现代语言和文学系教授。
[2] 译者简介：管兴忠，北京语言大学教授；朱晓萌，北京电子科技职业学院教师。

这些概念在适用性上都存在一定问题。非洲与西方世界"邂逅"不久前，欧洲语言就已在和非洲的传统语言竞争中占有一席之地，其中，英语、法语和葡萄牙语等其他一些语言已经拥有官方语言的地位。喀麦隆就是其中一个典型的例子，尽管它拥有多个民族、多种语言，还有通用语（喀麦隆洋泾浜英语）以及另外 200 多种土著语言，但它的官方语言是英语和法语。[1]

不同作者和学者对非洲文学的定义本身就存在争议。对语言的选择是一个问题：非洲作家对于用欧洲语言写作感到很矛盾，因为欧洲语言并不是这些作家的母语，而是殖民者的语言（Gyasi, 1999: 75）。肯尼亚作家兼翻译家恩古吉·瓦·提安哥（Ngugi Wa Thiong'o）是一位富含民族独立意识和本土文化保护主义思想的作家。他在《心灵去殖民化》（*Decolonising the Mind*）一书的公开声明中写道，非洲文学只能用非洲语言来写。他承诺以后不再用英语写作，而改用基库尤语（Gi Kuyu）和斯瓦希里语（Swahili）写作。但是，他没有关上"作为古老交流媒介的翻译"的对话之门（1986: xiv）。事实上，翻译带动了"任何国家、不同民族之间的文学、语言和文化的对话，这就形成了真正的民族文学和文化和真正的民族情感的基础"（Gyasi, 1999: 82）。

杰出的作家齐诺瓦·阿切比（Chinua Achebe，尼日利亚著名小说家、诗人和评论家，被誉为"非洲现代文学之父"）认为非洲文学可以用改编后的欧洲语言形式来书写。在阿切比 1964 年发表于《创世日前的黎明》（*Morning Yet on Creation Day*）的一篇文章中，对于非洲人是否需要用英语写作的问题，他写道："我觉得英语这种语言可以承载我的非洲语言的经验。但是它必须是一种新式的英语，这种英语虽和其遥远祖先的语言有着充分沟通，但应有所改变以适应新的非洲环境。（Achebe, 1975: 62）"通过吸收新的资源，英语被吸收改造，以更方便表达非洲作家的想象（Gyasi, 1999: 76）。阿切比把用英语等其他外国语言写就的民族文学和用民族语言写作的族裔文学加以区分。"民族文学"是指整个地域而言，"族裔文学"只是就这个地域内特定民族而言。从这个角度来讲，非洲文学被视为是民族文学和各种族裔文学"相关单元的组合"（Achebe, 1975: 56）。

理查德·比昂逊（Richard Bjornson）在研究喀麦隆的文学时表达过另外一种观点。他指出，18世纪和19世纪时的欧洲各国是"围绕已有文化和语言社区"形成的，而几乎所有非洲国家都继承了语言和民族社区的多样性。因此，许多非洲民族得以保持自己的独特性，而且不会感觉到对一个新国家的那种强烈的归属感。但是，即使是在这些被宗教、政治和地域进一步分立的"民族多元化社会"中，国家认同感仍旧得以开始形成，这多半归功于印刷文化（Bjornson, 1991: 3-6），这使操不同语言的人们可以有效交流。尽管存在着语言众多、"文学声音扩散"以及"目标细碎化"等问题，新生的非洲各国文学还是反映了"共同的参考点"。在比昂逊看来，民族文学提供了一种"理解非洲文学创作多样性的合理的框架"（Bjornson, 1991: 17-18），他使用该框架探讨了喀麦隆的广义文学文本。

3　传教士、非洲语言和翻译

从欧洲到达喀麦隆的第一批传教士推动了非洲语言的发展，他们对书面文学的演变也同样作出了贡献。约瑟夫·梅里克牧师（Rev. Joseph Merrick, 1808—1849）是拥有非洲血统的牙买加人，他加入了一次伦敦浸礼会组织前往喀麦隆的远征。1844年到1845年，他创立了禧年事工（Jubilee Mission），这是喀麦隆海岸第一个成功的教会团体。梅里克将《新约》翻译成喀麦隆的伊苏布语（Isubu）和杜阿拉语（Douala, Duala），并装配印刷机将译文印刷出来。他另外编写了伊苏布语的手册和杜阿拉语-英语词汇表。另外一位浸礼会传教士阿尔弗雷德·萨克尔（Alfred Saker, 1814—1880）不久后也来到喀麦隆，人们认为是他建立了喀麦隆城市林贝（Limbé），以前它曾被称作维多利亚。萨克尔本人也学习了杜阿拉语，并分别于1862年和1872年出版了杜阿拉语《新约》和《旧约》译本。尽管由于过分直译而受到了批判，这些译本还是推动了用非洲语言写作文学作品的发展。

德国传教士阿道夫·费尔豪尔博士（Dr. Adolf Vielhauer, 1880—1959）

与当地的教师兼传教士艾丽萨·恩迪丰（Elisa Ndifon, 1888—1971）一起将《圣经》翻译为另外一种喀麦隆语言——蒙加卡语（Mungaka）。他们在翻译工作上得到了安娜·胡梅尔（Anna Hummel）和伊丽莎白·布勒（Elizabeth Buhler）以及当地蒙加卡语使用者的帮助。这项工作耗时三十年才完成，1961年完整版《圣经》被翻译为蒙加卡语并得以出版，遗憾的是，费尔豪尔在译本出版前的两年去世了。反思自己的翻译工作时，费尔豪尔与尤金·奈达（Eugene Nida）等翻译学者做出的观察有许多相似之处。例如，为了使《圣经》中的真理为喀麦隆大草原的读者所接受，他认为作出一些语言环境方面的调整是很必要的，比如用"豹子"指代《圣经》中出现但非洲很少见的"狼"和"熊"，用"产酒树"代替"葡萄藤"（Dah, 1986: 18-19，类似地，用"大象"来代替《圣经》中的"骆驼"，以"玉米"代替"小麦"，以"辣椒种"代替"芥菜种"等）。通过对欧洲文学（主要是《圣经》文本）的翻译，费尔豪尔不仅丰富了蒙加卡文学，还通过搜集并出版口头文学提高和推动了这一文学形式的发展。1910年，费尔豪尔出版了《民间文学》（*Tsu Mana*）。这本书是蒙加卡文化中著名的寓言和谚语合集，为喀麦隆生机勃勃的国家文学奠定了基础。

艾萨克·莫枚·艾提亚（Isaac Moumé Etia, 1889—1939）是喀麦隆早期的当地翻译家之一。他精通德语、法语、英语和西班牙语四种欧洲语言，是一位很有学问和教养的人，在喀麦隆德法殖民政府任作家兼翻译官（écrivain-interprète）[2]。作为一名翻译家和多产的作家，艾提亚的作品内容非常广泛，涉及民间故事、语言类著作，欧洲文学译作等。他还就翻译理论的某些方面表达过见解。

艾提亚最受欢迎的作品之一是出版于1929年的法语和杜阿拉语双语对照版口头文学集《杜阿拉奇谭》（*Fables de Douala*）。在这一具有开创性的作品中，他分析了传统的杜阿拉宗教文学、普通短篇小说和荒诞故事。此外，他还将著名的小说，比如《一千零一夜》，从西方语言译成杜阿拉语。这本小说是他从安东尼·加朗（Antoine Galland）的法语版本翻译而来的，本书的杜阿拉语名叫 *Ikol'a Bulu lwo na Bulu Bo*（1938），随后其他杜阿拉语作家对其进行了改编。

除了自己的原创作品，艾提亚还出版了一些语法书和字典，为其他作家的工作提供便利。这些作品在今天仍具有极高价值。它们包含了杜阿拉语中一些原始的习惯用语和谚语，如果没有这些作品，那些习惯用语和谚语可能已经在其他语言的干扰下消失。艾提亚在1939年去世前完成而未出版的作品《杜阿拉谚语简集》（Le petit recueil de proverbcs douala），也为杜阿拉人民留下了一份智慧遗产。合集中还包括一些外国谚语的杜阿拉语翻译，丰富了杜阿拉语文化文学。

对于这些事件，如果从后殖民主义的视角作出评价，很可能会倾向于将传教士、东方学者和人类学家的翻译视为"殖民者的文化力表达""暴力的组成部分"，"通过它来构建殖民主题"（Simon & St-Pierre, 2000: 10-11）。一方面，尽管构建了"沟通不同文化背景的桥梁"，艾提亚将杜阿拉语口头文学进行了搜集、誊抄并译为殖民当局语言的做法并未被同一时期的当地人认可，人们把他视为"叛徒"，因为他"不仅把喀麦隆文化暴露给白人侵略者，还与他们进行合作"（Nama, 2009: 53）。另一方面，艾提亚拥有作家兼翻译家的崇高地位，他通过一系列的"行政、政治、文化和外交活动"，"促进了两个阵营的交流"；因此，艾提亚的同胞查尔斯·拿玛（Charles Nama）对他的评价很高，认为他是喀麦隆历史上一位不朽的人物。他是与文艺复兴时期欧洲知识分子地位相仿的语言民族主义先驱之一，作为作家兼翻译家，他还为塑造杜阿拉文学的未来作出了贡献（Nama, 2009: 48-49）。

4 非洲的文学翻译

用民族语言进行写作和翻译外国文学的作家也为坦桑尼亚、肯尼亚和乌干达等东非国家的文学指明了新的发展方向（Nama, 1990b: 75-86）。坦桑尼亚前总统朱利叶斯·坎巴拉吉·尼雷尔（Mwalimu Julius Kambarage Nyerere, 1922—1999）是后独立时代文学作品翻译的先驱，他将莎士比亚的《凯撒大帝》翻译成了斯瓦希里语。这一译作让他在广泛使用斯瓦希里语的东非获得了赞誉[3]。得益于恩古吉（Ngugi Wa Thiong'o）和奥考特·庇代克（Okot p'Bitek）这类主要作家的努力，肯尼亚和乌干达的基库尤语和阿乔利语（Acholi）文学在东非欣欣向荣。

同安哥拉的达马塔（Joaquim Dias Cordeiro da Matta）、喀麦隆的贝林加（Eno Belinga）、尼日利亚的索因卡（Wole Soyinka）和肯尼亚的恩古吉一样，乌干达作家、翻译家奥考特·庇代克（Okot p'Bitek, 1931—1982）因其在非洲语言与欧洲语言互译方面取得的成就而广为人知。在大不列颠学习了法律和社会人类学后，他在乌干达马克雷雷大学（Makerere University）成为一名讲师。后来他不再受乌干达政府欢迎，便转而前往国外任职，在伊迪·阿明（Idi Amin）政权结束后又回到马克雷雷大学。

正如艾提亚是喀麦隆文学的代表一样，庇代克是乌干达文学的先驱之一。他的第一部小说《白牙》（*Lak Tar*, 1953）是公认的非洲语杰出作品之一。随后他出版了几首用阿乔利语创作的重要诗作，还将这些诗歌翻译为英语。《拉维诺之歌》（*Song of Lawino: A Lament*）出版于 1966 年，给他带来了国际声誉。紧随其后，他还出版了《奥考之歌》（*Song of Ocol*, 1970）和《我的爱情号角》（*Horn of My Love*, 1974），均为传统口头诗歌的翻译作品。这些作品极大地促进了阿乔利语文学和广义上非洲文学的丰富和发展。庇代克出版这些诗作后，其他非洲作家效仿他的做法，用民族语言创作史诗。他的作品还被翻译成法语、西班牙语和德语。

庇代克做英语翻译时采用的方法尤为值得关注。在《我的爱情号角》的序言中，他写道："这是阿乔利人民的诗[4]：他们的摇篮曲和情歌，他们的讽刺诗，他们的宗教歌曲和圣歌，他们的战争歌曲和葬礼挽歌"（p'Bitek, 1974: ix）。他继而阐释了该书的结构：在第一部分，他讨论了歌曲应用的不同场合；在第二部分，他将文本按照阿乔利语和英语对照排版；在第三部分，庇代克分析了歌曲本身的主题，探讨了诗人的史学家角色，最后解释了一些"名誉称号"，并提供了武士头衔词汇表[5]。

庇代克强调这些翻译带有他本人的特征，是众多可能翻译版本中的一种。正是这个原因，他保留了原文，以供其他译者进行评判并尝试他们自己的译本。《我的爱情号角》从多个层面进行了翻译：庇代克将口头传统翻译为书面语言（他采用"方言"来表示口语传统）；将非洲语言翻译为欧洲语言；他为更广大的读者群阅读、解释并且从某种意义上"翻译"了自己的非洲文化。这种颇具趣味的"阐释"方法为之后的翻译或重译奠定了基础，也因此为阿乔利语文学和文化的传播铺平了道路，这种潜在的持续传播促进并推广了民族文学。

这个案例告诉我们，关于用殖民者语言写作还是用本地方言写作，一个非洲作家是如何做出这个艰难选择的。正如保罗·班迪亚（Paul Bandia, 2008）所指出的，非洲文学的案例为后殖民时代的翻译理论提供了颇具启发性的研究。将口头传统融入书面文学，实际上是某种形式的翻译。在庇代克的案例中，口头传统还被译入了欧洲语言或殖民语言。这种"从口头传统到书面文学，从外围边缘的被殖民语言到帝国或殖民语言"的双重运动跨越了传统翻译理论"二元对立"的观点（Bandia, 2008: 5），与霍米·巴巴（Homi Bhabha）混杂理论和中间状态理论相契合。班迪亚总结道，这种方法"与当今世界十分吻合，不断的迁移、迁居、移民使文化界限的说法变得过时，产生了混合身份认同和边境文化"（Bandia, 2008: 169）。

因此，当前在民族建构的语境下审视翻译已变得不那么重要。全球性的经济、政治和文化交流网络已迎来新的后民族秩序。在这一情境下，"民族"的概念不再是身份认同的首要决定因素（Appadurai, 1996）。在世界主义新时代下，翻译已成为一种"杂合"的程序，被称为一种具有广泛文化影响的"批评和干预活动"（Simon, 2002: 139）——这暗示着翻译研究可以成为"用于研究文学交流的这一新学科领域的基本框架"（Simon, 2002: 132）。

（原文节选自《历史上的译者》，中译出版社，2013年出版）

【注释】

1. 据 Intersol Inc 公司《全球顾问通讯》（*Global Advisor Newsletter*）统计，喀麦隆共有 286 种土著语言，其中有 279 种活语言，分属于 24 个主要的非洲语言群。（http://www.intersolinc.com/newsletters/africa.htm，2011 年 6 月访问）。

2. Écrivain-interprète 是现今非洲口笔译员的前身。他们是当时受教育程度最高的本土居民，享有极大的权力和威望，甚至高于今天的译者。在殖民时代，écrivain-interprète 的角色不仅限于笔译和口译，还包括行政职责以及使用非洲语言和欧洲语言进行原创写作。"秘书译员"（secretary-interpreter）和"译员秘书"（interpreter-secretary）这两个术语也同样在多种不同语境下使用（见第9章），但在喀麦隆并不常见。

3. 斯瓦希里语（Swahili）是坦桑尼亚和肯尼亚的官方语言。虽然本族语使用者不到两百万人，但斯瓦希里语已成为一种通用语，约有五千万人使用该语言。斯瓦希里语是除阿拉伯语外非洲使用人数最多的语言，在非洲地区的经济、政治、文化和社会生活等领域发挥着至关重要的作用，在很多情况下这威胁到了英语的地位。（UCLA Language Materials Project，http://www.lmp.ucla.edu/Profile.aspx?menu=004&LangID=17，2011年6月访问）

4. 关于阿乔利语，庇代克（p'Bitek）使用的拼写形式为"Acoli"，但"Acholi"更常用。

5. 例如，*Bwanga-moi* 是对"仅凭一矛之力就击溃敌人的勇士"的称呼，*Abel-moi* 表示"击溃敌人的勇士"（p'Bitek, 1974: 176）。

【参考文献】

Achebe, Ch. *Morning yet on creation day* [M]. New York: Anchor Books, 1975.

Appadurai, A. *Modernity at large: cultural dimensions of globalization* [M]. Twin Cities: Regents of the University of Minnesota, 1996.

Bandia, P. F. *Translation as reparation: writing and translation in postcolonial Africa* [M]. Manchester: St. Jerome, 2008.

Bjornson, R. *The African quest for freedom and identity: Cameroonian writing and the national experience* [M]. Bloomington & Indianapolis: Indiana University Press, 1991.

Dah, J. N. "African responses to Christian presence". [Unpublished], 1986.

Nama, Ch. A. "A history of translation and interpretation in the Littoral Province of Cameroon" [A]. Chia et al. (eds). *Perspectives on Translation and Interpreta-*

tion in Cameroon, Bamenda (Cameroon): Langaa RPCIG, 2009.

p'Bitek, O. *Horn of my love* [M]. London: Heinemann, 1974.

Simon, Sh. and P. St-Pierre. *Changing the terms: translating in the postcolonial era* [G]. Ottawa: University of Ottawa Press, 2000.

中国影视作品对外译制模式探析

——以坦桑尼亚为例

金海娜[①]

1 引言

中国影视的外译活动可以追溯到20世纪二三十年代。中国电影产业发展伊始，中国的影业公司就开始了有组织、有计划、具有相当规模的外译活动（金海娜，2013：2）。中国政府、机构和企业一直不懈地推进中国影视作品对外的译制与传播。自2011年起，国家新闻出版广电总局组织实施"中非影视合作工程""丝绸之路影视桥工程"和"当代作品翻译工程"等项目，将一大批中国影视作品外译成英语、法语、斯瓦希里语、豪萨语、俄语等三十多种语言。2016年11月7日，第十二届全国人民代表大会常务委员会第二十四次会议通过的《中华人民共和国电影产业促进法》更是明确指出，"国家对优秀电影的外语翻译制作予以支持，并综合利用外交、文化、教育等对外交流资源开展电影的境外推广活动"。可见，中国影视外译已被纳入国家政策法规，成为中国文化走出去的重要途径。对于中国影视外译，不少学者已经对具体的影片翻译进行了分析（龙千红，2006：35；陈亚明，2007：191；邹李炜，2016：104等）。也有学者在论述中国电影走出去和国际传播的问题时，提到翻译是中国电

[①] 作者简介：金海娜，中国传媒大学外国语学院教授。

影走出去的重要制约因素（黄会林，2011：16；李亦中，2011：120；丁亚平，2013：40）。还有学者对国产影视作品的外译从传播战略上进行分析（闫成胜，2014：8）。这些研究有效地丰富了对中国影视作品外译的研究，但是翻译活动本身并不是这些学者关注的焦点，学界对于当前中国影视作品外译的模式尚未进行系统梳理与深入探析。

坦桑尼亚是中国影视作品外译的重要对象国。本文拟以中国影视作品对坦译制为例，从传播学与翻译学的角度，探讨中国影视外译的译制模式，分析在不同模式下，译制主体、译制内容、译制受众、传播渠道和传播效果上的不同之处，为中国影视作品对外译制与传播提出意见和建议。

2 中国影视作品对坦译制的历史与现状

中国与坦桑尼亚的影视交流有着悠久的历史，早在20世纪60年代，我国就将《红色娘子军》《五朵金花》等译成斯瓦希里语，在坦桑尼亚、肯尼亚等地放映。修建坦赞铁路时，每当夜幕降临，工地上挂起白布放映中国电影，周边群众都前来观看（陆孝修、陆懿，2004：168–173）。中国政府、机构和企业一直不懈地推进中国影视作品对坦的译制与传播。从2011年起，国家新闻出版广电总局开始实施"中非影视合作工程"，每年在全国优秀的影视作品中精心挑选多部电视剧和电视电影、若干部动画片和纪录片，并将作品分别译制成英语、法语、阿拉伯语、葡萄牙语、斯瓦希里语等版本，供非洲国家主流媒体在黄金时段播出。随着"中非影视合作工程"的推进，已经有《媳妇的美好时代》《金太狼的幸福生活》等4部电视剧被译制成斯瓦希里语，并在坦桑尼亚国家广播公司播出。随着非洲广播电视数字化转换的推进，中国的民营企业也积极地参与其中，搭建内容播出渠道和平台，这成为中国影视作品对坦译制的另外一个重要渠道。政府和民间对坦译制中国影视作品的活动并非没有交集，二者也通过"北京影视剧非洲展播季"等活动，共同推进中国影视作品对坦的译制与传播。

3 译制模式

美国学者拉斯韦尔在《传播的社会结构与功能》一文中，提出了传播的"5W模式"，即传播由"传播主体"（Who）、"传播内容"（Says What）、"传播途径"（in Which Channel）、"传播受众"（to Whom）和"传播效果"（with What Effect）组成（Harold, 1960: 117-129）。中国影视外译是大众传播行为，拉斯韦尔模式也可以用来分析中国影视作品的外译。中国影视作品外译模式包括"译制主体""译制内容""译制受众""传播途径"和"传播效果"5个要素。译制主体是指从事译制活动的机构与个人。译制内容指的是选择哪些影视作品进行翻译。译制受众是指中国影视译制作品的观众。传播渠道是指中国影视作品通过何种渠道在国外传播。传播效果是指中国影视译制作品对观众和社会产生的影响。目前，中国影视对坦的译制主要可以分为官方模式和商业模式两种路径，两者在译制主体、译制内容、译制受众、传播途径和传播效果上各有不同。

3.1 官方译制模式

目前，中国影视作品对坦的译制，很大一部分是由中国政府作为发起人与赞助人进行推动的。"中非影视合作工程""丝绸之路影视桥工程"和"当代作品翻译工程"都是在中宣部的领导下实施的。中国政府部门是官方译制活动的赞助人，对于中国影视作品的外译起到贯穿始终的推动作用。

2010年夏天，我国驻坦桑尼亚大使馆的工作人员提出，坦桑尼亚观众能看到的中国影视剧数量很少，但对于中国人的生活和中国影视剧作品充满好奇。他们希望国内能给坦桑尼亚观众译介一些优秀作品，比如《渴望》这样的好剧。国家新闻出版广电总局在立项时，确定了"传播国家形象、涵养非洲市场"的目标（闫成胜，2013：13）。从中可以看出，《媳妇的美好时代》的译制动机并非为了商业利益，而是为了增强坦桑尼亚观众对中国的了解，树立国家形象，培养坦桑尼亚观众对中国影视作品的兴趣。

斯语译制《媳妇的美好时代》在坦桑尼亚国家广播公司播出后获得巨大成功，促进了国家广播电影电视总局组织实施"中非影视合作工程"。由国家广电总局负责从国内各电视台或民营机构征集版权并组织配音译制，然后与非洲国家的主流电视机构签署播出协议。协议规定中方负责节目版权和节目译制，外方负责安排播出（闫成胜，2011：88）。后来，中国国际广播电台译制的斯瓦希里语版《金太狼的幸福生活》《老爸的心愿》和《妈妈的花样年华》相继登陆坦桑尼亚国家电视台。

从译制主体来看，中国国际广播电台是"中非影视合作工程"中的译制主体。影视译制是较为复杂的翻译活动，不仅包括翻译，还需要包括译制导演、配音团队、技术团队等的整体配合。中国国际广播电台自1941年成立，是中国面向全世界广播的国家级广播电台。2012年底，国际台成立了影视译制中心，专门从事影视剧的译制和推广工作。2014年，经国家新闻出版广电总局批准，"国家多语种影视译制基地"在国际台挂牌成立。目前，该中心已使用20多种语言，译制完成160多部、5000多集中国影视剧，并陆续在世界各国播出（曹玲娟，2016）。中国国际广播电台作为官方译制模式的译制主体，具有选择译者、译制导演、译制演员以及确定译制标准等权力。其中，斯语译制的译者群体主要来自中国国际广播电台的斯瓦希里语部，译制流程包括翻译、审校、录音、后期。例如《媳妇的美好时代》译文定稿人、配音导演陈莲英是国际台斯瓦希里语专家、首席播音员；《媳妇的美好时代》36集的字幕翻译从2011年3月开始，8月开始进棚录音，46天完成译制配音，9月份完成后期，同年11月在坦桑尼亚开播（牛春颖，2013）。

从译制内容来看，我国通过官方译制模式翻译并输出到坦桑尼亚的中国影视作品有《媳妇的美好时代》、《金太狼的幸福生活》、《老爸的心愿》和《妈妈的花样年华》。从译制内容来看，四部作品的共同点都是当代中国都市剧，有利于增强非洲观众对于当代中国和当代中国人民的日常生活的了解。

从译制受众来看，《媳妇的美好时代》等四部电视剧都是采用斯瓦希里语配音译制，以期能够获得更多潜在观众。据BBC统计，坦桑尼亚的人口有 99% 可以说斯瓦希里语,而只有 25% 可以说英语(Jones & Mhando, 2006: 5)。英语和斯瓦希里语均为官方语言,但是能够说斯语的人口远远超过可以说英语的人口。采用斯语译制而非英语译制可以使中国影视作品能够被更多的观众所理解。此外,从译制方法来看,有配音翻译和字幕翻译两类。据联合国教科文组织统计,2008—2012 年,坦桑尼亚成年人识字率为 67.8%[①]。配音译制可以照顾到文化水平不高的观众。

从译制传播渠道来看,官方模式下所译制的四部作品,其播出平台均为坦桑尼亚国家广播公司。坦桑尼亚国家广播公司拥有坦桑尼亚最大的覆盖全国的免费公共电视台。坦桑尼亚国家广播公司的公共电视台作为传播渠道,其覆盖率远远超过普通的商业电视台。

从传播效果来看,斯瓦希里语版《媳妇的美好时代》的传播效果可谓轰动,其他三部电视剧的译制版本也取得了不俗的效果。2013 年 3 月,习近平主席访问坦桑尼亚时,对中国电视剧《媳妇的美好时代》在该国播出给予高度肯定。据我国驻坦桑尼亚大使馆文化参赞高玮统计,《媳妇的美好时代》于 2011 年 11 月 23 日在坦桑尼亚国家广播公司(TBC)播出。每周一、三、五晚黄金时段播放,二、四、六回放,周日三集连播。开播不久,当地观众要求每次播出时加播。2012 年该剧回放两次,2015 年初再度回放。据 TBC 统计,至少有 600 万观众收看该剧(吕晓峰,2016:23)。坦桑尼亚当地报纸及广播电视媒体均对国家电视台播出中国电视剧给予了报道。荷兰国际广播电台网站、英国 Media UK 和英国数字媒体经济网站 paidcontent-UK 刊发了"《中国电视剧在坦桑尼亚播出》"(*Chinese TV Opera Launches in Tanzania*)(闫成胜,2013:14)。此外,《纽约时报》也对中国影视作品热播非洲的现象进行了报道(Feng, 2015)。

官方模式下的中国影视作品对坦译制,主要由中国政府部门作为赞助人发起,由中国国际广播电台作为译制主体进行译制和推广,所选择的影视作品主要是反映中国现实、优秀文化和主流价值的影视作品,配音译制成斯瓦希里语,并在坦桑尼亚国家电视台播出,达到了以往中国

[①] 关于坦桑尼亚文盲率的统计,可以参见联合国儿童基金会 2013 年统计。参见:http://www.unicef.org/infobycountry/tanzania_statistics.html。

影视作品在非洲传播所没有达到的深度和广度，对于促进文化互鉴、人文交流、涵养市场、增进中非人民之间的了解与合作起到了积极的作用。

3.2 商业译制模式

商业译制的发起人往往是影视公司，主要是希望通过译制中国影视作品为公司带来利润，同时兼有宣传中国文化的愿望。商业译制模式下，译制主体主要是影视公司或者其委托的翻译机构。目前国内不少影视公司如华策影视、四达时代等都设立了译制部门。没有译制部门的影视公司往往通过委托翻译机构来进行译制。从译制内容上来看，商业译制模式下译制内容更加广泛。与官方译制模式下主要选择反映当代中国和当代中国人民生活的影视作品不同，商业译制主要根据市场需要进行作品的翻译，题材也更加广泛。目前，影院上映的影片，不限题材，大部分都加有双语字幕，如 2017 年 1 月上映的《西游伏妖篇》《功夫瑜伽》《大闹天竺》，一方面，可以方便中国境内的外国观众欣赏中国电影；另一方面，有利于电影的海外展映、宣传、销售与上映。就播放渠道来说，与官方译制体系下主要由国外主流电视台播放不同，商业译制模式下，播放渠道更加多元，包括影院、电影节、电视台、视频网站等。

中国影视作品在不同国家的译制和传播的情况都各有不同。目前，中国影视作品对坦桑尼亚的译制与传播主要是由中国公司或者中坦合资公司进行，尚未发现坦方商业机构对中国影视作品进行主动翻译与传播的行为。

随着非洲广播电视数字化转换的推进，中国的民营企业也积极地参与其中，搭建内容播出渠道和平台，成为中国影视作品对坦译制与传播的一个重要渠道，其中具有代表性的是中国民营企业四达时代。四达时代在坦桑尼亚的分公司为 StarTimes，它是中国公司四达时代与坦桑尼亚广播公司的合资企业，2011 年成立，目前约有用户 150 万，是坦桑尼亚境内主要的电视运营商之一。除了转播频道之外，四达时代还自办频道 STVEE2、STVC1，并于 2014 年上线了 Star Swahili，即斯瓦希里语频道，主要播放中国影视作品的斯语译制版本和斯语本土影视作品[①]。

从译制主体来说，对坦的商业译制的译制主体为四达时代公司本身。2011年，四达时代成立译制中心，迄今已完成60多部中国影视剧的译制配音，语种包括英语、法语、斯瓦希里语、豪萨语等。目前，通过四达自有频道播出的斯语译制配音作品有《奋斗》《我的青春谁做主》《咱们结婚吧》等作品。这三部电视剧的译者主要为四达时代译制中心的中国译者。从配音演员看，主要是来自坦桑尼亚、肯尼亚等地的留学生和配音演员。从译制流程来说，同样经过翻译、审校、配音与后期四个步骤。从译制播出平台来看，四达时代的译制作品是在自建频道播出，只有四达的用户才能通过购买的机顶盒来观看四达时代译制的影视作品，观众数量上会受到较大限制。

从译制效果来看，笔者在2016年8月受邀赴坦桑尼亚为东非最大的私营电视台AZAM TV培训影视译制人才期间，对目前在坦播放的七部中国电视剧进行了问卷调查和访谈，其中《奋斗》《我的青春谁做主》《咱们结婚吧》这三部影视作品的认知度远远低于官方译制模式下译制的四部中国影视作品。

以四达为代表的民营企业译制中国影视作品，是对中国影视作品走出去商业化的有益探索，展示了民营企业的国际视野和宣传中国文化与价值的决心与努力，在未来可以就拓宽播放渠道进一步探索如何使译制出的作品拥有更多的受众。

中国政府通过实施"中非影视合作工程"等项目，使中国影视作品对坦的译制与传播达到了前所未有的深度与广度。中国国际广播电台所译制的斯语版《媳妇的美好时代》等四部当代优秀中国电视剧在坦的传播收到良好的效果，在树立国家形象和涵养市场方面都起到积极的作用。四达时代等企业也通过商业模式译制了中国当代影视作品，进行了有益的探索。官方模式与商业模式下中国影视作品的斯瓦希里语译制对于增进非洲民众对中国的了解、树立当代中国的正面形象起到积极作用。当然两者之间并非泾渭分明，往往也有合作与交集。官方模式中有时也会采用民营企业作

---

① 来源于四达时代官网。参见：www.startimes.com.cn。

为译制服务供应商。商业模式中,民营企业有时也会承担一些政府主导的电影节、电影周等中国影视作品的译制与展播工作。

目前我国影视作品对坦译制与输出的两种模式从翻译的方向上来说,都是我国政府或者机构主动译出。主动译出体现我国政府与机构对我国影视作品的"文化自觉"与"文化自信",对于增强我国影视作品的国际传播力具有推动与促进作用。

4 对中国影视作品对外译制的几点建议

本文通过中国影视作品对坦桑尼亚的译制与传播的官方模式和商业模式进行分析,考察了两者在译制主体、译制内容、译制受众、传播渠道和传播效果方面的不同。中国影视作品对坦的译制模式也折射出当前中国影视作品对外译制的现状。中国影视作品的对外译制已经达到了前所未有的广度和深度,但是目前也存在着一些问题与不足。为了更好地促进中国影视外译,通过影视译制更好地搭建中外影视文化与贸易的桥梁,特提出如下建议:

第一,继续推进国家项目的同时,深化商业化探索,引导民间的翻译力量。"中非影视合作工程"等国家项目,在推进中国影视作品对外传播方面,有着独特的优势与力度。政府项目在短期内效果明显,但从长期来看,还需推进中国影视作品的市场化运营。每个国家具体的商业化运营需要建立在对对象国的充分调研的基础上。就坦桑尼亚来说,电视是坦桑尼亚观众接触影视作品的主要手段。坦桑尼亚刚刚完成电视信号的数字化转换,频道增多,内容需求量大,为我国影视作品进入坦桑尼亚市场提供了很好的机会,可以加强与当地电视台的合作,探索以商业化的手段推进中国影视作品在坦传播。坦桑尼亚本土的电影作品播出渠道并非在影院,而主要通过 DVD 发行和在电视台播出,每部电影的 DVD 约为 3 美元,价格可观,可以加强与坦方五大 DVD 发行商的合作,制作中国影视作品的DVD 光盘向坦方出售。在新媒体时代,影视爱好者不仅是简单的影视作品的观众与消费者,也是译者与传播者。字幕组的自发翻译对于外国影视作品在我国传播起了很大的作用。对于迷群的翻译力量，我国政府与机构尚未进行有效的引导。在未来，可以探索如何在合法的条件下，提供平台，引导迷群为促进中国影视的外译发挥作用。

第二，选择适合对象国的译制方法，提高译制水平，促进影视作品的无障碍跨境交流。不同国家对于译制手段的喜好不同。比如，法国、德国、西班牙等国较喜好配音译制，挪威、丹麦等北欧国家有着观看字幕翻译作品的传统，而俄罗斯、波兰、立陶宛等国则有着观看解说配音作品的传统。中国影视作品外译时，要根据目的国的实际情况，选择合适的译制方法。

第三，加大对外译制人才培养与培训。随着中国影视走出去步伐的加大，更多的中国影视作品需要译制成外语。然而，影视译制的人才，尤其是小语种影视译制人才的培养与培训还远不能满足国家战略与社会需求。我国高校中现只有中国传媒大学设有本科、硕士、博士（国际项目）的影视译制人才培养点。许多从事影视对外译制的人员没有经过专业培训，边学边干的现象比较普遍。从事中国影视外译的人员有很大一部分是外国的影视译制人员。对影视外译的人才培养与培训不必局限于我国影视译制人员，还可以包括国外的中国影视译制人员，从人才培养上保证中国影视外译的质量。

第四，在译制内容上，以反映当代中国现实的影视作品为主，兼顾多种题材。近年来，官方译制模式下的对外译制有效地打破了功夫片和古装片留给外国观众的传统印象，但也存在着题材较为狭窄的问题。以坦桑尼亚为例，官方模式译制下的《媳妇的美好时代》《金太狼的幸福生活》等四部斯语译制作品均为当代都市家庭伦理剧，商业模式译制的三部中国电视剧《奋斗》《我的青春谁做主》《咱们结婚吧》同样也是当代都市题材。单一的题材未免会让坦桑尼亚的观众产生审美疲劳。我国影视作品题材丰富，在历史片、战争片、纪录片、动画片、武侠片、古装片各个类型均不乏优秀作品，可以在基于对象国调研的基础上，尝试多种题材的影视作品译制输出。

第五，充分利用互联网、移动终端的平台，实现跨境跨屏传播。坦桑尼亚通讯管理局的报告显示，2014年，该国网民人数已经达到1135万[①]。未来中国影视的译制与传播可以借助互联网，通过国外观众容易使用的视频网站，如Youtube、Netflix等或自建网站平台，使国外的观众可以自由点播。视频网站可以解决跨境传播的时间和空间问题，观众可以随时观看，随时评论，此外还可以通过大数据、云计算的技术，实时了解传播情况与效果，实现影视传播的精准化。

第六，建立译制评估机制。近年来外译的中国影视作品数量日益丰富，但尚未建立起有效的评估机制，对译制内容、翻译策略、译者、译制过程等问题进行考察与评估。对于译制效果，往往只通过收视率和媒体报道来反馈，渠道过于单一。在未来，可以尝试建立对译制内容、译制主体、译制受众、传播途径和传播效果的科学评估机制，更好地了解中国影视作品的译制状况，获得有效反馈，及时调整、不断完善对外译制活动，从而更好地讲述中国故事，传播中国声音。

（原文发表于《中国翻译》2017年第4期）

【参考文献】

Attiah, K. (2014, April 11). "Films to fall asleep to": Are development agencies derailing the film industry in Tanzania?. http://africasacounty.com/2014/04/films-to-fall-asleep-to-in-tanzania/

Feng, B. (2015, January 7). China strives to be on African minds, and TV Sets. http://sinosphere.blogs.nytimes.com/2015/01/07/china-strives-to-be-on-african-minds-and-tv-sets/?_r=0

Jones, J. M. & Mhando, N. (2006). African media development initiative: Tanzania research findings and conclusions. BBC World Service Trust. https://downloads.bbc.co.uk/worldservice/trust/pdf/AMDI/tanzania/amdi_tanzania_full_

---

① 关于坦桑尼亚网民的数量，可以参见路透社的报道：http://www.reuters.com/article/tanzania-telecomunications-idUSL5N0XD37P20150416。

report.pdf

Lasswell, H. D. (1960). The Structure and function of communication in society. In W. Schramm (Ed.), *Mass Communications* (2nd ed., pp.117-130). Urbana: University of Illinois Press.

曹玲娟．（2016-6-14）．影视出海，要善用"洋腔洋调"．人民日报，12.

陈亚明．(2007)．《卧虎藏龙》字幕翻译策略探析．电影文学，15，100-102.

丁亚平．(2013)．论 2012 年中国电影的国际传播与海外市场竞争策略．上海大学学报（社会科学版），30（4），19-46.

黄会林等．(2012)．2011 年度"中国电影文化的国际传播研究"调研分析报告（上）．现代传播（中国传媒大学学报），34（1），9-16.

金海娜．(2013)．中国无声电影翻译研究（1905—1949）．北京：北京大学出版社．

李亦中．(2011)．为中国电影"走出去"工程解方程．当代电影，4，117-121.

龙千红．(2006)．《花样年华》的英文字幕翻译策略研究：兼谈中国影片的对外译介．西安外国语学院学报，1，35-38.

陆孝修，陆懿．(2004)．中国电影非洲市场回顾．世界电影，6，168-173+51.

吕晓峰，高炜．(2016)．好剧在非可以带来丰厚广告收益．中国投资（非洲版），9，48-49.

牛春颖．（2013-4-16）．《媳妇的美好时代》走红，"熊猫级"译制团队来自国际台．中国新闻出版报，7.

闫成胜．(2011)．中国媒体对非洲传播战略研究（博士论文）．北京大学．

闫成胜．(2013)．电视对外传播的本土化策略初探以《媳妇的美好时代》在非洲传播为例．对外传播，10，13-15+1.

闫成胜．(2014)．国产影视作品的译制与国际传播．中国翻译，35（4），8-9.

邹李炜．(2016)．论影视字幕中隐语的英译：以《智取威虎山》中的"黑话"为例．中国翻译，37（1），104-106.

恩古吉的自译行为与
非洲文学中的自译现象

陈 平 朱振武[①]

1 引言

自译（self-translation）是一种特殊的文学翻译活动，最早可以追溯到中世纪（Hokenson, 2007: 19）。随着历史的发展及现代民族国家的形成，自译行为越来越常见，尤其是进入20世纪以来，受政治、战争等影响，流亡或迁徙至不同语际国家的作家为在新国度中提升知名度，往往选择将自己之前的作品译入所在国。虽然自译现象存在已久，但直到最近三四十年，研究者才逐渐开始关注这一特殊领域（张倩，2020：110）。自译行为打破了"作者—译者"的二元对立，因而难以用传统翻译理论对其进行分析，在翻译自己的作品时，作家既有"兴之所致"的重写，又有"无可奈何"的增删，这种介乎再创作与新翻译之间的特性无疑增加了自译的归属难度。目前，国外学者对自译现象的关注主要集中在多种语言并存的欧洲文学领域内，且已取得了一定的研究成果。这些成果被译介到国内后，引起了部分中国学者的关注，近些年陆续出现了关于张爱玲、萧乾、白先勇等作家自译行为的研究。其实，该现象在非洲文学领域内更为突出，尤其

[①] 作者简介：陈平，上海师范大学博士；朱振武，上海师范大学教授。

是在黑色大陆被殖民时期及后殖民的当下。恩古吉·瓦·提安哥（Ngũgĩ wa Thiong'o, 1938— ）无疑是一位具有代表性的非洲自译作家。

2 无本心译：非洲经验与殖民语言

非洲的语言情况较之欧洲更为复杂，而当非洲沦为殖民地后，英语、法语、葡萄牙语等殖民语言的强势介入使其语言的复杂程度进一步加深。即便相当一部分非洲作家并未离开非洲，但由于生活、学习在民族语言与殖民语言之间，在创作书写时也不得不面对语言选择的问题。受多种因素影响，讲约鲁巴语、伊博语和基库尤语等部族语言的作家采用了殖民者的语言进行创作，挣扎于强弱势语言间的非洲作家会不自觉地进行言语转换、文化转码。此类以欧洲语言承载非洲经验的作品被称为"非—欧文学"（Afro-Ruropean literature），自产生之日起，其合法性就不断遭到质疑。

之所以会产生非洲英语文学、非洲法语文学及非洲葡语文学等"非—欧文学"，是因为 1884 年，欧洲列强于德国柏林召开了关于对非洲实行全面殖民统治的会议，这次会议不顾非洲的种族及自然地理现状，强行将其切割为一块块殖民地。在那之后，非洲国家便开始被他者定义或自我定义为：说英语的非洲国家、说法语的非洲国家，或说葡语的非洲国家。恩古吉所处的肯尼亚，属于说英语的非洲国家。虽然基库尤语是恩古吉的第一语言，并且在民族主义者所办的学校里他还成功学会了这门语言的书写，但在 1952 年肯尼亚进入紧急状态后，民族主义者所办的学校被殖民当局接管，英语便成为恩古吉进一步接受正式教育的语言。在彼时的肯尼亚，"英语是进入高等领域的入场券，成为衡量艺术、自然科学以及其他所有学科领域的智力与能力的标准，也成为一个孩子在正式教育之梯上进阶的主要因素"（Ngũgĩ, 1986: 12）。恩古吉恰是凭借英语这张入场券才进入当时东非最好的马凯雷雷大学继续学习，也正是在这里，他开始了自己的英语写作之路。

在撒哈拉沙漠以南的非洲，口头文学有着悠久的传统，但本土语言的书写叙事却发展缓慢,有些部族语言甚至没有相应的文字系统。相形之下,欧洲殖民者的语言在书写叙事方面则更为成熟,因而非洲作家便借助这一书写系统来表达自身的非洲经验。在此种情况下,非洲作家用欧洲语言创作的早期作品其实是一种翻译文本,他们在创作时将口头文学中的寓言、谚语、歌谣自译为欧洲语言的文学文本,杂糅了非洲文化与欧洲文化。原作即译作,创作即翻译,可以说是早期"非—欧文学"的重要特征,但这种翻译不是从一个文本到另一个文本的翻译,而是一种无本自译,恩古吉称之为"心译"(mental translation)。可见,无本心译是一种更为特殊的自译类型,发生于创作过程之中。具体而言,它专指由作家本人将一种语言(通常是母语)的精神文本转化为另一种语言的实在文本。

恩古吉(Ngũgĩ, 2009: 18-19)曾这样说道:

> 用英语写作是一种基于心译的文学行为。在我前四部小说中,人物成型、丰满于他们在肯尼亚历史洪流中的诸种经历。在现实生活中,他们说基库尤语或斯瓦希里语。而当此类人物在我的文学文本中再现时,他们所言说表达的语言都是英语。借助一种文学技巧,我抹除了一个说非洲语言的社区并同时创造出了一个说英语的农民形象。

这段话虽是 21 世纪后恩古吉对自己早期创作的一个反思,但也恰恰印证了他在用英语写作时存在无本心译行为的事实。反观其他非洲作家,阿莫斯·图图奥拉可以说是较早获得欧美文学批评界关注的非洲作家,他那部畅销的英文小说《棕榈酒鬼》中新奇古怪的故事直接来源于口头传统。阿契贝的《瓦解》《神箭》、加布里埃尔·奥卡拉的《声音》等都可看作是用欧洲语言书写非洲经验的典型。至于非洲第一个诺贝尔文学奖获得者沃莱·索因卡,曾被誉为"非洲的莎士比亚",这不仅是对其戏剧作品的赞誉,更是对其英语语言驾驭能力的褒扬。即便深受欧洲影响,索因卡的作品还是承袭了非洲的传统戏剧,包含了大量的约鲁巴神话故事和神秘仪式。在这批早期用英语创作的非洲作家中,一些女性作家的作品似乎更能体现无本心译这一过程。以尼日利亚女作家弗洛拉·恩瓦帕为例，其代表作《艾弗茹》（Efuru, 1966）主要讲述的是一个伊博族女性的生活故事。村落里的日常劳作、祖母口中的部族故事、孩童们吟唱的传统歌谣，这些一一通过女作家的内心翻译，以英语诉诸笔端。此类作品即便是用英语书写，读罢也可感受到暖暖部族村落、依依非洲烟火。同样，此类创作方式也存在于非洲的法语、葡语作家中，塞内加尔诗人赛达·桑戈尔享誉世界的法语诗歌便明显得到了古老非洲寓言的滋养。

当英国殖民者占领肯尼亚后，他们像对待其他殖民地一样，直接否定了当地的历史文明，恰如后殖民批评家博埃默（1998: 26）所言，"英国人在任何一地建立一个十字路口、一个城市或一块殖民地，都把它说成是一部新的历史的开端。其他的历史，都被认为不那么重要，甚至在某些情况下，根本就不存在"。与部族文化血脉相连的恩古吉，其创作初衷明显是对抗殖民者这种肆意抹杀当地文明的行径。在其早期小说《孩子，你别哭》（*Weep Not, Child*, 1964）、《大河两岸》（*The River Between*, 1965）、《一粒麦种》（*A Grain of Wheat*, 1967）中，恩古吉直接将人物置于肯尼亚反抗殖民和争取独立的历史背景中。生活在新旧文化冲撞下的基库尤年轻人参与民族教育振兴，投身"茅茅运动"的浪潮，作家将这些历史事件逐一记录，试图构建一部属于基库尤人民的部族史诗。他将这些部族历史心译为宗主国的语言，以反抗的姿态直接向宗主国展示其部族的历史文化。

恩古吉是一位具有历史感的作家，这一点在《大河两岸》中便有所体现。小说开始，作家用一种类似赫西俄德《神谱》的方式介绍了基库尤部族的起源，主人公瓦伊亚吉的经历则直接发端于一则先知预言——"到教会学校去，去学习知识，增长才干，去了解白人的一切秘密"（恩古吉, 2018: 33），颇有点"师夷长技以制夷"的味道。《孩子，你别哭》《一粒麦种》的背景则均为"茅茅运动"，主人公们的个人命运与历史事件始终紧密相连。一个具有如此厚重历史感的作家，一个如此珍视部族传统的基库尤年轻人，其非洲经验却要用宗主国的语言来承载，这种写作逐渐让恩古吉陷入一种矛盾与痛苦之中。无本心译的英语小说虽然承载了恩古吉部分的非洲经验，也为其带来了国际声誉，但似乎总不能全部表达其文化意旨。其实在上述三部小说的创作过程中,恩古吉已经逐渐觉察到用英语写作的不妥之处,并开始审视"非英文学"的代表性及合法性。

3 缘何自译:从"为谁而作"到"因时而变"

"讲一种语言是自觉地接受一个世界、一种文化"(法农,2005:25)。同样,采用何种语言写作也在一定程度上反映了作家希望被何种读者接受。非洲作家应不应该使用欧洲语言写作,一直是一个不断被讨论的辩题。随着非洲独立浪潮的到来,这一辩题已经变为非洲作家应不应该继续使用欧洲语言写作。在1962年于马凯雷雷大学召开的"非洲英语作家大会"上,与会者围绕这一话题展开激烈讨论。以瓦里(Wali, 1963: 14)为代表的作家指出,"任何非洲文学都必须用非洲语言创作,否则就是在走向死胡同"。而以阿契贝(Achebe, 1965: 30)为代表的作家则坚持认为"英语能够承载非洲经验,但它必须要成为一种新的英语"。彼时的恩古吉还是一名大学生,虽然他一直视阿契贝为自己文学之路上的导师,但在马凯雷雷会议之后,他的语言观念开始倾向于瓦里,变得十分激进。受民族主义的影响,恩古吉试图在肯尼亚独立后,在语言文学层面也进行一次去殖民化。在《思想的去殖民化:非洲文学的语言政治》一书中,恩古吉(Ngũgĩ, 1986: xiv)宣布自己将告别英语写作,希望用自己的文学来丰富基库尤部族的语言文化。可见,西方文化并非衡量其他文化的唯一价值尺度,西方语言也绝非是表达情感、说理的唯一工具(宋敏生,2020:113)。

从"写什么"到"为谁写"的思考,侧面反映出恩古吉已从单一的作家成长为有社会担当的知识分子。依据萨义德(2002: 17-18)的观点,"知识分子是以代表艺术为业的个人,不管是演说、写作、教学还是上电视。而那个行业之重要性在于那是大众认可的,而且需要奉献与冒险精神,以及应对攻击的勇气"。回归后的恩古吉采用民族语言写作的经历及遭遇,便是对上述定义的一个很好的注解。在其回归前的最后一部英语小说《血染的花瓣》(*Petals of Blood*, 1976)中,恩古吉保留了大量未被翻译的非洲表达,这些穿插在英文段落中的基库尤词汇,预示着"反抗""颠覆"的语言暗流即将翻涌而出。恩古吉于1977年开始用基库尤语写作，并将此称为一种"自我解放的行为"（Ngũgĩ，2009：19）。这种解放使他从心译中跳脱出来，从而确保了其脑海中原始文本的直接性、完整性和实在性。

恩古吉起初并非以小说形式回归，其最早用基库尤语言创作的作品是一部名为《我想结婚就结婚》（Ngaahika Ndeenda，英文译名为 I Will Marry When I Want）的戏剧。此剧由恩古吉与恩古吉·瓦·米瑞伊（Ngũgĩ wa Mĩriĩ）合作草拟，创作初衷是为了帮助利穆鲁社区进行扫盲。剧本草拟之初，恩古吉甚至还在纠结以何种语言进行书写，但语言的常识性以及现实的必要性使其不得不采用当地社区流通的基库尤语。语言的屏障被打破后，便出现了一个很有意思的变化——"教师"和"学生"的身份发生了互换。恩古吉此时不再是"无所不知"的大学教师，反而成为当地民众的"学生"，因为当地人显然更了解自己的语言，于是民众开始对剧本发表评论，甚至参与到剧本创作中。该剧的创作是一个开放的过程，因而恩古吉也将其视为一个群策群力的社区作品。这部剧在当地上演后好评不断，但由于其批判性的内容不久便遭政府禁演，恩古吉本人也因为参加争取话剧公演的示威活动而被逮捕。他在《论基库尤语写作》一文中这样回忆道：

> 在监狱里，我开始意识到，囚禁学者、作家、戏剧艺术家的全部目的便是切断他们与民众的联系。因为毫无理由将他们关押起来，尤其在我的案子中，我甚至还未经过审问环节，便被监禁在狱中，一切就是如此荒诞。因此，我认为在这样的境遇下，保持活力最好的方式便是通过重建与社区的联系来对抗此种阻断隔绝，而我目前能想到的唯一一种联系媒介就是语言。（Ngũgĩ，1985：153）

虽然语言使其身陷囹圄，母语给他招致了灾祸，但恩古吉已经深知，基库尤语言是将自己与民众连接在一起的纽带。独立后的政府仍旧是殖民者的工具，他们惧怕的正是这语言背后所凝聚的团结力量。因此，莫须有罪名的监禁更加坚定了恩古吉采用基库尤语言写作的决心。在艰苦的牢房内，他用厕纸完成了第一部基库尤语小说《十字架上的魔鬼》（Caitaani

Mũtharahainĩ，英文译名为 *Devil on the Cross*）的初稿。

1978 年 12 月，在卡米提最高监狱被囚禁了一年有余的恩古吉才重获自由。出狱时，他带出两沓厕纸，一沓是基库尤语小说的初稿，另一沓则是先前被禁戏剧的剧本。在当时的情形下，出版这两部作品无疑是冒险的，但恩古吉的出版人在综合评估后还是签署了出版协议。同时，这位海涅曼东非分公司的出版人还为失去内罗毕大学教职的恩古吉提供了办公场所，让他能够全身心地修订、校对作品。第二年，两部作品顺利出版，销量出乎意料的好。据出版人回忆，"这些书在市场上非常受欢迎，主要购买者都是个人买家而非机构买家，在被警察查禁之前，我们又连续重印了三次"（Chakava, 2008: 119）。在基库尤作品出版期间，出版公司因为对其销量持怀疑态度，要求恩古吉将这两部作品翻译为英文，试图通过英文版本的销售收入来弥补基库尤语版本可能的亏空。事实证明，这一担心既多余，又必要——基库尤语版本的书籍不久便被当局查禁。恩古吉与他的出版人为此惹上了不小的麻烦，两人都曾遭到"不法分子"的恐吓与殴打。麻烦还不止于此，因为冒犯了莫伊政府，恩古吉还时刻面临生命危险。不得已，他于 1982 年离开了肯尼亚，开始了流亡生活，直到 22 年后才再次踏上了肯尼亚的土地。

恩古吉在肯尼亚开创了出版基库尤语长篇小说的先河，同时也在肯尼亚开启了小说被禁的先例。事实上，在非洲，不只恩古吉面临作品被封禁的情况，生活在南非的作家们对此更是习以为常，因为他们面临着更加严苛的书报审查制度。以安德烈·布林克为例，"布林克虽为阿非利卡语作家，但他却有许多英语作品，因为在南非出版审查制度最严苛的时期，为预防阿非利卡语作品被禁，他采用双语同时进行创作"（朱振武、陈平，2021：90）。虽说是双语写作，但也有先后，这类作家基本上都是在本土语作品的基础上自译为英语。流亡期间的恩古吉与布林克的创作情况类似，在创作最近的一部长篇小说《乌鸦魔法师》（*Wizard of the Crow*, 2006）时，他也几乎是采用两种语言同时进行创作。虽然早先宣称已抛弃了英语写作，但生活在英美等国的恩古吉受工作语言的制约不得不因时而变。

恩古吉构思了 20 余年的《乌鸦魔法师》是一部魔幻现实主义的鸿篇

巨制，颇有向《百年孤独》看齐之意。这部作品包含话题众多，涉及宗教、哲学甚至太空探索等领域的词汇，而这些显然无法找到对应的基库尤语词汇与之匹配，因此，在用基库尤语写作时，恩古吉不得不进行他所谓的"反向心译"（Ngũgĩ, 2009: 20），即将指代这类事物的英文单词创造或驯化为基库尤语词汇。这一过程与其早期的小说创作情况类似，只不过源语言与目标语言的身份发生了逆转。确保基库尤语言为小说源语言，是流亡时期恩古吉的最后坚守。为扩大这部小说的受众面，恩古吉在基库尤语草稿的基础上就开始了自译，只是这次自译的过程不同于以往。在翻译已经出版的小说《十字架上的魔鬼》时，恩古吉还本着忠实的原则，但在翻译《乌鸦魔法师》时，他却多次改写草稿，重新遣词造句。与其说这是一个翻译的过程，不如说是一次再创作。按照恩古吉本人的说法，他在翻译的过程中又再一次被缪斯女神占据了。著名翻译学者苏珊·巴斯奈特就曾以恩古吉翻译《乌鸦魔法师》为例探讨作家自译过程中的源文本问题，她认为"此时恩古吉面对的基库尤语源文本已不是一个固体的概念，而更多的是一个流体的概念"（Bassnett, 2013: 19）。恩古吉不再强迫英语必须"弯折"（bend）以维系基库尤语小说的节奏，他改变了之前让源语言侵入目标语言的做法，转而使两种语言保持一种持续性的对话。这种归化的翻译策略是恩古吉二十几年的流亡生活使然，但同样，这看似妥协的做法其实也是因为基库尤语作品得以再次出版所带来的自信和底气。读者可以根据自己的阅读语言来选择不同版本的小说，恩古吉的坚持就是让所有英语读者在打开小说扉页时，映入眼帘的是这样一行醒目的字眼——"该小说由作者本人译自基库尤语版本"。

4 现象背后：非洲民族语言文学的挣扎与突围

恩古吉是一位极具个性、代表性和革命性的非洲作家。自宣布回归民族语言写作后，他就一直致力于发展繁荣基库尤文学。从起初的高调回归，到后期的自我翻译，恩古吉的民族语言写作之路困难重重。当然，这也侧面体现出包括基库尤语文学在内的非洲民族语言文学在生存、发展上的艰难困境。基库尤语言属于非洲班图语支，虽历史悠久，但书面文字的产生却相对晚近。与多数非洲本土语言的文字一样，现代拉丁化的基库尤文字也是在欧洲传教士的帮助下发展成熟起来的。必须承认，基库尤部族有着悠久的口头文学传统，但这些歌谣、故事却一直停留在口耳相传阶段，真正用基库尤语言写作的文学作品明显晚于非洲英语文学作品的出现。从出版角度来看，严格意义上用基库尤语言发表文学作品的作家还要从恩古吉算起，而那已经是20世纪80年代的事情了。在20世纪70年代尼基福罗娃编著的《非洲现代文学》中，甚至看不到肯尼亚基库尤文学的条目，彼时的恩古吉也只是作为天才的英语文学作家被提及和介绍（尼基福罗娃，1981：57）。

非洲文学学者西荣·吉肯迪（Gikandi, 2004: 379）认为"现代非洲文学产生于殖民主义的熔炉之中"，事实也的确如此。无论是非洲英语文学，还是非洲本土语言文学，都与殖民体系有着千丝万缕的联系，受其帮助，也受其制约。在被殖民统治时期，非洲本土文学在殖民机构的扶持下虽有一定发展，却远远比不上非洲欧语文学的发展速度。在非洲国家纷纷独立后，这种情况也并未得到改善，因为昔日殖民者的语言又被作为官方语言确立了下来。当然，有些本土通用语言也同样被一些国家确立为官方语言，如肯尼亚、坦桑尼亚将英语和斯瓦希里语同时作为官方语言。斯瓦希里语和豪萨语在非洲被殖民时期就得到了殖民者的承认和扶持，因为它们具有重要的实用价值和战略意义。此类语言"被赋予了一种与帝国文化霸权合谋的象征性权力"（孙晓萌，2022：16）。其他的本土民族语言显然就没有如此幸运。以基库尤语言为例，基库尤民族虽是肯尼亚第一大民族，但其语言却未能进入官方语言的行列，因而独立后也并未获得多少官方政策性的扶持。像基库尤语言文学这样的本土语言文学一直处于夹缝之中，其生存空间不断受到非洲其他强势语言文学的挤压和侵蚀。

然而，基库尤语言又是幸运的。恩古吉的回归无疑丰富发展了基库尤的书写语言，他仅凭一己之力就将现代基库尤文学带到了一个崭新的高度。恩古吉通过写作帮助母语有效对抗了语言达尔文主义，尽管这个过程是曲折而艰辛的。民族文学的进步固然需要伟大作家的推动，但同样也受到其他因素的影响，如民众的识字能力、作家的队伍规模、国家的文化政策以及出版印刷技术等。此外，非洲民族文学若想获得长足的、可持续的发展，与包括非洲欧语文学在内的其他文学的交流是必不可少的。而翻译，则是不同语言间文学交流的重要媒介，也是推动非洲本土民族文学走向世界的重要力量。

客观来说，曾被恩古吉抛弃的无本心译的英语写作，在一定程度上也发挥了翻译文学的作用。世界范围内的读者正是通过这些作品才得以看见非洲的真实面貌，了解伊博族、基库尤族等非洲部族的风土人情。只是在非洲独立浪潮的席卷下，受到民族主义思想影响的恩古吉在那时的语言观点是略显激进的，他更在意的是这种写作不利的一面：大量有才华的非洲作家采用英语写作，这无疑是在用非洲文化来滋养英语文学。恩古吉本以为随着非洲民族国家的独立，非洲作家回归本土语言写作的条件已经具备，但现实远不如想象中那般美好。他试图从语言文化层面进行去殖民化的实践也屡屡受挫。语言是恩古吉战斗并坚守的阵地，然而将殖民语言从非洲完全驱离的想法显然是不现实的，因为英语等昔日的殖民语言已然扎根。因此，这种仅凭语言来判断文学归属的行为在今日看来就有些许狭隘和偏颇。英语虽然是殖民者带来的语言，但是鉴于它如今已成为非洲重要的通用语言，非洲作家用英语创作的作品理应得到尊重和承认。在全球化的今天，是否具有"非洲性"（朱振武、李丹，2022：164）应该成为衡量一部作品是否属于非洲文学的重要标准之一。阿契贝（Achebe, 1965: 27）曾在反击瓦里等人的文章中将非洲文学分为国族文学（national literature）和民族文学（ethnic literature），他当时虽是以尼日利亚为例，但非洲国家独立后的情况大抵相似，不妨借此概念分析恩古吉所在的肯尼亚。在肯尼亚，用英语和斯瓦希里语创作的作品是通用语文学，也即国族文学，而恩古吉用基库尤语创作的作品只是民族文学，或说部族文学。一开始，恩古吉虽然激烈抨击阿契贝的观点，但非洲的历史现实以及之后的流亡生活迫使他不得不重新评估判断非洲英语文学的存在意义和现实价值。恩古吉后来将作品译为英语的行为其实是其本人与英语写作的一种和解，他与非洲英语文学的关系也由此从对抗走向了对话。

5 结语

　　文化复古主义只会阻碍民族文学的发展，对话与交流方能促进民族文学的进步，而翻译无疑是不同民族文学文化间交流的桥梁。文化间的影响是相互的，早期的恩古吉只看到了非洲民族语言对英语的滋养，但其之后的回归也同样为基库尤语言带去了来自英语语言的养料，当然，这是一种在精神层面上进行的文化翻译。晚年的恩古吉越来越认识到翻译的重要性，他主张不同语言间不应存在层级关系，各民族文学也绝非处于金字塔系统中，而是处于同一网状结构中。他始终坚持去中心化的原则，在网状的民族文学系统中，任何一种民族文学都可被看作一个中心点，而任何两点都可以相互联结，进而"相互给予和接受，相互协同与发展"（Ngũgĩ, 2010: 3）。恩古吉坚持使用民族语言书写就是在竭尽全力让基库尤文学牢固存在于这一民族文学网格中。在他的带动下，这一事业已经后继有人。德不孤，必有邻。在非洲，还有很多其他作家致力于发展民族文学，如乌干达作家奥考特·庇代克（Okot p'Bitek, 1931—1982）等。他们与恩古吉一样，一边用民族语创作，一边又将作品自译为欧洲语言。庇代克的著名诗篇《拉维诺之歌》（*Song of Lawino*, 1966）就是先用阿乔利语创作，继而由其本人翻译成英语的。恩古吉这批非洲作家生活在两种文化之间，精通两种语言，为扩大自己民族文学作品的影响，他们会首选由自己操刀翻译。鉴于语言间的影响力量不同，以及非洲特殊的语言状况，自译现象还将继续存在于非洲作家之中。

　　从五四时期开始，鲁迅等中国作家就开始积极致力于译介弱小民族文学，从而丰富了国民对世界文学的认知。在今日构建中非命运共同体的大背景下，我们也理应与非洲民族文学继续进行面对面的对话。摆脱英语等欧洲语言的束缚，摆脱"辗转体认"（朱振武，2022：149）的现象，从事如恩古吉所讲的两点之间的交流，可以让中非人民之间增进了解，多一些互信。非洲有着古老的历史，中国有着灿烂的文明，中非之间文化层面上的深入交流也必将给彼此的文学带来丰富的养料。越是民族的，就越是世界的，世界文学的版图绝非只在欧洲的语言疆域内，相信随着中国文学及非洲各国本土文学的崛起，世界文学的版图与面貌也必将大有改观。

（原文发表于《外语教学》2024 年第 4 期）

【参考文献】

Achebe, C. (1965). English and the African writer. Transition, 18, 27-30.

Bassnett, S. (2013). The self-translator as rewriter. In A. Cordingley (Ed.), Self-Translation: Brokering Originality in Hybrid Culture (pp.13-25). London: Bloomsbury Academic.

Chakava, H. (2018). The turning point: Ngũgĩ wa Thiong'o & his Kenyan publisher. In S. Gikandi & N. Wachanga (Eds.), Ngũgĩ: Reflections on His Life of Writing (pp.115-120). London: James Currey.

Gikandi, S. (2004). African literature and the colonial factor. In F. A. Irele & S. Gikandi (Eds.), The Cambridge History of African and Caribbean Literature (Vol. 1, pp.379-397). Cambridge: Cambridge University Press.

Hokenson, J., W. & Munson, M. (2007). The bilingual text: history and theory of literary self-translation. New York: St. Jerome Publishing.

Thiong'o, N. (1986). Decolonising the mind: The politics of language in African literature. London: James Currey.

Thiong'o, N. (2010). Language in everything to declare. Wasafiri, 25 (3), 1-3.

Thiong'o, N. (1985). On writing in Gikuyu. Research in African Literatures, 16 (2), 151-156.

Thiong'o, N. (2008). Translated by the author: My life in between languages. Translation Studies, 2 (1), 17-20.

Wali, O. (1963). The dead end of African literature. Transition, 10, 13-16.

艾勒克·博埃默．（1998）．殖民与后殖民文学（盛宁，韩敏中，译）．沈阳：辽宁教育出版社．

爱德华·萨义德．（2002）．知识分子论（单德兴，译）．北京：生活·读书·新知三联书店.

恩古吉·瓦·提安哥.（2018）.大河两岸（蔡临祥，译）.北京：人民文学出版社.

弗朗兹·法农.（2005）.黑皮肤，白面具（万冰，译）.南京：译林出版社.

宋敏生.（2020）.从东方主义到世界主义：纪德的非洲旅行与书写.西安外国语大学学报，28（3），109-114.

孙晓萌.（2022）.英国殖民时期非洲豪萨语与斯瓦西里语本土文学嬗变研究.外国文学，2，12-24.

伊·德·尼基福罗娃等.（1981）.非洲现代文学（下）：东非和南非（陈开种等，译）.北京：外国文学出版社.

张倩.（2020）.四十年自译研究：现状与不足.外国语（上海外国语大学学报），43（3），110-119.

朱振武，陈平.（2021）.瘟疫书写的终极关怀：以南非英语小说《瘟疫之墙》为中心.河南大学学报（社会科学版），61（1），89-95.

朱振武，李丹.（2022）.非洲文学与文明多样性.中国社会科学，8，163-184+208.

朱振武.（2022）.中非文学的交流误区与发展愿景：关于《雷雨》在尼日利亚的归化改编.文史哲，6，138-149+165.

东非语境下冷战时期的
翻译：接受和反应

阿拉明·马兹鲁伊（Alamin Mazrui）①
李超群② 译

1 引言

20世纪60年代初，欧洲在东非的殖民统治结束，这对从英语到斯瓦希里语的文学翻译实践产生了重要影响。在整个殖民时期，无论是翻译文本的选择，还是文本的生产与最终流通，几乎都由殖民地官员控制。随着殖民主义尾声渐近，文学翻译活动发生了一些转变：东非人民可以自己选择翻译何种英语文本，有时还可以决定译文如何在东非文学中发挥作用。这成了翻译后殖民主义特性的一部分。

正式的殖民主义虽然在20世纪60年代宣布结束，但是在非洲的帝国主义却并未完全消失。非洲开始面临美国和苏联之间的冲突，两国都试图使非洲按照各自的愿望发展。这也以翻译的形式表现出来，尤其体现在冷战背景下美苏两国选择引入非洲的翻译文本上。本文将以乔治·奥威尔（George Orwell）的《动物庄园》和马克西姆·高尔基（Maxim Gorky）的《母亲》的斯瓦希里语译本为例，审视文化帝国主义后殖民主义的面孔，研究

---

① 作者简介：阿拉明·马兹鲁伊，新泽西州立大学艺术科学学院教授。
② 译者简介：李超群，北京外国语大学研究生。

这些译文背后暗含的帝国主义国家的动机，以及非洲读者对译文的反映。

在后殖民主义时代初期，有一项举足轻重的发展，即殖民主义结束后，非洲译者的译文，有时能够重新划定斯瓦希里语文学的界限。在东非学校里，这些译文如今已成为斯瓦希里文学不可或缺的一部分。例如在1995年，著名的肯尼亚文学批评家克里斯·万贾拉（Chris Wanjala）批评他的同事，在大学教斯瓦希里语"只研究一小部分文学文本，且只从东非地区挑选文本"（1995: 12）。虽然斯瓦希里语主要是一种东非语言，斯瓦希里语文学文本主要是由东非作家为东非读者创作的，但万贾拉认为，在斯瓦希里语文学课程中，只重点关注东非地区的文本过于狭隘。

批评者们质疑万贾拉提出的事实。但奇怪的是，他们在界定斯瓦希里语文学范围时，并未反对万贾拉提出的参考标准。谢里·姆维马里（Sheri Mwimali, 1995: 19）指出，万贾拉的推定与事实恰恰相反，斯瓦希里文学课上的大学生早已广泛接触过其他国家的文本，他提到了索福克勒思、莎士比亚、奥威尔、果戈理、阿尔马赫、费丁南·奥约诺、罗伯特·塞鲁玛、钦努阿·阿契贝和渥雷·索因卡等作家的翻译作品。同样，姆温达·巴提亚（Mwenda Mbatiah）声称，在内罗毕大学的斯瓦希里语文学课上，他们从始至终都在"教授译自世界各地的文本"。巴提亚（1995: 19）接着问道："万贾拉为什么认为斯瓦希里语文学课的教学大纲过于狭隘呢？"

万贾拉的观点及其批评者的回应印证了安东尼·阿皮亚（Anthony Appiah）的观点：

> 后殖民性是一种可以被不客气地称为买办知识分子的状态——一小群西式的、接受过西式培养的作家和思想家，在边缘地区扮演着世界资本主义文化贸易的调停者。西方学者透过这些调停者展现出来的非洲认识他们，调停者为这个世界、为彼此、为非洲创造了一个新的非洲形象。透过这个新形象，调停者被自己的同胞们了解。（Appiah, 1991: 348）

斯瓦希里人费尽心力反驳非洲文学匮乏这一殖民主义观点，尽管他们的反驳会令自己陷入矛盾的话语表述之中。他们收录译自英语的文本，重新划定斯瓦希里语文学的界限。换言之，在追寻后殖民主义认可的过程中，斯瓦希里语文学声称（也许是无意的），殖民时期当成"他者"的文学，是后殖民时期"自我"的文学不可分割的一部分，从而在非洲学术长廊中重塑斯瓦希里语文学。

但是，这种转变有时主要与译文以及翻译的用途有关，与斯瓦希里语文学的界限关联不大。从这个意义上说，翻译成了更广泛的文化嫁接现象的一部分。文化嫁接这一术语指的是，面对主导文化或宗主国文化传递的材料时，从属群体或边缘群体是如何从材料中进行选择和创作的。虽然被征服人民难以控制主导文化散播的内容，但他们却能够在不同程度上决定吸收多少内容，以及使用内容的目的（Pratt, 1992: 6）。

在这个过程中，成为译文一部分的，不仅有译者为了译文能实现"适应不同语言语境和文化语境的自身意义"作出的努力（Venuti, 2000: 215），还有目标读者阅读译文、接受译文以及最终选择译文的方式。

东非将奥威尔的《动物庄园》与高尔基的《母亲》译为斯瓦希里语，体现出一种超越后殖民主义的现象。因为在文化嫁接过程中，阅读译文需经历语境重构，这种重构会带来意义与主旨的转变。在这两个案例中，译文最后不仅没有服务于帝国主义主体（最初负责选择和翻译宗主国文本的人），反而服务于非洲内部，对当地的权力和权威体系作出批评。翻译研究中的后殖民主义框架不再适用于奥威尔的《动物庄园》和高尔基的《母亲》这两部作品在东非语境下文化嫁接的动态和反动态。下面，我们将分析这两个翻译文本，探索在东非语境下如何调整译文的（重新）解读，使其朝一个新的、本土的立意发展。

2　美国与奥威尔的《动物庄园》

在《帝国权威的档案：帝国、文化与冷战》①（2012）这一著作中，安德鲁·N. 鲁宾（Andrew N. Rubin）展现了在冷战期间，美国是如何怀

---

① *Archives of Authority: Empire, Culture and the Cold War*

着打击苏联意识形态这一目的对人文学科进行资助的。为此，他们提供国家资助将《动物庄园》译成各种不同语言，尤其是南半球国家的语言（Rubin, 2012: 24-46）。由美国赞助的《香巴拉万亚玛》①就是《动物庄园》的斯瓦希里语翻译，译者是坦桑尼亚人福图纳图斯·卡维格（Fortunatus Kawegere）。根据堪萨斯大学的展览介绍，斯瓦希里语版本的翻译也是由"美国信息服务机构"（KU Libraries Exhibits, 2015）赞助的。虽然好像有协议规定，这些由美国赞助出版的翻译作品不得"提及大使馆或美国情报交换信息部门"（Rubin, 2012: 38）。

《动物庄园》的斯瓦希里语版译者卡维格 1943 年出生于桑尼亚的布科巴，他在布科巴长大并完成了小学与初中学业。1960 至 1961 年间，卡维格就读于基俊古蒂师范学院，主修斯瓦希里语。在此期间，他取得了小学教师资格证书，当时正值坦桑尼亚（当时的坦噶尼喀）从英国独立之际。后来，他成了坦桑尼亚的一名小学教师。卡维格不仅将奥威尔的《动物庄园》译成了斯瓦希里语，还用斯瓦希里语写了几部创意作品，包括《贿赂的解药》②《我的作品：不同人类职业的诗歌》③《造就巨人的谎言》④和《与夜间来客一起沉没的星球》⑤，以及他用英语撰写的短篇故事集《拉贾布警督探案故事集》⑥。

《动物庄园》（1945）是一部讽刺性动物寓言，表面上讲述了一群动物密谋发动武装革命，将人类东家赶出农场的故事。书中，动物们一致通过了"动物主义"革命原则，不仅将动物与人类区分开来，还将动物统治与人类统治区分开来，并在此后按照原则自行管理农场。但不久，动物统治退化成残酷的暴政。在暴政之下，革命历史被刻意抹除、政治异议被钳制、个人崇拜不断增长、腐败与残忍剥削日益盛行，革命初衷被违背。奥威尔借《动物庄园》来揭露与批判约瑟夫·斯大林统治下苏联

---

① 书名为 *Shamba la Wanyama*，斯瓦希里语，意为动物庄园。——译者注
② Kinga ya Rushwa (Antidote to Bribery)
③ *Kazi Yangu: Mashairi juu ya Kazi Mbalimbali za Wanadamu* (My Work: Poems on Different Human Professions)
④ *Uongo Uliozaa Jitu* (The Lie that Produced a Giant)
⑤ *Sayari Iliyozama na Mgeni wa Usiku* (The Planet that Sank with the Night Visitor)
⑥ *Inspector Rajabu Investigates and Other Stories*

极权政府的危险。

后殖民主义时期，在坦噶尼喀（后与桑给巴尔合并，被统称为坦桑尼亚）发生的事件为《动物庄园》的翻译提供了直接政治语境。正如韦努蒂所指出的，在翻译过程中，对当地目标群体利益的书写，"早在选择待翻译文本时就已开始，这种选择往往十分仔细、隐藏着强烈的动机"（Venuti, 2000: 486）。但在这种情况下，促使《动物庄园》变成冷战期间反共产主义势力一部分的，并不是对于革命被背叛的恐惧，而是对于即将到来的（社会主义）革命的恐惧。

诚然，乌贾玛①社会主义并未启动，执政的坦噶尼喀非洲民族联盟（TANU）直至1967年才变为革命党。而1967年也正是《动物庄园》的斯瓦希里语译本出版的那一年。但准社会主义国家这一想法，在1962年或更早就已处于酝酿之中。当时，坦噶尼喀总统姆瓦利姆·朱利叶斯·尼雷尔（Mwalimu Julius Nyerere）发表了一个名为《乌贾玛：非洲社会主义的基础》②的小册子。1964年4月26日，坦噶尼喀与独立岛国桑给巴尔合并，加深了美国对坦噶尼喀发生社会主义转变的恐惧。合并发生时，暴力的桑给巴尔革命才过去不到三个月。由于桑给巴尔革命主力军是马克思主义领导的乌玛党，因此被认为革命目标的本质是共产主义。甚至有人担心桑给巴尔会成为非洲的古巴，随时可能影响非洲大陆的其他国家（Wilson, 1989）。在东非地区，亲社会主义与亲资本主义两大政治阵营的关系变得紧张，因此将《动物庄园》译成斯瓦希里语更加刻不容缓。

评论家普遍认为，卡维格的翻译倾向于归化。他将故事的背景置于坦桑尼亚附近人们熟知的一个地方，采取的措辞令人联想起尼雷尔的个人政治习语，译文还省略了原文本中会影响归化的内容。弗拉维亚·艾洛·特劳雷（Flavia Aiello Traore）认为：

> 显然从翻译作品伊始，译者便采用了一系列彻底和连贯的归化手

---

① 乌贾玛是坦桑尼亚第一任总统，"乌贾玛社会主义"是姆瓦利姆·朱利叶斯·尼雷尔（Mwalimu Julius Nyerere）创造的一个斯瓦希里术语，指他在1967年向坦桑尼亚引入的准社会主义道路。——作者注
② *Ujamaa: The Basis of African Socialism*

法，主要有三种策略：非洲化——译者将全文置于自己熟悉的社会环境之中（伊布拉在布科拉郊区，路德教会所在地）；去英国化——译者选择大量删除与英格兰和英国文化有关的语言指称（姓名、地名、文化专有词如桶〔barrel〕，洗涤室〔scullery〕等），且往往不在目标语言中寻找相应的替换词；改写——译者以作者的姿态删除或重构句段（Traore, 2013: 21）。

奥利维亚·赫林顿（Olivia Herrington, 2015）的研究结论与特劳雷的结论大同小异。甚至译文的每章标题都让人联想起斯瓦希里语故事中说教的套话。

至于选择对原文本进行归化翻译是卡维格本人的决定，还是与世界一些其他地方一样是在美国控制下作出的决定，就不得而知了。鲁宾指出，在试图构建起"第三世界"权威的过程中，美国政府和英国政府都倾向于改编《动物庄园》，使其与当地背景和条件相适应：

> 在马来亚（英国作战时间最长的战后纷争地区），人们曾努力创造一个不那么"英国"的《动物庄园》版本。在埃及，人们对国王法鲁克的反对，使英国当局面临的反殖民主义挑战越发严峻，情报分析部（Information Research Department，英国外交部的一个秘密部门）认为《动物庄园》与当地情况"紧密相关"。欧内斯特·梅因（Ernest Main）把阿拉伯语归为伊斯兰语，并给拉夫·穆雷（Ralph Murray）写信说，翻译《动物庄园》"对阿拉伯人尤其有用……"（Rubin, 2012: 38）

换言之，使用归化译法提升了《动物庄园》的翻译本和改编本的反共宣传价值。毫无疑问，无论卡维格采用的翻译方法是否受到美国赞助者的影响，对《动物庄园》的译文进行归化符合更广泛的帝国议程。

事实上，虽然《动物庄园》旨在批判社会主义取向，但它却未能得到当时坦桑尼亚政界的青睐。艾达·哈吉瓦亚尼斯（Ida Hadjivayanis）在论文中指出，《动物庄园》的斯瓦希里语译本在坦桑尼亚成了一本禁书。用她的话来说：

　　国家迅速拒绝了卡维格翻译的《动物庄园》。译者只好去肯尼亚出版自己的译文，译文出版后的名字为《香巴拉万亚玛》。但出版后，译文在坦桑尼亚仍然被禁。（Hadjivayanis, 2011: 11-12）

　　在接受在线斯瓦希里语中心的采访时，卡维格提及，自己的译文出版后，曾有坦桑尼亚情报部门人员拜访他，以及可能"许多政府领导人都不喜欢它（我的译文）"（Gikambi, 2013）。但他并未提及译文被禁一事，也没有任何官方记录可以证明译文被禁。卡维格选择在肯尼亚出版自己的译文，并不足以证明坦桑尼亚不接受他的翻译。毕竟，卡维格的所有作品几乎都是在肯尼亚出版的，一些其他著名的坦桑尼亚作家［如赛义德·艾哈迈德·穆罕默德（Said Ahmed Mohamed）］也是如此。选择在肯尼亚出版，主要的考虑因素是图书市场，而非政治安全，卡维格本人在接受吉坎比（2013）采访时也肯定了这一说法。但平心而论，译文出版于坦桑尼亚发表《阿鲁沙宣言》①的时候，即向社会主义左翼靠拢的前夕，因此很有可能惹恼了政界。

　　虽然卡维格翻译的《香巴拉万亚玛》是为了倾向于社会主义的坦桑尼亚同胞们，但讽刺的是，译文却在资本主义国家肯尼亚大获成功。1994年，该书被肯尼亚教育协会的斯瓦希里语委员选中，列为全国高中考试斯瓦希里语文学考试必考文本。委员会中，一些颇具影响力的意见来自当地大学的左倾毕业生。这些斯瓦希里语委员会成员利用20世纪90年代早期肯尼亚不断增长的政治改革势头，借机提出反对的声音——《动物庄园》清晰地表达出了他们的想法，即不仅需要更换守卫，还要彻底改革政治秩序。

　　肯尼亚革命运动中，与《动物庄园》中的革命运动最相似的，大概是反抗英国殖民统治的茅茅运动了。茅茅运动爆发于1952年，领导者为德丹·基马蒂（Dedan Kimathi），参战者被称为肯尼亚土地自由军（KLFA）。欧洲人在肯尼亚殖民定居时，征收了大片最好的土地，还颁布了一系列劳动法规，强迫非洲人民为欧洲移民提供廉价劳动。因此，在争取独立的斗争中，土地和劳动力问题成了最紧迫的问题。在殖民主义压迫下，茅茅运

---

① *Arusha Declaration*

动正是那种激发奥威尔创作出《动物庄园》的革命运动（Ingle, 1993: 75-76）。茅茅运动是一场密谋的暴力革命，追随者众多。虽然茅茅党的军事领导人并非以渴望权力著称，但在1963年肯尼亚取得独立时，那些夺取了肯尼亚政治衣钵和领导权的人显然是渴望权力的。换言之，和奥威尔描述的俄国革命一样，茅茅运动很快违背了自己的初衷，正如肯尼亚第一任总统奥金加·奥廷（Oginga Odinga）在自己颇具争议的著作《尚未自由》[①]（1967）一书中所说的那样。

《动物庄园》描写了历史如何被改写，动物革命的总目标如何被扭曲，还描写了雪球这一角色，以及雪球在动物解放战争中表现的无私知识分子精神。这些描写都构成了《动物庄园》的中心主题。因为与茅茅运动的历史尤为相似，《动物庄园》中的政治活动后来成了历届肯尼亚政权的特征。时至今日，肯尼亚政府一直采取"不问茅茅，不闻茅茅"的沉默政策。在这种政策下，肯尼亚人逐渐忘却了茅茅运动及其领导者。例如，2001年10月20日，七十多个肯尼亚人因非法聚集被逮捕。这些人把10月20日称作"茅茅日"，纪念为自由而战的肯尼亚战士们，激怒了政府，因为10月20日原本是肯雅塔日，纪念曾被殖民当局逮捕的乔莫·肯雅塔（Jomo Kenyatta）。同样，基马蒂文化中心曾想在2月18日举办活动，纪念茅茅运动的军事领导人基马蒂（2月18日是基马蒂被英国殖民政府处决的日子），但被拒绝。事情发生于2006年，当时的肯尼亚还处于公认的政治最开明时期。

肯尼亚历任领导人的政治记录也与《动物庄园》内容十分相似。肯雅塔是肯尼亚第一任总统。在他的领导下，领导人被神秘化、人民劳动成果被挪用、高层政界贪污腐败、政府对权威主义充满狂热且一再试图误导公众。这些与《动物庄园》里发生的事件有着惊人的相似之处，动物们的生活也是如此，整天围绕着"我们的领导者，拿破仑同志"。甚至肯尼亚的资本主义也曾被视作是非洲社会主义实践，而肯尼亚人被要求相信这一点。就像雪球（无私奉献的革命者）在拿破仑（腐败的动物领导者）的政治操纵中的遭遇一样，马克思主义者和政府的批评者也经常被警察追捕，

[①] *Not Yet Uhuru*

成为掩盖政府无能和国家管理不善的替罪羊。因此，当尼亚胡鲁鲁中学决定在全国学校戏剧节上演戏剧版《动物庄园》时，立刻遭到了谴责，演出也被禁止（Mazrui, 2007: 141）。

1978年肯雅塔去世后，肯尼亚第二任总统丹尼尔·阿拉铺·莫伊（Daniel arap Moi）基本追随了肯雅塔的脚步。用一位议员的话来说：

> 在1982年，情况开始真正恶化。当时，人们由于担心与政党和总统发生冲突，失去了辩论的自由。能站在议会讨论自己的想法的日子已经一去不复返了，如今讨论自己的想法被视作颠覆与背叛。（Africa Watch, 1991: 17-18）

在《动物庄园》里，动物全体大会被逐渐用于批准猪的利己提议。在肯尼亚，议会也逐渐变成了一个橡皮图章，用于实现总统及其亲信的愿望。

在整个20世纪80年代，大学成了政府恐惧的主要"敌人"，莫伊政府通过告密者对大学进行监视。许多学者、学生和作家被迫流亡。不久，肯尼亚大批人口被政治流放，他们被多次指控，罪名是与"帝国主义"相勾结，违背了肯尼亚人民的民意（就像《动物庄园》里的雪球一样，雪球被指控与农场主琼斯勾结，破坏了动物庄园的稳定）。若有其他人倡导马克思主义和其他激进思想，也会被赶出大学，在没有指控和审判的情况下被关进监狱。因此，肯尼亚政治部的警官成了拿破仑的狗警卫们[①]的翻版，经常迫使个人"承认"从未犯过的罪行。

在尝试对抗"敌人"的过程中，莫伊政权逐渐加强其宣传机制。电视和广播电台归政府所有，每天的新闻播报都以"尊敬的阁下"为开头。如今，政府的媒体军火库中又添了一件武器：新闻报纸《肯尼亚时报》。报纸扮演的是《动物庄园》中斯奎拉[②]的角色，国有媒体成了重要宣传工具，为莫伊和莫伊政府的不正当行为开脱、掩盖国家面临的众多问题，如干旱、饥荒、艾滋病流行、医药短缺等。

---

① 拿破仑是《动物庄园》里的猪，圈养了一群狗当自己的警卫。——译者注
② 斯奎拉是《动物庄园》里的新闻发言人与宣传部长，与动物领袖拿破仑成功控制了舆论机构。——译者注

不久，莫伊培养起一种个人崇拜。公众无法在公开场合直接表达批评，由肯雅塔种下的的恐惧与沉默的文化，变得更加根深蒂固。1984年，莫伊宣布："我号召全部的部长、部长助理和所有人，像鹦鹉一样跟着我唱歌。我唱什么歌，你们就应当唱什么歌。如果我停下，那么你们也应停下"（The Weekly Review [Nairobi], September 21, 1984, 4）。因此，整个国家的命运好坏，都取决于公民鹦鹉学舌的水平与歌颂总统水平的高低。莫伊超越了党派与国家，莫伊的声音成了所有人的声音。莫伊成了人类智慧的化身，凌驾于国家法律之上。

历届肯尼亚政权的民族主义倾向植根于殖民主义历史，建立在经济考量之上。与其他民族的成员相比，与总统同民族的同胞及其盟友处于更具优势的位置。在肯雅塔的治理下，基库尤人处于优势地位；在莫伊的治理下，卡伦津人处于优势地位。这是对当时肯尼亚政治中民族主义的解释，就好比在《动物庄园》里，猪享受着其他动物没有的特权一样，二者是相通的。

在莫伊担任总统期间，当时的民族政治催生出了《动物庄园》的另一个译本《动物罢工》[①]（2002），即穆约罗（W.W. Munyoro）翻译的的基库尤语译本。当时，拥有压倒性优势，手握政权的政客们，都来自卡马图桑联盟（KAMATUSA），即卡伦津人、马赛人、图根人和桑布鲁人组成的民族联盟。基库尤人感到被边缘化。基库尤人曾一度被描述为肯尼亚的伊博人，暗指他们可能会煽动分裂主义思想，据说，尼日利亚的伊博人就曾这样做，导致了比亚法拉战争[②]的爆发。在这种环境下，穆约罗译出了《动物罢工》。从种族民族主义者的角度来看，卡马图桑联盟寡头政治集团被比作《动物庄园》的猪们——贪婪、腐败、专制，并且决心淡化基库尤人在茅茅运动、在将国家从欧洲统治中解放出来的作用。和斯瓦希里语译本的《动物庄园》一样，基库尤语的译本也超越了后殖民主义本身，转向批评民族主义和威权统治。

总而言之，虽然《动物庄园》的创作初衷是批评苏联的"社会主义革命"，并且将其译成斯瓦希里语在表面上是为了预先警告坦桑尼亚人民即

[①] *Mugunda wa Nyamu*
[②] Biafran War，比亚法拉战争，亦称尼日利亚内战，是1967年至1970年间尼日利亚政府和自行宣布独立的比亚法拉共和国之间的一场内战。——译者注

将到来的"社会主义革命",但书中传递的政治信息在肯尼亚这样忠实的资本主义国家产生了强烈反响。随着莫伊政权的政治反对势力不断增长,斯瓦希里教育家们开始将斯瓦希里语的《动物庄园》译本当作一种反话语,纳入国家的高中文学教学大纲,其主要原因就是书中所传递的政治信息。后来,基库尤语的《动物庄园》出现,进一步加深了对肯尼亚政府的批判。两个译本都超越了后殖民话语的界限,超越了文化的界限,服务于国家,为建立一个新的政治经济秩序而斗争。

3 苏联和高尔基的《母亲》

在冷战时期,苏联将高尔基的《母亲》翻译成斯瓦希里语。这部苏联小说被卡特琳娜·克拉克(Katerina Clark)描述为:

> 在那个地方,或者说在那个站台,从旧知识分子传统中走出的布尔什维克能够停下,换乘精力充沛的马匹,奔向社会主义现实主义。《母亲》提供的一套规则能将沙皇激进分子的陈词滥调转化成布尔什维克主义的决定性惯用语。(Clark: 1981, 52)

斯瓦希里语译本的《母亲》是苏联的革命进步部门(斯瓦希里语为"Maendeleo")赞助翻译的。书中除了印有"苏联出版"外,没有任何有关出版商或出版年份的细节。格罗莫夫(Gromova)表示,《母亲》是最早被译成斯瓦希里语的文本之一,译者是生活在苏联、说斯瓦希里语的东非人。他们在莫斯科电台或外语出版社学习或工作,如胡赛因·阿卜杜勒·拉扎克(Husein Abdul-Razak)、赫尔曼·马特穆(Herman Matemu)和本·翁布罗(Ben Ombuoro)(Gromova, 2004)。

《母亲》的斯瓦希里语译者是巴德鲁·赛义德(Badru Said)。他来自坦桑尼亚的桑给巴尔,翻译该书时旅居苏联。根据卡西姆·苏莱曼[①]

[①] 卡西姆·苏莱曼是巴德鲁·赛义德的朋友,在赛义德前往桑给巴尔之前、期间和之后都居住在苏联。卡西姆·苏莱曼现住在桑给巴尔。

（Kasim Suleiman, 2015）的描述，赛义德在接受教育初期就十分优秀，高中毕业后不久就离开了桑给巴尔，1960 年前往中国学习政治经济学。实际上，他是第一批访问中国的非洲学生之一。但是在 1962 年，他和许多其他非洲学生一起离开了中国。后来，赛义德前往莫斯科继续学习。期间，外文出版社的一个代理商找他将高尔基的《母亲》译成斯瓦希里语。因为不够精通俄语，赛义德根据《母亲》的英译本进行了翻译。同时，因为他频繁拜访中国驻莫斯科大使馆阅读中文报纸，苏联当局怀疑他是中国的间谍。结果，赛义德在 1967 年距离完成学业仅差几周时被逐出苏联。此后，他回到了坦桑尼亚，进入达累斯萨拉姆大学[①]学习，并在那里毕业。再后来，赛义德被达累斯萨拉姆的国家商业银行聘用，并晋升成了部门主管，直至 1992 年去世。

《母亲》讲述了苏联普通无产阶级与当时的沙皇和资本家作的斗争，这为 1905 年俄国十月革命的爆发创造了条件。主人公彼拉盖娅（Pelageya）是一个工人的妻子，她一开始并不关心国家大事，将精力放在自己的家庭生活上。在这方面，她代表了成千上万因恐惧而只关心自己生活的工人。但是另一方面，彼拉盖娅的儿子巴威尔（Pavel）加入了鼓舞人心的革命运动。巴威尔被捕时，彼拉盖娅自己也转变成了一名革命积极分子，支持儿子反抗国家的压迫。该故事"将历史现实与革命神话融合在一个政治寓言中"。小说描述了伏尔加索莫夫镇举行的五一游行这一历史事件，还描述了游行产生的直接后果（Clark, 1981: 52）。

斯瓦希里语译本的封面以白色为底色，画着一棵红色的小树（也许暗示着坦桑尼亚作为一个新国家的地位），树的枝叶都被风吹向"后方"；给人的印象是一面红色的旗帜在对抗着无形的风力，在向"前方"飘展。这幅图令人回想起伏尔加的五一工人游行中，巴威尔举着的红色旗帜，但也可以代表坦桑尼亚不惧挑战，向社会主义道路前行的壮举。

封底并没有常见的书籍描述、作者介绍和书评家评论。这些信息被放在书的内页，配着一张高尔基的照片。封底有两张附有说明的照片，照片主人公都是存在于高尔基生活中的真实人物。一张照片是安娜·基里洛夫

---

① University of Dar es Salaam

娜·扎洛莫娃，另一张照片是彼得·扎洛莫夫和他的妻子约瑟芬娜·扎洛莫娃。照片说明中解释说，正是安娜·扎洛莫娃与彼得·扎洛莫夫的激进分子生活，给了高尔基灵感，创作出小说主人公的母亲与儿子。书籍封底引用了高尔基自己的话：

> 那么，尼洛夫娜夫人真的存在吗？……重要的是认识到，妇女也参与到了革命准备与地下政治活动之中。尼洛夫娜夫人是作者依照彼得·扎洛莫夫的母亲创造出的文学形象。那位母亲活跃于现代社会，四处奔走散发传单，但她并不是孤单一人。

这些话不仅是为了强调工人阶级在革命时刻发挥的作用，也为了展现女性在革命计划和执行中扮演的重要角色。

斯瓦希里语译本中，还有鲍里斯·布尔索夫（Boris Bursov）写的前言。这位杰出的苏联文学家曾经是一名共产党员，先后在列宁格勒大学和赫尔岑列宁格勒教育学院担任教授。布尔索夫在前言中写道："每个国家的文学作品中，总有几部作品，是在国家发展过程中的变革时刻诞生的"（Bursov, 3）。高尔基的《母亲》无疑是苏联历史中的这样一部作品。斯瓦希里语译本的《母亲》也许旨在激励坦桑尼亚选择社会主义革命。

但是，随着坦桑尼亚的政治生活发生改变，《母亲》和其他来自苏联的文本逐渐消失于市场。虽说这本书在坦桑尼亚停止了流通，但在2007年12月27日，肯尼亚总统大选的结果引发争议，一系列随之而来的事件清晰地展示出《母亲》与非洲之间的关联。当时，肯尼亚陷入了为期数周的血腥暴力事件之中，肯尼亚的普通人按照民族界限相对立。联合国前秘书长科菲·安南带领维和队进行调停，当一切终于恢复平静时，有一千多人被夺去了生命，其中一些受到了残忍的虐待，还有数十万人流离失所。这个国家曾是动荡之海中的和平之岛，如今一系列事态的发展，在肯尼亚和国际社会掀起了惊涛骇浪，多方做出了大量努力，促进民族和解、弥合民族创伤。除了众多来自世界各地的外交班车以外，还有当地商界、工会、宗教组织、民间团体、嘻哈艺术家发起倡议，号召创建一个有利的政治、社会经济和文化环境，构建起一个团结、和平、可持续发展的肯尼亚。

在肯尼亚最大的贫民窟基贝拉,穷人们彼此暴力相待,让本就痛苦的生活雪上加霜。暴力事件发生后,一种不同的反应正逐渐形成。每天下午,来自多民族的一群年轻艺术家会来到一个被损坏的社区大厅,讨论选举过后不久发生的事情。他们表达着对脑满肠肥的富人的恐惧与愤怒,是这些富人成功地将穷人种族化,以至于穷人无法看出谁是真正的敌人。艺术家们似乎很清楚,造成表面上民族矛盾的经济根源,来自肯尼亚长期存在的迫切问题:谁拥有并控制国家不同地方的土地。艺术家们回忆起斯瓦希里语的一句话:两头大象打架,草地遭殃。当相互斗争的两派政客终于达成协议、分享权力时,基贝拉的年轻艺术家补充说:即使两头大象恩爱交配,草地(仍)遭殃。

在暴力事件发生后,有关和平与和解的政治言论主导了肯尼亚。这群来自基贝拉贫民窟的年轻艺术家们决定,给这种政治言论注入一种不同的信息:没有一个脑满肠肥的富人能解决穷人的担忧与需求;没有社会经济公正,就没有真正的和平与和解;肯尼亚人需要的是彻底的政治经济改革。为此,这群自称为马提加里团体①的年轻人,花费了数小时阅读斯瓦希里语《母亲》的残破影印版。小说的每一章都成了他们积极探讨和反思的要点,帮助他们理解肯尼亚当前的状况。在此过程中,他们还尝试将小说的斯瓦希里语译本改编成戏剧,在全国各地的舞台上演,宣传他们革命信息。从某种意义上说,这个团体证明了萨蒂什·卡尔塞卡(Satish Kalseker)的话,他曾写道:

> 《母亲》所等待的那一天尚未到来。为小说的存活所做的斗争也尚未结束。我们可能需要持续不断地为此斗争,而且必须做好长期斗争的准备。我们所有人,以及未来的几代人,都不得不一次又一次地阅读《母亲》。(Kalseker, 2012: 228)

---

① 马提加里是恩古吉·瓦·提安哥的基库尤小说《马提加里》中的革命英雄。这个有七个人的团体,领导者是克里斯·奥皮约(Chris Opiyo),他是我以前在基贝拉实地工作时的研究助理,也是他邀请我参加小组会议的。他们请求我帮忙筹措资金,以便在内罗毕和其他城镇上演这出戏剧。7人中有3人是大学毕业生。——作者注

《母亲》的斯瓦希里语戏剧版本产生于肯尼亚，与小说版本有所不同。首先，小说题目由《母亲》变成了《肩并肩》，强调共同奋斗的同志情谊不仅仅存在于工人之间，也存在于母亲与儿子之间。显然，书名灵感来自于阿拉明·马兹鲁伊（Alamin Mazrui）的一首同名斯瓦希里语诗歌。这首诗其中一节的翻译如下：

> 我将在月亮升起之时返程，我将保护你，捍卫你
> 山上的圆月满怀同情地注视着我们
> 这条路太长
> 时间太短
> 但我将像我的丈夫一样，继续肩并肩解放我们的人类。（Poetry Translation Center, 2015）

马提加里团队成员认为，这首诗暗指男人与女人加入共同的斗争，与小说以及他们想传递的信息紧密相关。

第二个不同之处是书中人物的名字。人物的名字都被归化了。一些名字如马加、苏米拉，并未暗指某个确定的肯尼亚人物。其他一些名字则有所暗示。其中，最突出的是马卡尼（Makani）这个名字，马卡尼是剧中一个重要劳工活动家的名字，在原小说中叫巴威尔。马卡尼这个名字令人联想到南亚裔的肯尼亚工会活动家马坎·辛格（Makhan Singh, 1913—1973），他曾在没有受到指控和审判的情况下，被英国殖民政府监禁了 11 年之久（Patel, 2006）。原小说中巴威尔母亲的名字彼拉盖娅在斯瓦希里语戏剧版本中被叫作旺加里（Wangari），可能取自旺加里·马塔伊（Wangari Maathai, 1940—2011）的名字。马塔伊是肯尼亚的环境与政治活动家，绿带运动的发起人，也是 2004 年诺贝尔和平奖得主。通过在一个印度裔肯尼亚人与一个基库尤裔肯尼亚人之间建立起"血缘关系"，这个团体想要在刻画母亲和儿子这两个人物形象时，超越种族界限，并暗示贫穷工人也能够跨越种族界限，团结一致、抵抗资本。

在以肯尼亚观众为目标受众，将《母亲》的斯瓦希里语译本改编成戏剧的过程中，该团体采用的这些策略与其他的策略表明，他们倾向于

对文本进行归化。甚至翻译的语言也偏离了学校与媒体使用的语言，即所谓的标准斯瓦希里语，变成了在大都市内罗毕能听到的语言，即城市工人阶级使用的斯瓦希里语。翻译团队的目标似乎是使文本尽可能贴近肯尼亚的状况，赋予翻译文本一种意义，使文本能满足当地在特定历史时刻的需要。

《肩并肩》不仅旨在解决2007年选举后发生的暴力事件引发的政治问题，还提供了对肯尼亚历史的特殊解读：一方面是劳工运动历史，另一方面是女性领导的历史。马坎·辛格的著作《1952年之前的肯尼亚工会运动史》①（1969）研究了肯尼亚殖民时期的工会运动，是此类研究中最全面的研究之一。在该书中我们可以了解到，在肯尼亚与英国殖民统治作斗争与争取解放的过程中，工会运动扮演着重要的角色，且处于中心地位。同样重要的是，工会激进主义是如何反抗殖民政府的种族隔离体系的。身为亚洲铁路工会的领导者，辛格也与其他工会的领导人建立起跨越种族的联系，尤其是与弗莱德·库拜（Fred Kubai）与切格·克巴奇亚（Chege Kebachia）的联系。

欧洲在肯尼亚的殖民主义统治结束后，肯尼亚的工会运动在组织上得到了扩展，但是由于独裁政治、领导人被拉拢以及领导人的权力和自主性被新法规削减，肯尼亚工会运动的活跃性和谈判能力被大幅削弱。虽然出现了新的后殖民主义状况，肯尼亚工人仍继续在各种场合举行抗议与罢工。例如，在过去十年里，教师、卫生工作者、航天工人和茶叶工人等都曾举行过罢工，原因皆与薪资和服务条款问题有关。后殖民主义时代的情况表明：肯尼亚工人有着较高的意识。这种可能性在《我们拒绝》②一书中得到了很好的体现。该书是一本由纳兹米·杜拉尼（Nazmi Durrani）编纂的诗歌集，收录了肯尼亚工人创作的斯瓦希里语诗歌。诗歌集的名字取自开篇诗歌。该诗的开头是这样写的：

> 我们拒绝，我们拒绝，我们拒绝
> 拒绝被那些不劳而获的人剥削，我们这些流汗的工人与农民，我

---

① *History of Kenya's Trade Union Movement to 1952*
② *Tunakataa*

们拒绝，我们拒绝，我们拒绝
　　拒绝被那些不劳而获的人剥削
　　我们这些工人和农民
　　是我们创造了财富，我们拒绝，我们拒绝，我们拒绝
　　拒绝财富被资本家窃取……

在高尔基的《母亲》一书中，巴威尔发表激烈演讲抗议减薪时，工人们坚定地站在了他身后。与此类似，肯尼亚的工人们也在劳工运动中展现出巨大的潜力。

高尔基的《母亲》和《肩并肩》之间有着重要的相同点。《肩并肩》体现了肯尼亚妇女在全国政治斗争特别是工会运动中所发挥的重要作用。现代女性斗争的历史可以追溯到英国殖民主义发展的早期，例如，梅卡提利利·瓦·温扎（MeKatilili wa Mwenza）领导了反对强迫劳动和征税的吉里亚马反抗运动（Mugi-Ndua, 2000），众多女性领袖和战士参与到了茅茅解放战争中（Presley, 2013）；以及最近在内罗毕"自由角"，肯尼亚的母亲们用绝食来抗议对她们儿子们进行政治监禁（Brownhill and Turner, 2004），均是女性斗争的体现。

在工会运动中，肯尼亚妇女即使在罢工期间，也为自己的家庭成员提供了必不可少的支持，并在擅长的领域中担任着领导职务。更重要的是，1992年以来，妇女劳工活动家凯瑟琳·马洛巴（Kathini Maloba）领导成立了肯尼亚妇女工人组织（KEWWO）。此外，马塔伊则将经济和政治联系起来，她似乎是《肩并肩》中母亲形象的灵感来源。高尔基的《母亲》中塑造的母亲形象为革命时期的新女性提供了一个典范。译者在将其翻译为斯瓦希里语、介绍到肯尼亚之前，革命女性形象就已经深深地印在了民众的心中。在评论高尔基《母亲》的马拉地语译本时，梅根·潘萨雷（Megha Pansare）认为：

高尔基的《母亲》讲述了一位参加革命活动的新妇女的故事。她与印度文化中神圣不可侵犯的形象不同，也与被放在特殊底座上崇拜的神圣女神有着本质上的区别。高尔基小说中的母亲是一位普通的女

人，是革命热情的载体。(Pansare, 2012: 227)

相比之下，肯尼亚妇女的形象启发和塑造了《肩并肩》中母亲的角色形象，也与《母亲》的主人公彼拉盖娅的形象一致。然而，我们需要注意的是，马提加里团体决定将《母亲》翻译成斯瓦希里语时，他们并不是对资本主义工厂主感到愤怒，而是对那些腐败政客阶层以及对畸形资本主义国家发展状态感到愤怒。苏联支持将高尔基的作品翻译成斯瓦希里语，目的是想要将社会主义革命带到非洲；而非洲人对高尔基作品的接受和反应，却与这个目标并不完全一致。非洲人翻译高尔基的《母亲》是想要普及一场"阶级战争"，只不过不是为了共产主义，而是为了社会民主和正义。在这个过程中，马提加里团体似乎从该国的工会和政治历史中汲取了经验，以增强肯尼亚读者对高尔基《母亲》的共情。

4 结语

奥威尔的《动物庄园》和高尔基的《母亲》的斯瓦希里语译本，都体现了肯尼亚当时一些有趣的历史事实。它们都是帝国主义宣传下的产物，只不过一个来自美国，一个来自苏联。这两本书最初的目标受众都是坦桑尼亚读者，一本反对该国左倾的反霸权主义书籍，另一本则支持该国左倾。然而，当这两本书传播到邻国肯尼亚时，两个译本却脱离了帝国主义的宣传，转而成为当地人民反对当地剥削者的声音。不过正如《动物庄园》斯瓦希里语译本中所提到的，当地剥削者在某种程度上与全球性的资本主义剥削有着联系。如果说在坦桑尼亚，帝国主义下的这两本书在乌贾玛运动的问题上相互对抗，那么在肯尼亚，它们则都成为反对资本主义的独立宣言。这部分解释了为什么《动物庄园》能入选肯尼亚斯瓦希里语文学课程，以及《肩并肩》也有可能被纳入该国的斯瓦希里语文学课程。

本文讨论的两个文化嫁接的案例表明，翻译展现出原文权威性和译文自主性之间的紧张关系。在这个意义上，翻译强调"差异的辩证法与同一性，建立了译者和参与者之间的联系——两者都有自己的悖论，即忠实于差异，表述着同样的事情，但表达出完全不同的意思"（Vieira, 1994: 65）。因此，翻译可以被视为一种"双重含义"的创造，对原文既是肯定也是否定。在肯尼亚，这种否定表现为：两种译本都失去了帝国主义支持者最初想要达成的目的，而转向于表达当地的政治使命，这种表达只有摆脱后殖民范式才能得以理解。

【参考文献】

Africa Watch. 1991. Kenya: Taking liberties. Washington, DC: Africa Watch.

Appiah, A. 1991. Is the post-in postmodernism the post-in postcolonialism? *Critical Inquiry*, 17 (2), 336-57.

Brownhill, L. S., and T. E. Turner. 2004. Mau Mau women rise: The re-assertion of commoning. *Canadian Woman Studies*, 23 (1), 168-75.

Bursov, B. n.d. Dibaji (Foreword). In Mama, ed. M. Gorky, 3–5. Moscow: Progress Publishers.

Clark, K. 1981. *The Soviet novel: History as ritual*. Chicago: The University of Chicago Press.

Durrani, N., ed. Forthcoming. Tunakataa. London: Vita Books.

Gikambi, H. 2013. Kutana na Mwandishi Aliyetafsiri Shamba la Wanyama. September 4. http://www.swahilihub.com/habari/MAKALA/-/1310220/1979574/- / qhupnd/-/index.html (accessed May 29, 2015).

Gromova, N. V. 2004. Tafsiri Mpya ya Fasihi ya Kirusi Katika Kiswahili. *Swahili Forum* 11, 121-25.

Hadjivayanis, I. 2011. Norms of Swahili translations in Tanzania: An analysis of selected translated prose. PhD diss., School of Oriental and African Studies, University of London.

Herrington, O. A. 2015. Language of their own: Swahili and its influence. Harvard Political Review (online version), http://harvardpolitics.com/books-arts/swahili-language-influence/ (accessed May 21, 2015).

Ingle, S. 1993. *George Orwell: A Political Life*. Manchester: Manchester University Press.

KU Libraries Exhibits. (2015). Shamba la Wanyama [Animal Farm]. http://exhibits.lib.ku.edu/items/show/6039 (accessed December 19, 2015).

Larkin, B. D. 1971. *China and Africa 1949—1970: The foreign policy of the People's Republic of China*. Berkeley and Los Angeles: University of California Press.

Mazrui, A. 2007. *Swahili beyond the boundaries: Literature, language, and identity*. Athens: Ohio University Press.

Mbatiah, M. 1995. Why we shouldn't sing praises to English literature. *Sunday Nation*, 25 June, 19.

Mugi-Ndua, E. 2000. *Mekatilili Wa Mwenza: Woman warrior*. Nairobi: Sasa Sema Publications.

Munyoro, W. W. 2002. *Mugunda wa Nyama*. Nairobi: Sarakasi.

Mwimali, S. C. 1995. Is Kiswahili study inferior? *Sunday Nation*, June 25 Odinga, O. 1967. Not yet uhuru. London: Heinemann.

Pansare, M. A. 2012. Target-oriented study of Maksim Gorky's Mother in Marathi polysystem. In Collection of papers presented at the international symposium organized by the Russian State University for Humanities, ed. N. Reinhold, 215-33. Moscow: Russian State University for the Humanities.

Patel, Z. 2006. *Unquiet: The life and times of Makhan Singh*. Nairobi: Awaaz.

Poetry Translation Centre. 2015. Poems: Shoulder to Shoulder. http://www.poetrytranslation.org/poems/shoulder-to-shoulder (accessed June 10, 2015).

Pratt, M. L. 1992. *Imperial eyes: Travel writing and transculturation*. London: Routledge.

Presley, C. A. 2013. *Kikuyu women, the Mau Mau rebellion, and social change in Kenya*. Baltimore: Black Classic Press.

Rubin, A. N. 2012. *Archives of authority: Empire, culture and the cold war*. Princeton: Princeton University Press.

Singh, M. 1969. *History of Kenya's trade union movement to 1952*. Nairobi: East

African Publishing House.

Suleiman, K. 2015. Interview by A. Mazrui. 21 May.

Sunday Nation. 2006. 19 February: 4.

Traore, F. A. 2013. Translating culture: Literary translations into Swahili by East African translators. *Swahili Forum* 20, 19-30.

The Weekly Review [Nairobi], September 21, 1984, 4.

Venuti, L. Translation, community, utopia. In The translation studies reader, ed. L. Venuti, 489–500. London: Routledge, 2000.

Vieira, E. R. P. 1994. A postmodern translational aesthetics in Brazil. In Translation studies reader: An interdiscipline, ed. M. Snell Hornby, F. Pöchhacker, and K. Kaindl, 65-72. Amsterdam: John Benjamins.

Wanjala, C. L. 1995. Kiswahili: Our varsities must do a lot better. *Sunday Nation*, 11 June:12.

Wilson, A. 1989. *US foreign policy and revolution: The creation of Zanzibar*. London: Pluto Pre.

英国统治下的斯瓦希里文学翻译话语的"沉默"和构建
——翻译的"去圣化"①

塞丽娜·塔伦多（Serena Talento）②
焦睿娜③ 译

1 引言

本文探讨文学翻译在文学交流作为"去圣化"④的形式的应用问题。这里所谈的文学翻译"去圣化"与卡萨诺瓦（Casanova, 2004: 126-27）所描述的"祝圣化"过程相反。在跨国文学交流中，翻译作为一种象征资源，通过积累文学资本和整合文学资源，能够提升一个国家文学的可见度和合法性。但是，也存在另一种情况，即通过文学翻译，文学及象征资本也能被削弱，特别是在构建一种强化对目标语言和文学认知缺陷的翻译话语的情况下。

当知识的生产被外来权威所垄断，如在殖民制度或委任统治制度的情况下，翻译及关于翻译的话语会削减目标文学的地位与声望。本文拟探讨在英国统治坦噶尼喀的历史环境下，斯瓦希里文学场域内文学作品

---

① 感谢克拉丽莎菲尔克教授在论文撰稿过程中给我提供了诸多宝贵意见。
② 作者简介：塞丽娜·塔伦多，德国拜罗伊特大学非洲语言文学专业助理教授。
③ 译者简介：焦睿娜，北京外国语大学研究生。
④ 翻译"去圣化"初步概念具体可参考塔伦托（Talento, 2014: 52-57）。

的翻译输入情况，旨在了解文学翻译的构建方式，揭示特定文学交流背景下的逻辑。

斯瓦希里语隶属于班图语族，早在公元9世纪左右就出现在东非海岸（Nurse and Spear, 1985: 49）。斯瓦希里语目前是坦桑尼亚和肯尼亚的官方语言，是刚果民主共和国的国家语言之一。在乌干达、卢旺达、布隆迪、莫桑比克北部、索马里、科摩罗群岛等东非国家，斯瓦希里语也被作为交际语言使用。斯瓦希里语具有泛民族、跨宗教和跨国家等特点。但是，直到19世纪末，斯瓦希里语也仅仅在索马里南部至莫桑比克北部的穆斯林城市社区等东非沿海地带使用。斯瓦希里文学形式丰富，包括口头文学和书面文学。其中，书面文学可考的历史最早可以追溯到18世纪。至今仍保留了一些用阿拉伯字母书写的宗教和世俗诗歌（Harries, 1962:5）①。

1885年，德属东非的建立标志着斯瓦希里语地区殖民主义的开始，包括现在的坦桑尼亚，而桑给巴尔、卢旺达和布隆迪除外（Marsh and Kingsnorth, 1972: 124）。1890年，桑给巴尔成为英国的保护国，并于1920年沦为英国直辖殖民地（还包括乌干达和肯尼亚）（Page and Sonnenburg, 2003: 312-13）。随着德国在第一次世界大战中成为战败国，其海外殖民地在巴黎和会上（1919年）被欧洲各国瓜分。根据《凡尔赛条约》，国际联盟将坦噶尼喀以委任统治方式划分给英国（Iliffe, 1979: 247）。1925年，英国建立所谓的"本地机构"，并在殖民地引入间接统治制度，取代了德国的行政结构（同上，318）。尽管肯尼亚也被迫采用了一些间接统治制度形式，但其仍然是驻领殖民地，与坦噶尼喀的情况不尽相同。

马乔里·姆比林伊（Marjorie J. Mbilinyi）在评论英国皇室对殖民地采取的不同政策时，曾说道，内罗毕代表东非的政治和经济中心，而坦噶尼喀则代表该地区政治和经济的边缘地带（1980: 240）。但是，在知识生产领域，

---

① 但是，手稿上的日期并不能视为斯瓦希里书面文学开始的时间。这些日期和姓名可能是抄写员在抄写副本时留下的个人信息（Zhukov, 1992: 61）。其次，热带环境下使保存手稿难度变大，为了保护某类文学作品（宗教文学）而残害其他文学作品等复杂因素也要考虑进来（Mazrui and Shariff, 1994: 92; Abdulaziz, 1996: 413-14）。再加上，在最早已知手稿中，语言的复杂和精细程度表明斯瓦希里语有着悠久的历史和文化，这说明在手稿日期之前，还有一个长期非书面形式的文学传统。若想进一步了解斯瓦希里语手稿年代测定的相关难点，请参阅Zukhov（1988 & 1992）。拉丁字母由基督教传教士于1880年底引入（Brumfit, 1980: 275）。

情况就大不相同。与肯尼亚相比，坦噶尼喀对语言和文学政策的促进作用更明显，这也是为什么本文将坦噶尼喀地区的翻译实践作为分析的基础。在德国和英国统治期间，斯瓦希里语被保留了下来，作为（低层次的）教育和行政语言。在这种背景下，英国殖民机构启动了一项严格监控的翻译计划，这必然会对斯瓦希里语及其文学场域中的相关概念构建和普及产生影响。

2 文学交流是名利场？扩大文学共和国：纳入跨国文学空间（被忽视的）语境

在布迪厄的社会学观点基础上，卡萨诺瓦、萨皮罗和海尔布隆等学者掀起了一股研究热潮，重点关注如何重建文化知识再生产过程中的内在逻辑以及文化商品在世界文学场域是如何流通的。虽然布迪厄仅在一篇颇有启发性的短文中谈及翻译，探讨思想在国际传播的社会条件，但是他关于世界社会组织科学程序的论述却对翻译学科至关重要，推动了一个新的研究分支的兴起。该分支认为翻译是一种象征资源，由行动者在系统中进行选择，而系统又依赖象征形式的协商，并受权利关系的制约。

布迪厄认为社会现实是由场域构成的，场域是一个具有相对自主性的生产空间。根据资源分配情况，社会中的行动者（个人、团体或机构）会被分配某些权力（Bourdieu, 1993: 29-30）。在社会场域中，资本（经济、文化、社会和象征资本等）分配遵循不平等原则，这就意味着社会场域的本质就是对资源的争夺，因而也是对场域中某些权力地位的争夺（Bourdieu, 1989: 17; 1993: 34; 1997: 50）。按照这一设想，知识的生产与再生产过程就是文化产品转化为资源的过程，社会行动者选择、交换这些资源，从而得到某些形式的资本（Bourdieu, 1993: 75）。

卡萨诺瓦（2002; 2004）、海尔布隆（1999）、海尔布隆和萨皮罗（2002; 2007; 2008）、萨皮罗（2008）等学者应用这一社会学理论框架来分析文学商品的流通。他们认为文学世界是由等级化的文学场域组成的。在场域中，不同的语言文化系统会根据文学资本的积累、声望、认可度等因素争取国际社会认可，努力获得合法性地位。卡萨诺瓦将文学资本描述为"象征资本的中央银行……'文学信用'集中于此"（Casanova, 2004: 245）。文学资本既体现在物质层面，如促进文学繁荣的文化基础设施（作品的数量和年代、公众和专业环境），还体现在非物质层面，如文学地位和声望，也就是文学信用。在文学场域中，信用越高，文学的认可度和合法性地位就越高（同上，13-17）。文学资本的积累，或者从更大程度上讲，文学资本的声望地位导致了文学界的"结构性不平等"①。在这种情况下，文学界划分为两个场域——主导场域与被主导场域，与主导与被主导文学语言相对应（Casanova, 2002: 8-9）②。

"文学资本人人都梦寐以求，是参与文学竞争不可或缺的重要条件"（Casanova, 2004: 17）。这使得不同文学场域之间的关系变得紧张起来，从而引发了布迪厄所说的行动者对某些资源和资本的争夺。事实上，翻译是在国际空间的大环境中进行传播的。传播环境主要受国家之间的权力关系和各自语言的影响。在这个空间中，资源（政治、经济和文化）的分配是不平等的（Heilbron and Sapiro, 2007: 95）。因此，政治、经济、文化领域所经历的"斗争和对抗"模式同样适用于文学交流和翻译领域（同上）。国家之间的交流处于国际不平等关系的中心旋涡，其性质会受到不对称权力关系的影响。这就意味着文学交流也会受（象征）权力关系的影响（Casanova, 2004: 39; Heilbron and Sapiro, 2007: 95; 2008: 29, 34）③。因此，在构想国际文学场域内发生的文学文本的传播时，卡萨诺瓦（2002）认为翻译

---

① "结构性不平等"（我的翻译）。文中所有引用和例子都是译者翻译的。
② 主导与被主导文学语似乎暗示了二元主义。约翰·海布伦和吉赛尔·萨皮罗（2008: 29-30）认为这种二元对立呈现出多面性的特点，并建议将世界翻译体系视为超中心、中心、半外围和外围语言之间的文学交流。
③ 从这些角度来看，社会学方法与后殖民主义的翻译方法都具有认识论的特征。后殖民主义翻译研究的核心是翻译中不平等的权力关系，及权利关系对文学交流和翻译过程的影响（Jacquemond, 1992; Bassnett, 2002: 4; Bandia, 2010: 266; Baer, 2014: 233）。尽管后殖民主义视角为翻译研究指明了良好的发展方向，但我更倾向于从社会学的视角来看待翻译现象，这可以使研究者能够像塔里克·沙马（Tarek Shamma, 2009: 191）所主张的那样，克服后殖民主义范式中"对社会政治背景的忽视"，同时避免埃莱娜·布泽林所说的"文本崇拜"（Hélène Buzelin, 2007: 44）。尽管在理论层面，后殖民主义与社会学理论框架下的文学交流有共同之处，但以社会学作为方法论可以克服后殖民主义研究"以文本为主"的弱点，又可以弥合布迪厄（1993: 30, 140, 180-81）所说的文学理论中内部和外部阅读之间的差距。社会学方法摆脱了内部阅读和外部阅读的简化主义，将翻译的生产和传播等一系列社会关系作为其研究对象（Heilbron and Sapiro 2008, 26-27）。

是不平等的交换。即便国际上资源分配和认可存在着不对称性，文学世界中的不同文学场域却皆因"努力（带有不平等优势）争取实现同一个目标，即'文学合法性'"而联系在一起（Casanova, 2004: 40）。事实上，在国际文学交流中，翻译既是实现"祝圣化"的手段又是"祝圣化"的对象。其中，实现"祝圣化"的首要途径就是被主导国家的文学作品进入主导文学场域内流通，从而提升被主导国家的作者、语言、文本甚至是文学场域的声望和合法性（Casanova, 2004: 127; Heilbron and Sapiro, 2008: 34）。然而，当文学作品被翻译成主导语言时，就涉及源语文学的"可见性及存在感问题"（Casanova, 2004: 135）。但是反过来，被主导国家通过翻译主导语言的文学作品，能够丰富本国文学、引进文学资源，从而加速资本的转换和积累（同上，134; Heilbron and Sapiro, 2008: 34）。但是，上述所探讨的内容是否也适用于不同于卡萨诺瓦、海尔布隆和萨皮罗等学者所探讨的语境？

自布迪厄、卡萨诺瓦、海尔布隆、萨皮罗等学者提出上述观点以来，基于他们观点的社会学翻译研究方法已经在除法国之外的其他地区生根发芽。有关文学产品流通的理论已经不仅仅局限于法国文学研究，还应用到了欧洲、美洲、非洲和亚洲等国家的语言文化之中，充分证明了这些理论能够为跨国研究提供基础。针对布迪厄理论是否适用于其他国家的文本，安娜·斯切蒂（Anna Boschetti, 2006: 144）指出："尽管布迪厄的研究对象有其民族特殊性，他的研究引发了广泛关注，并在国际范围内产生影响。"从法国到芬兰[①]，从埃及[②]到伊朗[③]，布迪厄的理论已经在不同地区得到充分发展。同样，卡萨诺瓦的研究方法也在拉丁美洲[④]等地区传播开来。

---

① Hekkanen (2008).
② Khalifa and Elgindy (2014); Hanna (2005; 2006).
③ Haddadian-Moghaddam (2014).
④ Bielsa (2013). 如果想要进一步研究社会学翻译方法的案例，请参见由安东尼·皮姆（Anthony Pym）、米里亚姆·施莱辛格（Miriam Shlesinger）和苏珊娜·耶特马尔（Zuzana Jettmarová）主编的《翻译的社会文化面面观》(Sociocultural Aspects of Translating and Interpreting)。这本书包含荷兰语、芬兰语、德语、葡萄牙语、罗马尼亚语、法语、古吉拉特语、拉脱维亚语等一系列语言，涉及魁北克、大加那利岛或佛兰德等不同国家的语境。还可参见《翻译研究的社会学转向》(《笔译和口译研究》特刊 [2012]），由克劳迪娅·安杰利（Claudia V. Angelelli）精选部分优秀成果整理成书，其中提供了来自巴勒斯坦、巴格达、印度、中国和意大利等国家的案例研究。

然而，在研究撒哈拉沙漠以南地区的非洲文本时，有关卡萨诺瓦理论的应用和讨论却寥寥无几。另外，殖民主义文学研究者并未采纳她的文学商品跨国流通理论。事实上，卡萨诺瓦的理论探讨几乎没有涉及与殖民政权相关的历史语境。在论述"世界文学共和国"的历史和形成阶段时，她并没有把西方殖民囊括到世界文学形成的历史环境中来。这种历史环境共有四个阶段：第一阶段是形成的初期阶段；第二阶段是文学版图的扩大阶段，文学在这个时期被用来服务于民族理念；最后两个阶段是去殖民化阶段，标志着世界竞争中出现了一直被排除在文学概念本身之外的主角们（Casanova, 2004: 48）。在讨论国际文本流通时，卡萨诺瓦忽视了外部殖民势力与其所属殖民地、委任统治地或保护国之间的文学交流。鉴于《文学共和国》中并没有提到这一点，在研究文学资本转让时，这一时期也自然被忽视了。因此，本文主要致力于解决卡萨诺瓦理论能否在欧洲以外和有外来政权统治历史的国家中的应用问题。当卡萨诺瓦理论应用于高度政治依附的文化中，会发生什么变化？是否能被应用到这样的文化中？如果可以的话，应该如何应用？是否有必要对理论进行重新修订和解释？"祝圣化"的概念还能不能站得住脚？当被主导国家的翻译是由殖民主义势力的行动者而非"本土"译者来完成时，文学交流是怎样进行的？卡萨诺瓦将民族国家作为自己的研究对象，而殖民帝国与民族国家是截然不同的两种政治领土形态。卡萨诺瓦认为文学世界场域的划分"与自然地理不同，是按照与国家完全不同的方式界定的领土和边界"（同上，101），但是在具体推理的过程中，她仍有民族主义的倾向。殖民地和委任统治国具有不同于民族国家的领土结构，其特点是不同的语言和文化群体在同一空间共存。然而，正是这些特殊形态的政治和领土空间构成了文化产品交流的场域。这些场域与殖民帝国的场域不尽相同。

在英国统治初期，斯瓦希里文学源远流长、纷繁复杂。其书面文学，尤其是诗歌是为有教养的群体进行的专门创作，韵律形式多样。斯瓦希里文学的大部分诗歌都是由伊斯兰学者和法官（ulamaa）创作的，他们也会被东非沿岸的苏丹国"雇佣"为宫廷诗人（Knappert, 1979: 103）。斯瓦希里的宗教诗歌作为（半）公共活动中传播价值观和文化的载体，拥有广泛的受众（Vierke, 2011: 437）。在当时，诗歌也是一种文化实践活动，用来彰显特定精英阶层的地位和权力。诗歌竞赛也是不同的社会组织对抗的核心，包括诗歌竞争对手之间和斯瓦希里城邦之间的竞赛[①]。除此之外，斯瓦希里诗歌也象征着上层阶级的一种象征资源。这些贵族通过在私人图书馆里珍藏手稿或组织参加诗歌聚会来凸显自己的阶级地位。在等级分明的斯瓦希里社会，遣词造句和创作诗歌的能力是区分"有文化的贵族"（waungwana）和"没有文化的群众"（washenzi）的必要条件之一（Kresse, 2007: 51, 251; Horton and Middleton, 2000: 152）。因此，在东非地区，斯瓦希里语是颇富声望的语言，相较于其他本地语言，斯瓦希里语积累了一定的文学资本。

斯瓦希里文学场域的结构和动态必然会受到英国统治的影响，并在外部政府干预下进行重新调整，这其中包括：语言的等级制度、与之相关的声望和地位、文学（再）生产行动者的角色和地位、文学实践模式，等等。斯瓦希里语曾在东非语言和文学版图中占据中心地位。后来由于英语的引进，英语的语言地位逐渐上升，超越了斯瓦希里语。然而，英国殖民时期下的斯瓦希里文学场域与英国本身的文学场域并不相同。对殖民国家政治和经济的统治并不等同于对其文学的兼并。斯瓦希里文学有自己的内在逻辑，这根植于殖民地文化，并非宗主国。并且，斯瓦希里文学在主题、受众、生产者和语言等方面都与主导文学场域有着千差万别。因此在本文中我将使用"目标文学场域"一词来指代被外部统治力量左右的斯瓦希里文学场域。

本文将布迪厄的文学资本概念和卡萨诺瓦的"祝圣化"概念应用到殖民地特殊语境下，旨在探究位于卡萨诺瓦体系之外的文学场域和跨国文学交流。卡萨诺瓦认为译者（或作者）之所以将主导文学场域中的"世界级伟大作品"引入到被主导国家中，是想"积累文学资本，弥补其文学历史发展时间较短的情况"（Casanova, 2002: 10）。卡萨诺瓦认为另外一个原因是"竞争"。然而，在接下来所举的英国统治坦噶尼喀的案例中，以上这些概念都无法适用。翻译"祝圣化"和翻译是文学资本的积累等概念似乎

[①] 想要进一步了解此话题，请参见 Bierstecker (1996)。

无法应用到这种殖民语境下。下文的分析会对该原因进行解释，同时给出另外一个概念来解释翻译如何整合文学资源，为之后相似文本的分析提供借鉴。在英国统治期间，斯瓦希里语文学翻译是一个"去圣化"的过程，它包含三个方面：斯瓦希里语已获得的象征资本"去圣化"；其文学场域所积累的文学资本"去圣化"；本土行动者（本土译员）"去圣化"。

3 追溯斯瓦希里语翻译话语系的构建：副文本、外文本、文本的概念构建

布迪厄认为文本的流通和转移都是由一系列社会运作机制决定的（Bourdieu, 2002: 4）。从时间上来说，第一个就是选择机制，即对翻译内容和译员的选择。随后，是"标记"（marquage）机制，即编辑性修改和附加文本的添加（如序文）。通过标记，翻译后的文本呈现给读者时，能够使其适应具体的译语文化（同上）[①]。

标记机制使我们进一步思考翻译话语的相关性，翻译话语是在文本基础上构建，并与文本息息相关。目前，翻译研究领域出现了一个新的研究趋势——研究语言（和形象）的使用与权力的动态之间的复杂关系，重点关注翻译的话语构建及其相关评论。副文本曾被认为是研究边缘，或"阐释的门槛"（Genette, 1997）。但是现在，副文本和外文本在翻译领域中越来越受到关注。"副文本"指的是文学作品正文的"周围"或"外缘"材料，"用来呈现文本信息的材料"（同上，1）。热奈特（同上，5）将"peritext"定义为"内副文本"，指文本内的材料，包括封面、标题页、正面、背面、词汇等。"epitext"指"外副文本"，包括文本外部材料，如综述，关于作者或作者所著的出版或写作声明（同上）。尽管热奈特并没有针对翻译文本进行阐述，但是他的理论模型自20世纪90年代以来就应用于翻译研究，

[①] 第三个运作机制是阅读，每一个读者会都对文本产生自己的理解与感悟（Bourdieu 2002, 4–5）。

用来对译文的描述和分析进行补充①。内副文本应用于翻译文本研究，能够有效研究译文是如何建构概念和呈现给读者的。外副文本可以使读者了解讨论翻译的特定人群和不同的讨论角度。副文本可以引导读者的阅读体验（同上，2），提供诸多关键性信息，包括目标受众、读者习惯、翻译范围、译者可见性、源文化与目标文化关系等。这些信息可以"反过来帮助研究者了解目标文化的社会习俗、思想方式和阅读期望"（Tahir-Gürçağlar, 2013: 113）。

塔希尔·古尔卡格拉尔（2002）引入了外文本的概念，以补充翻译、翻译内或关于翻译的话语类型。外文本指的是"独立于译文之外传播的一般性元话语"（同上，44），能够补充翻译文本背景信息和社会文化知识。

佩拉特（Pellatt）曾扼要陈述了副文本与外文本的重要性：

> 副文本提供文章背景信息，解释并衔接文本内容，提供逻辑支撑。通过对译文的赞美，吸引读者的注意力。评论形式的外副文本也可以达到上述这些目的，但是也可能会有些恶评或差评，使读者阅读兴趣大为降低（Pellatt, 2013a: 3）。

佩拉特认为副文本和外文本具有"表演性"功能，因此，这些文本并不是译文的附属品。这和布迪厄的观点一致，他认为有关译文的说明文本可以使文学作品规范化，文学产品的价值得到实现（Bourdieu, 1993: 110）。布迪厄主张文学作品的研究对象不应局限于艺术作品的物质生产者（文学作品的作者），还应探究象征资本的生产（Bourdieu, 1996: 229）。这些资本由行动者和机构生产，旨在构建特定观念并普及作品价值。在追踪"信用行为"流通的过程中，布迪厄分析了在艺术作品中如何重构信仰，指出序言作者就像是圣徒一样，其地位至关重要（同上，230）。布迪厄还认为

---

① 参见 Kovala (1996), Watts (2000), Tahir-Gürçağlar (2002; 2013), Harvey (2003)。除了单篇的翻译文章，最近还有两篇论文集专门研究翻译中的副文本。具体请参见 Gil-Bardaji, Orero and Rovira-Esteva (2012), and Pellatt (2013b)。目前学术会议讨论的不仅是特殊文本的出版还包括准文本，例如 2010 年 6 月在巴塞罗那自治大学翻译和口译系举行的关于翻译中的准文本元素的会议，以及 2011 年 9 月在纽卡斯尔大学举行的关于翻译中的文本、外文本、元文本和准文本的会议。2005 年，维戈大学成立名为"翻译和副翻译"小组，并开设了同名的硕士专业。

标签机制拥有转换象征资本的潜力。

　　序言是象征资本发生转移的地方。因此，应该从社会学的不同角度予以研究（Bourdieu, 2002: 5）。卡萨诺瓦也同样强调研究文学作品生产者和批评家构建的话语系统，以便更为准确地描述文学共和国（Casanova, 2004: 10, 22）。卡萨诺瓦认为序言部分具有象征性意义，文学资产在这里发生了转移，作品和作者的"祝圣化"得以实现（Casanova, 2002: 19），因此她认为序言有"经典化效应"（Casanova, 2004: 115）。

　　卡萨诺瓦将文学作品相关的话语纳入研究的观点，与布迪厄的社会学观点不谋而合。布迪厄认为社会学应该包含"与社会世界认知有关的社会学"，其目的是阐明世界观是如何构建的，这些世界观又是如何塑造世界的（Bourdieu, 1989: 18）。布迪厄认为象征权力就是通过建构并普及社会观而获得的（Bourdieu, 1991: 167-168）。各国都想要"生产并推行获得大众认可的世界观"（Bourdieu, 1989: 20），以便获取象征权力。然而获取权力的途径无非有两种，一种是抗议活动（如群众示威），另一种是利用语言来改变社会观（同上）。

　　这两位学者的观念不谋而合，凸显了外副文本和内副文本的重要性。下面的分析将以英国统治时期为背景，研究斯瓦希里场域内翻译在文学交流中的作用。研究文本选择的是由跨领土语言委员会发布的译作副文本（我更倾向于选择序言）以及外文本的研究。我仔细分析了 11 篇翻译成斯瓦希里语的文本（其中包含 10 篇英语源语文本和 1 篇法语源语文本），这些文本都以书籍的形式出版或者刊登在杂志上（斯瓦希里杂志《今日事物》）[①]。从时间上来说，这些译本横跨时间为 1927 年（切耶·哈齐纳《金银岛》）至 1952 年（莪默·伽亚谟《斯瓦希里语版鲁班集》）。除了 *Tabibu asiyependa utabibu*（Molière, 1945）是法国作家莫里哀的《屈打成医》的译本外，其余的原文都是英语文本。大多数译文都是由殖民机制中的代理人翻译的，只有一个是由非洲译者翻译的。本文的研究文本涵盖了不同源文本体裁，包括故事集、小说、戏剧和诗歌等，还包括公立学校的文本读物。除了研究译文和其副文本之外，本文还分析了外文本。由于翻译活动

[①] 我想补充的是，在我正在编纂的斯瓦希里语译本目录中，可以收集到 1927 年至 1960 年的斯瓦希里语译本共 22 部。

从根本上来说，受教育和语言政策的影响，本文也分析了1925年的教育会议报告。除了聚焦于副文本和外文本研究，本文还探讨了翻译的概念化和与目标文化和语言有关的思维方式，这些思维方式通过翻译活动具体体现，同时也揭示了翻译生产和流通的具体环境。

4 构建英国统治期间斯瓦希里语文学翻译的话语

4.1 跨领土语言委员会的翻译

英国政府接管坦噶尼喀不久，于1920年9月成立了教育部。5年之后，教育部部长唐纳德·卡梅隆于10月5日在达雷斯拉姆召开了教育会议，会议持续8天。这次会议由政府和代表团参加，旨在组织和协调英国领土管辖内的教育和语言政策。这次会议制定了在英国统治地区推行教育政策的基本原则，还为1930年跨领土语言委员会（ITLC）[①]的成立奠定了基础，该组织成立的目的是在东非推行标准化的斯瓦希里语言。除了统一斯瓦希里语句法、音系和拼写标准，该委员会的成员一致认为"该机构的主要职责应是在生成文学作品的过程中给予建议和鼓励，在出版前对作品进行修订"（TEC, 1925: 160）。因此，编写／撰（课本）书籍被视作是推行标准化的方式。另外，由于文学组织正在考虑将欧洲文学作品翻译成斯瓦希里语，此时，英国（宗主国）政策也将翻译看作委员会推行扫盲计划和语言标准化的一部分（同上）。因此，在20世纪20年代末，翻译活动开始有组织、有规划地进行。这一活动深受英国统治时期的语言和教育政策的影响。然而，这并不意味着跨领土语言委员会成立之前，斯瓦希里文学场域内没有翻译活动。相反，由于其地处印度洋和非洲大陆的中间，斯瓦希里海岸是翻译交流的中心，来自大洋彼岸的寓言和故事在斯瓦希里地区口口相传。在18世纪至19世纪期间，对阿拉伯语（伊斯兰教）历史和传奇故事的翻译非常活跃，主要由当时受过良好教育的斯瓦希里精英分子翻译，并留下

[①] 委员会在1952年转移到麦考瑞大学之后更名为"东非斯瓦希里语委员会"，在之后转入达累斯萨拉姆大学后更名为"斯瓦希里语研究学院"。

了大量的书面证据。在德国统治时期（1885—1919），从德语翻译成斯瓦希里语的文学作品少之又少，翻译作品多是儿童故事，发表在殖民杂志《领导者》(*Kiongozi*) 上。除了以上零散翻译，斯瓦希里开始在 19 世纪 80 年代后半期接触到更多欧洲文学。桑给巴尔的英国主教爱德华·斯蒂尔翻译了诸多文学作品，包括以散文摘要的形式翻译的莎士比亚的《兰姆故事集》、查尔斯·金斯利的《英雄》、《希腊神话》与《伊索寓言》等。然而，斯蒂尔的翻译都是在教会内部流通的，直到 20 世纪 20 年代末才有关于其他类型文本的翻译。随着翻译活动在坦噶尼喀教育部流行开来，斯瓦希里接触到一系列欧洲经典文学作品。莱特·哈葛德、乔纳森·斯威夫特、鲁德亚德·吉卜林、罗伯特·路易斯·史蒂文森、丹尼尔·笛福、刘易斯·卡罗尔、莫里哀等作者开始在斯瓦希里文学领域中正式亮相。

由于文学（再）生产的组织和知识转让受语言委员会①的控制，非洲人很难进入文学场域翻译文学作品。在英国统治期间，主要是欧洲人从事当地的翻译工作，换句话说只有外来的行动者"有权力成为译者"②。当时，翻译工作主要由委员会完成，由委员会的部长负主要责任。在 1927 至 1936 年，跨领土语言委员会第一任部长弗雷德里克·约翰逊兼任教育部高级职员，翻译了《金银岛》《所罗门王的矿山》《丛林之书》《莱姆斯叔叔的故事》《格列佛游记》《鲁滨逊漂流记》《希亚瓦塔之歌》和《艾伦－夸特曼》等诸多著作。在英国统治坦噶尼喀期间，约翰逊是最多产的译员之一。尽管非洲人在 1939 年正式加入委员会，但是直到 1946 年，他们才积极地参加委员会的会议和活动（Mulokozi, 2006: 15），开始翻译文学作品。然而，只有少数有英语读写能力的行动者才能从事文学翻译。他们大多成为公务员或政府官员，兼任不同职位，和教育部门有联系。爱德文·布恩、罗森·沃茨、阿卜杜拉·阿布巴卡尔、夏邦·罗伯特就是这样的人，

---

① 图书的出版和翻译需要经历漫长的过程，并受委员会监督。首先教育部负责人会向委员会推荐新书和手稿。之后委员会部长会着手为新书出版和翻译做准备，并提前商订细节，如与出版商确定印刷的数量和出版时间等。文本被译为斯瓦希里语之后，会被送到语言委员会的读者中进行审阅。部长在得知委员会核可的建议已列入译文后，便准许委员会正式批准此书出版（Whiteley, 1969: 84-85）。
② 我借用了雷娜·梅拉尔茨（Meylaerts, 2006: 65）的一句话，她在文章中有一段的标题是"谁有权利成为翻译？"。

他们接受过教会教育，在教育部和语言委员会任职。因此，跨领土语言会的成立使斯瓦希里知识再生产和转换过程由外来的行动者掌控，同时受外部委员会严格监控。委员会拥有庞大的经济实力，负责发布和分销译本。翻译最初是以连载文本的形式出现在杂志《今日事务》（*Mambo Leo*）上，该杂志从1923年起，由坦噶尼喀教育部负责每月出版。

从1928年开始，杂志上连载的译文开始以单行本的形式收录，或者直接以书的形式出版，由谢尔顿和郎曼两个出版社负责。委员会发行的译作也作为阅读材料被纳入学校课程中。实际上，斯瓦希里语委员会批准的文本都可以在政府主办的学校（*shule za serikali*）作为阅读材料使用（Mbaabu, 1991: 28）。

然而，我想说的一点是，尽管译文主要面向学校教育，但是在英国统治结束后，这些翻译仍在斯瓦希里文学领域中发挥了作用，影响了斯瓦希里文学形式。例如，由于大量接触外国文学，斯瓦希里文学叙事顺序结构由原来的因果关系转向有连贯性的统一叙事（Rollins, 1985: 52; Bertoncini-Zúbková et al., 2009: 32）。此外，斯瓦希里写作的动机和主题也经历了更替和同化的过程。例如，瓦夫拉（Wafula, 2008: 107）指出，沙班·罗伯特所著的 *Kusadikika* 中关于七位使者的旅行和《格列佛游记》有相似之处。肯尼亚和坦桑尼亚结束殖民统治后，两国的教育政策均旨在使教学课程和大纲本土化，主要以非洲内容为主（Mngomezulu, 2012: 132），试图清除外国文学作品，但是仍然有些译著还是通过重译方式进入斯瓦希里语文学领域。在20世纪60年代，曾经由语言委员会翻译的作品被坦桑尼亚作家重新翻译[①]。1993年，麦克米伦肯尼亚分部出版了一些英文作品的译本，其中包括迈克尔·瓦瑞乌重译的《格列佛游记》。2015年，来自伦敦大学亚非学院的学者伊达·哈吉瓦亚尼斯将《爱丽丝梦游仙境》（1940年曾由Ermyntruded Virginia St Lo Malet Conan-Davies翻译成斯瓦希里语）重新翻译为 *Alisi Ndani ya Nchi ya Ajabu*。

在英国统治时期出版的译文通常附有译者序，代替了原文序言。即便

---

① 《鲁滨逊漂流记》在1962年被文学局的成员重新翻译为《鲁滨逊漂流记和他的岛屿》（*Robinson Kruso na kisiwa chake*）。伦敦：纳尔逊。《金银岛》在1965年被Peter Kisia翻译成 *Kisiwa chenye Hazina*。

原文序言隶属于虚构叙事结构亦或是情节不可或缺的一部分[1]，原文序言的省略也时有发生。大致而言，本文的研究对象就是这些译者序，属于副文本的一种类型。根据柯伐拉姆的分类（Kovala, 1996: 127），这种类型的副文本具有信息说明的功能。序言将原文和译文联系在一起，对原作者和作品给予说明。在序言中，有时会对删节、改编或扩充的地方做出评论，也会着重强调源语文化历史久远，来自大洋彼岸[2]。但是，最重要的是，译者在序言中能够与读者进行协商，以便读者更好地接受译本。有时，序言中也会强调原著在源文化的地位。另外，译者还会阐述翻译的原因，从而使读者与译者的阅读目标保持一致。

4.2 翻译是对目标语言的"去圣化"过程

马兹鲁伊认为在20世纪20年代至40年代，英国殖民地教育官员翻译的文学经典"旨在填补学校阅读材料（斯瓦希里语）的空缺，同时给东非人民提供新的写作模式，鼓励他们按照此思路创作散文和小说"（Mazrui, 2007: 124）。托马斯·盖德尔（Thomas Geider, 2008: 71）也认为输入斯瓦希里的国外文学主要与补充阅读材料相关。对于以上观点，我并不持反对意见。然而，我认为在英国统治坦噶尼喀时期，翻译，或者更确切地说，翻译话语的构建旨在建立文学产品的评价体系，从而影响目标语言和目标文学场域的相关认知。下面我将分析翻译话语是如何构建并瓦解斯瓦希里语的声望与地位的。

在被殖民之前的时代，构建与翻译话语被看作是一项事业。然而，在语言委员会发起翻译活动的背景下，这一概念被彻底打破。18世纪至19世纪期间，斯瓦希里文学场域积极引进阿拉伯（伊斯兰）历史和传奇故事，这些文学作品大多都是以诗歌的形式传入的，又称做 utendi。utendi 是一种文学题材，是具有明确格律和音韵的长篇叙事诗（Mazrui, 1994: 201）。

---

[1] 例如，《格列佛游记》的译本省略了原来的导言，在导言中，编辑介绍了格列佛博士，并让好奇的读者检查格列佛本人写的原稿来证实文中描述的真实性（Swift 2005, 13）。

[2] 《海华沙之歌》和《英雄》的翻译就是如此，它们分别对美洲印第安人和希腊社会的文化和历史特征作了充分说明。

2014年我发表的一篇文章中曾讨论过斯瓦希里古典诗人将翻译视为提高声望和名誉的途径。斯瓦希里古典诗人在序言和结语中广泛适用翻译元话语,既可以展示他们翻译阿拉伯语的知识和能力,称赞文学作品的优美,还可以将自己纳入德高望重的前辈之列(同上,46-52)。在这种诗歌体裁的影响下,翻译是斯瓦希里诗人"祝圣化"的一种手段,可以提升自己及其文学作品的声望、地位,获得认可(同上)。因此,之前,翻译被看做是一种事业,需要一个人的"能力"和"才智"。然而在英国统治之后,翻译事业这一概念被改变了,从需要能力和才智的活动变成了一种单纯的尝试。请看以下例子[①]:

(1) Lakini mimi si mtungaji, ni mtu tu niliyejaribu kufasiri hadithi hiikwa ajili ya watu wasomao Kiswahili

[但是,我不是作者,我只是一位译员,想要尝试帮助学习斯瓦希里语的人](Johnson 1929: v)

(2) Hapa nitajaribu kufasiri hadithi namna alivyoiandika mwenyewe…

[我将试着把这篇文章翻译成像原文作者写的一样……](Johnson 1932, v)

(3) Sasa nitajaribu kuihadithia (hadithi yenyewe), na pengine katikahadithi nitajaribu kufasiri mashairi ya Yule Mshairi maarufu

[我会试着叙述故事。在叙事的过程中,尽力翻译这位卓越诗人所著的诗篇](Johnson, in Longfellow, n.d., 2)

(4) Sasa tumejaribu kuzifasiri (hadithi za zamani sana za Wayunani) katika Kiswahili ili watu wa Afrika Mashariki wapate kuzisoma nakuzifurahia

[现在,我们已经试着把文学作品(古希腊的故事)翻译成斯瓦希里语了,这样东非的人民就可以品读这些译著了](ITLC, 1933: iii)

---

① 作者有意地比较了两种不同的文学体裁。我想说,在殖民统治之前,斯瓦希里文学译作主要是诗歌,即将散文翻译为诗歌的形式。斯瓦希里书面文学场域内没有散文形式,因此,无法进行同类体裁的比较。

83

这些例子表面上似乎引起了一个颇具争议的话题，即受历史因素和自我意识影响，译者在翻译时会不可避免地表现出谦逊的特点，使自己隐身于文学作品之中。丹尼尔·西梅奥尼（Daniel Simeoni, 1998: 3, 12）和埃里希·普伦茨（Erich Prunč, 2007: 48-49）等认为，长期以来译者一直被边缘化是由于译者内化了次等和边缘地位的习惯所导致的。道格拉斯·罗宾逊（Douglas Robinson, 1991: xii）也着重强调了译者序通常具有致歉的目的。然而，在上述的副文本中，译者在翻译中的可见度大大提高，他们的身份和名字被清楚地标在封面、序言、封底上，有时甚至是与原作者的名字发生混淆。此外，序言上通常有签名和翻译被视为"创作"[1]等事实无不体现了译者是可见的。

在副文本中，译者强调"尽力"是因为翻译是一项不能完成或不完美的工作[2]。莫里哀翻译的 *Le Médecin malgré lui*（《身不由己的医生》）就说明了这一点。这本书被译为 *Tabibu asiyependa utabibu*，译者是亚历山大·莫里森。他是一位苏格兰律师，长期居住在坦噶尼喀。他也翻译了卢奥语版的《新约》。在序言中，莫里森指出自己的翻译是对原作的改编。在译作中，他对作品进行了删减，并对源语的文化意象做了归化处理[3]。在解释翻译过程和剧本的演出说明时，他指出要把文本置于非洲的大环境下。这表明翻译是可以违背原文的。在序言中，他还进一步指出一旦作品进入非洲文化，原著的"文学品质"必然会丧失：

1）直译和再现原作的品质都不在译者的考虑范围内（Morrison, 1945: vii）。

莫里森接下来将翻译行为视作对原作的暴力侵犯：

---

[1] 译者亚历山大·莫里森（Alexander Morrison）将 *Le Médecin malgré lui* 翻译为 "uliotungwa na"（由……作曲，由……创作）。
[2] 我这里补充一点：殖民时期的文学翻译旨在建立文学等级制度。在当时的社会等级制度影响下，译著与"伟大的欧洲原著"相比，处于劣势地位（Bassnett and Trivedi, 1999: 4, 5）。
[3] 莫里森在评论自己的作品时说道，选择翻译或改编 *Le Médecin malgré lui* 这部作品，是因为只有当作品置于非洲环境，面向非洲受众，并且演员是本地人而不是欧洲人时，戏剧才能吸引观众。

2）译者对原作进行了太多暴力式的处理，就连制作商也不需要对文本抱有过分的敬意（Morrison, 1945: vii）。

上述言论表明源语文本和目标语文本之间存在着一个等级制度。一旦原文进入非洲"环境"（Morrison, 1945: vii），它就变成了暴力的受害者。而一旦目标语文本适应了"非洲受众"（同上），就不值得任何尊重。

在英国统治期间的翻译话语影响下，人们通常认为斯瓦希里语译作不能传达原作的文学质量，也不能传递出源语作品的全部内容，莫里森就是如此认为的。由于受委员会的监管和管理，当时的欧洲文学经典译作通常都是以摘译或删节本的形式出版[①]。在译著的序言和扉页上这些信息也都会标明。例如，在《格列佛游记》中，译者约翰逊评论道[②]：

3）我会尽量按照作者所写来翻译这个故事，但因为内容太长，有些时候我不得不进行删减。（Johnson, 1932: v）。

然而，约翰逊所说的文本过长并不是删节的唯一原因。在下面的例子中，他指出了斯瓦希里语言本身的局限性，因而导致译语无法传达原文内容，而不得不进行大篇幅地摘要翻译。约翰逊在《金银岛》的介绍中提到：

---

① 我的研究语料库都是简化的文本。在分析语料库数据之后，我发现简化是"一般性"翻译行为。之所以说是"一般性"而不是"共性"是参照 Mauranen and Kujamäki（2004: 9）的言论。简单来说，简化指的是与源语文本相比，对目标文本的语言进行简化处理（Toury, 1995: 181）。Sara Laviosa Braithwaite（1998）对翻译中不同程度的简化进行了分类，分别是词汇简化、句法简化和文体简化。在文体层面，简化指的是使用更短的句子、用较短的词汇取代复杂的搭配、省略和避免重复等手段（Laviosa-Braithwaite, 1998: 289）。上述这些简化翻译手段在我的语料库中都有体现，呈现出简化、缩写和省略信息的特点。例如，在《格列佛游记》的译本中，主人公的四次旅行中，有两次被删减，只呈现了小人国和大人国。在《海华沙之歌》中，原著的最后两章（"白人的脚"和"海华的离开"）被合并为 "Kufariki kwake Hiawatha"（"海华的离开"）一章。原著的22个章节再翻译成斯瓦希里语之后也被缩减到11个章节。

② 无论是过去还是现在，为了将著名文学作品纳入阅读材料和选集中，都会对其进行删节处理。译者指出译著是删节版，同时也说明了原著是未删减版。

4) 有时在翻译的过程中，译者不得不根据斯瓦希里语言特点，改变意思和缩短内容（Johnson, 1927: 572, quoted in Talento, 2014: 56）。

在 1925 年召开的语言委员会上，约翰逊在总结会议决议时，就指出过斯瓦希里语言的（假定的）缺陷。他在文件中说道，"斯瓦希里语的地位高于班图语言"仅仅是因为它吸收了阿拉伯语术语。如果除去这些阿拉伯语词汇，斯瓦希里语将变得匮乏且贫瘠（TEC, 1925: 160）。因此，鉴于斯瓦希里语无法表达"更高级学者的思想"，约翰逊进一步总结道，在"更高级的文学作品"中，使用阿拉伯语和英语进行表述是十分可取的做法（同上）。

然而，上述这些说法有什么关联呢？在 18 世纪至 19 世纪期间，斯瓦希里社会等级分明，形成了两大阶层，即"有文化的贵族"（*washenzi*）和"没文化的群众"（*waungwana*）（Horton and Middleton, 2000: 18; Kresse, 2007: 39）。其中，区分阶层的一个重要标志就是是否精通斯瓦希里语[①]。在当时，有文化的贵族（*uungwana*）[②]都能够谈吐优雅、出口成章（Kresse, 2007: 51）。此外，创作诗歌和音乐（斯瓦希里语）的能力上升为贵族的道德品质（Horton and Middleton, 2000: 152）[③]。斯瓦希里语言具有艺术之美，鸿笔丽藻的能力象征着贵族身份、地位。这说明在当时，斯瓦希里语在非洲社会和文学场域中拥有着很高的社会声望。

然而，1925 年，教育会议上通过了一系列教育政策。自这些政策实施以来，斯瓦希里语的地位逐渐下降。在学校教学体系下，英语和斯瓦希里语发生分化，目的是为了控制接受正规教育的人数，从而限制准城市工人的数量，这些接受正规教育的工人在未来有可能成为下级行政官员（Mbilinyi, 1980: 236, 254; Morris-Hale, 1969: 116, 131）。此外，英语中的文学教育使更多人有机会从事行政管理和教育事业。但是，低级别

[①] 如果想要进一步了解 washenzi（有文化的贵族）和 waungwana（没文化的群众）的概念，请参照 Nurse and Spear (1985: 23-25), Horton and Middleton (2000: 17-23), Kresse (2007: 36-69)。
[②] Uungwana 一词带有"u"的前缀，是 waungwana 的抽象术语，可以翻译为"有文化的状态"。
[③] 贵族的其他不可或缺的身份象征包括：贵族血统（通常是外国人，特别是阿拉伯人或波斯人）；信奉伊斯兰教；ostaarabu（文明），长期居住某地；utamaduni；涵盖各种品质的术语，如纯洁和端正（Horton 和 Middleton, 2000: 115）。

的当地方言教育和高级别的斯瓦希里教育的目的是培养体力劳动者，更侧重职业教育（Mbilinyi, 1980: 237）。鉴于此，尽管在英国统治期间，民众对英语语言普遍存在一种不信任的态度，但是英语教育的需求必然会增加，而斯瓦希里语则沦为下层阶级使用的语言（Mbilinyi, 1980: 259-261）。

斯瓦希里语地位的下降也体现并延续在翻译话语中。斯瓦希里语作为一种文学语言，历史悠久，在殖民统治之前声望颇高。但是在英国统治之后，有关翻译话语的构建给斯瓦希里语贴上了"无法体现欧洲文学质量和文采""无法成为'高级文化'载体"等标签。当文学作品的引进和流通全部由处于主导地位的外在行动者掌控时，翻译会成为一种"去圣化"手段。在这一节，我分析了翻译如何使斯瓦希里语跌落神坛，损害它所积累的象征资本。在接下来的章节中，我将讨论严格意义上的文学问题。

5 翻译中的沉默是对目标文学场域的"去圣化"

英国统治时期，翻译的"去圣化"力量也与选择翻译和输入斯瓦希里文学场域的译文文本形式有关。因此，在讨论文本的"社会影响"时，不能只讨论内容，还要看形式。文本形式是文学塑造社会观念的有力武器。这和布迪厄的观点不谋而合："在生产象征性产品的社会条件下，文学形式是最直接的参与者，也是象征性产品得以实现社会效应的方式"（Bourdieu, 1991: 139）。所以，我认为，在英国统治的背景下，翻译和象征资本之间的关联不仅仅是与翻译文本的实际应用相关。从另一方面来看，翻译的"去圣化"力量还体现在对特定文学题材的偏爱和有意回避。

受委员会监管的翻译活动有意回避了诗歌体裁，更偏向散文。朗费罗的《希亚瓦塔之歌》是唯一一本被翻译成斯瓦希里语的诗歌，但是在译作中，诗歌形式被译者有意改成了散文摘要的形式。然而，从斯瓦希里语翻译成英文诗歌却是数不胜数。从阿拉伯文收集和音译诗歌始于德国统治时期，在英国殖民统治下这项工作也从未间断过①。斯瓦希里的诗歌文学有着几百年的历史，对英国学界来说并不陌生。但是，尽管斯瓦希里翻译成英文的工作如火如荼地进行，英语诗歌却一直没有引进到斯瓦希里文学。委员会掌管着出版和发行文本，制定出版政策，控制文学趋势。尽管几个世纪以来，斯瓦希里诗人一直在从事诗歌翻译，但是在殖民统治背景下，诗歌翻译传统被忽视，散文体裁却在斯瓦希里文学领域盛极一时。

　　文学作品能否存在、发行、取得合法性地位都取决于制度体系。如果想要理解文学产品流通的背后逻辑，必须要考虑制度。在制度体系下运行的机构"包括教育系统、学院、官方和半官方机构或传播机构（博物馆、剧院、歌剧院、音乐厅等）"（Bourdieu, 1993: 122-23）。这些机构旨在推崇象征性产品的价值，保留文学资本。尤其经过学校教育之后，行动者会形成特定的思维模式和行为方式。欧洲文学经典在殖民地中不断渗透、流通和消费，出版机构对特定体裁也展现出了偏爱和排斥，两者之间互相依赖。沃尔夫（Wolf, 2002: 60）将这种现象称作"排斥程序"。

　　由委员会翻译并受到监督的译作在斯瓦希里各级课堂中充当教学材料。而斯瓦希里诗歌和故事则不允许添加到本地的教学大纲，尽管它们的译本在英国学术领域广为流传。也就是说，英语（或法语）的译著在斯瓦希里语地区被不断推崇和传播；而斯瓦斯里诗歌虽然在英国流传甚广，却在其来源地销声匿迹了。由此可见，教育系统是文化传播的"守门员，能够允许和阻止文化资源的进入。教育系统与权力话语的构建之间相辅相成、互相依赖。虽然文学交流被认为支持各种形式的资本（文学、语言、政治和经济）实现其主导地位（Casanova, 2004: 115-16; Heilbron and Sapiro, 2007: 95），但我认为在翻译中的缺席和沉默同样可以实现这一点。

---

① 早在 1870 年，爱德华·斯蒂尔（Edward Steere）就编辑了《桑给巴尔原住民讲述的斯瓦希里故事》中的 *Takhmisa ya Liyongo*。殖民时期出版的其他斯瓦希里诗歌艺术作品的英译本包括：爱丽丝·维尔纳（Alice Werner）在《东方研究学院公报》（1921-22）中编辑的 *Utenzi wa Ayubu*；在 *Festschrift Meinhof*（1927）中编辑的 *A poem attributed to Liongo Fumo*；在《土著语言杂志》（1932）中编辑的 *Mikidadi na Mayasa*。爱丽丝·维尔纳和威廉·希切斯（William Hichens）编辑的《姆瓦纳—库波纳关于妻子责任的建议》（1934）。威廉-希钦斯编辑的 "*AlInkishafi: The soul's awakening*"（1940 年）；*Diwani ya Muyaka bin Haji Al-Ghassaniy*（1948年）。由约翰·艾伦编辑的 *Utenzi wa Abdirrahmani na Sufiani*（1961年）。以及兰伯特编辑在《公告》中编辑的 "*Ode to MwanaMnga*"（1953 年）。

我对译著滞销和译本删节的沉默并不感兴趣；我感兴趣的是翻译实践的沉默。沉默也有力量，它与所表达的内容存在平行关系，所以具有传播的作用。存在但未被选择并且因此被压抑的事务，依旧能够交流和阐述翻译实践的多种可能性。赫曼斯解释说："已翻译的内容总是与未翻译的内容形成鲜明对比。但是沉默也是一种表达：它体现了不能翻译的行为和不愿意翻译的态度。"（Hermans, 2007: 70）

在英国统治斯瓦希里文学的社会背景下，对某种体裁的"回避"，如诗歌，究竟是因为什么？我认为，在当时之所以不翻译诗歌体裁，是为了更好地掌控当地文学和象征资本，从而瓦解斯瓦希里文学场域。布迪厄认为文学体裁即资源（Bourdieu, 1991: 67）。在等级社会中，体裁也有高级低级之分。这导致对特定体裁的偏爱和回避。如果像布迪厄所说的那样，拥有体裁即掌握资本，那么有意不翻译斯瓦希里诗歌体裁，是为了推崇外来文学而打击本土文学。一般来说，委员会开展翻译工作，是因为他们（误）认为斯瓦希里文学中缺少散文体裁，尤其是小说。在《教育会议报告》中，委员会称斯瓦希里文学缺少"更高级的一般性读物［……］包含当地的民间传说"（TEC, 1925: 153）。在报告所附的论文中，约翰逊表达了类似的观点。他认为在整个东非地区"真正具有教育价值的文本数量几乎为零"。他还在论文中提到斯瓦希里文学场域内存在"大量的宗教类和故事类书籍"，这表明当时存在大量诗歌体裁类型的文本。然而，约翰逊认为这些书籍是没有启迪意义且毫无价值的（同上，165）。这也是为什么他倡导向斯瓦希里文学领域内引进新的文学（同上）。委员会成员兼翻译家卡农·赫利尔认为，斯瓦希里文学体裁中没有小说是他们的遗憾（Canon Hellier, 1940: 257）。斯瓦希里诗歌作品遭受忽视，而其文学作品（所谓的）缺点则被别有用心地放大。此外，在翻译活动的影响下，散文体裁逐渐流行。可以看出，翻译逐渐成为一种资源，用来区分目标语文学和源语文学场域。如果，翻译如铁木志科所说，是塑造文化形象的重要途径（Tymoczko, 1999: 17-18），那么，在翻译领域，对诗歌体裁的沉默是为了更好地强调散文体裁，使得散文题材成为构建进口文学形象的工具，好像斯瓦希里文学中根本没有诗歌存在过一样。从另一个角度来讲，翻译的"去圣化"力量还表现在有意回避竞争。卡萨诺瓦认为，主导国家将文本输入到被主导文学场域中是为了竞争，即与极富文学天赋的国家一决高下（Casanova, 2002: 10）。外来行动者在向斯瓦希里引进文学作品时，有意回避了诗歌体裁，可能是为了避免与久负盛名的斯瓦希里诗歌竞争。勒弗菲尔在讨论翻译和权力之间的关系时表示，当某种知识能够提升权力时，外部力量就会对知识传播表现出兴趣（Lefevere, 1978: 21-22）。因此，任何一种让行动者感到不舒服的知识都会被删除掉。与此同时，这种知识的生产者也会随之销声匿迹。斯瓦希里诗歌就属于这种类型的知识。诗歌是斯瓦希里的文化遗产，见证了其文学发展的历史，体现了斯瓦希里语言和文学的博大精深、底蕴深厚。然而，无论是本地创作还是外部引进，学校都严禁将诗歌引进课程。这意味着在文学发展历史和语言优美程度上，斯瓦希里诗歌与欧洲文学旗鼓相当，所以行动者才有意回避与当地诗歌的竞争。这也是为什么斯瓦希里的诗歌并没有被纳入当地的课程教学中。殖民时期下的翻译也完全摒弃了诗歌体裁。在此期间，散文地位逐渐超越了诗歌，这反映了殖民者有意遮掩或淘汰斯瓦希里文学领域积累的资本。由委员会发行的翻译将散文体裁推到了崇高的地位，而诗歌地位则一落千丈。直到今天，斯瓦希里语言内的等级体系仍是建立在这一基础上。

6　翻译话语作为翻译行动者的"去圣化"

翻译"去圣化"力量的另一方面体现在译者地位的下降或对其作用的否认。沙班·罗伯特（Shaaban Robert, 1909—1962）的情况就是一个很好的例子。沙班在今天被认为是非洲著名作家，有"非洲的莎士比亚"之称（Harries, 1975: 194）。他曾在坦噶尼喀的政府机构担任公务员，在东非斯瓦希里语委员会、东非文学局、坦噶尼喀语言委员会等文学和语言机构任职（Bertoncini-Zúbková et al., 2009: 34）。作为文员之子，沙班是当时为数不多能够接受高等教育的人。由于有在语言委员会的工作经历，他被选中从事文学翻译，成为为数不多的本土行动者。在 1952 年，他把《鲁班集》首次翻译成斯瓦希里语，原文是爱德华·菲茨杰拉德翻译的波斯诗人兼天文学家的诗歌集。这本书的斯瓦希里译本叫作《欧玛尔·海亚姆斯瓦希里版》(*Omar Khayyam kwa Kiswahili*)①。翻译话语中的"去圣化"力量和斯瓦希里诗人和译者对声望的追求之间的紧张关系,在序言、译者采用的话语策略和译本的接受程度上都有所体现。

沙班的译本中附有两篇序言。一篇叙述了译者的工作和翻译目标。另一篇则是对原著作者——波斯诗人兼天文学家的生平介绍。第一篇序言中包含了伊舍伍德写给沙班的两封信。伊舍伍德于1924至1945年任职教育部部长。在第一封信中,他邀请沙班翻译这本书。在第二封信中,他评论了该篇译著的完成情况。由此可以看出,教育部部长在翻译中充当中间人的角色。伊舍伍德的两封信被放在序文当中,使得译者消失在背景介绍之中,而话语权完全交给了伊舍伍德一个人。然而,信件之下却隐藏着沙班企图对抗当时局面的意图。通过借用赞助人的话语,沙班能够去做他不愿意或不被允许公开做的事情。这两封信件都称赞了沙班的能力:

> 我之所以寄(欧玛尔·海亚姆的诗集)给你,是因为你一直倡导诗歌体裁,并在这方面久负盛名……只要仔细阅读原书,你一定能出色地完成工作,在这方面你是个专家。根据你掌握的专业知识,你一定能够翻译好这本书,就像爱德华·菲茨杰拉德将这本书从波斯语译成英语一样(Robert, 1952: v)。

序言通常是象征资本发生转移的地方(Bourdieu, 2002: 4)。在序言中,作者和作品得以实现"祝圣化"(Casanova, 2002: 19)。然而,如果译者不具备足够的文学和象征资本时,这时就会求助"中间人",帮助译者实现"祝圣化"(Casanova, 2002: 19)。卡萨诺瓦所描述的这一"祝圣化"过程和沙班这个例子完全符合。虽然伊舍伍德没有亲自写序言,但是沙班在序言中借用他的两封信件,从侧面说明自己作为诗人的文学素养和身份地位。

然而,公开承认诗人的身份也可能会带来负面影响。沙班是一个多

---

① 译者序写于1948年。

产的斯瓦希里作家，从事各种类型的创作，包括小说、诗歌、散文和自传记等。但是，他也感到很悲哀，认为自己对委员会的贡献没有得到认可。在他的自传中，他推测自己诗人的身份可能是导致自己失败的一个原因："也许，我的文学事业之所以发展不起来，可能是因为我是一个诗人。"（Robert, 1967: 106）

在《鲁班集》斯瓦希里语译本出版一年之后，斯瓦希里语法、字典和教科书的作者黛西·瓦莱丽·佩罗特在《领土间语言委员会公报》上对沙班的翻译做出了评价。这篇评论整体上模棱两可，在褒贬之间摇摆不定。以下是佩罗特的评论：

> 这本诗集由一位生活在11世纪末的波斯诗人所著。各个诗节相互独立，主题涵盖爱情、美酒、美丽和韶华易逝等。菲兹杰拉德采用直译甚至是误译的方法翻译了这本诗集，并注入了英文诗歌的灵魂。沙班也用同样的方式创作了斯瓦希里语版本。在翻译过程中，他显然不能照搬采用菲兹杰拉德的韵律模式，而是明智地采用了八行诗节。这使得沙班的译文在没有过度压缩原文的情况下，能够准确地传达原文的意义。下面两个例子体现了沙班娴熟的释义能力（Perrott, 1953: 78-79）。

佩罗特认为沙班和菲茨杰拉德采用了同样的方式进行翻译，这就暗示在沙班的作品中存在误译——尽管被称作是娴熟的"释义"。屈莱顿认为"释义"一词并不一定具有负面含义（Dryden, 1900: 237）。释义涵盖面很广，包括词句润色、重新表述、明晰意思、总结概括、删节省音等手段。但是，我想说的一点是，在前殖民时期的翻译实践中，斯瓦希里译者恪守直译的原则，即尽可能地遵循原文，准确传达原文的意思，尽量做到一字不差（*kusaza neno*）（Talento, 2014: 47-48）。在这种情况下，译者的"释义"或者"误译"会含有负面意义。

在佩罗特的评价中，她否定了沙班的译者身份，并给沙班的翻译贴上了"误译"和"释义"的标签。这说明，翻译话语具有批判译者和译文的权力，从而降低译者的身份，瓦解译文地位。如果像沙班所说的那样，诗人身份才是阻碍他事业发展的原因，那么译者地位的下降，则进一步反映了委员会之前在活动上作出的承诺不过是一场空罢了。鉴于此，我同意布迪厄的观点。他认为艺术作品只有获得集体认可，才算真正意义上的存在（Bourdieu, 1993: 35）。对文学作品相关话语的构建是它能够生产的条件之一（同上），反过来，这也是抢夺文学合法性的主要战场。布迪厄认为，文学竞争的核心是抢夺垄断权，从而获得文学生产的合法性。垄断权可以指定谁有资格当作家，有哪些作家能够进入大众视野。如果我们把"作品"和"作家"用"翻译"和"译者"的概念来替代，我们可以发现在沙班的译著中，翻译话语的构建否定了译者地位和翻译工作。

7 结论

本文以坦噶尼喀地区跨领土语言委员会的翻译实践为例，探讨了英国统治东非时期，翻译话语是如何构建的。在斯瓦希里语逐渐标准化的过程中，外来委员会负责并制定斯瓦希里语使用规则。其中，翻译是委员会推行扫盲计划和标准化的关键一步。但是，如果仔细观察副文本和外文本中关于翻译概念的构建，就不难发现翻译活动隐藏着不可告人的动机，其影响甚至渗透到了语言和文学领域之外。斯瓦希里文学的声音也逐渐淹没甚至消失在翻译话语中。翻译（翻译话语和沉默）是整合文学和象征资本的手段。然而，本文中提到的翻译和资本之间的互动并不需要积累过程，这和社会学视角下的文化产品运行机制并不相同。在本文分析的案例中，翻译与抑制资本积累相关。在英国统治时期，关于翻译话语（及其沉默）的构建是为了强调斯瓦希里语及其文学场域的缺陷，并降低本土行动者（本土译员）的地位。殖民者认为斯瓦希里语无法还原源语文学质量和文体风格，文学作品种类也不够丰富。在当时，委员会刻意回避诗歌体裁，而是提倡和鼓励他们自认为斯瓦希里所需要的体裁，旨在树立一种高人一等的形象与地位。另外，翻译话语的构建也完全否定了本土译员的合法性地位[①]。

卡萨诺瓦认为，将经典引入主导文学领域无非是两个原因，一是收集资源，从而积累文学资本，二是与主导文学场域进行竞争（Casanova, 2002: 10）。但本文所研究的斯瓦希里文学内的翻译却并不符合这两个原因。在政治、经济和文化都处于从属地位的背景下，主导文学场域和被主导文学场域之间的文学交流（或缺乏交流）并不遵循卡萨诺瓦所说的这一逻辑。

本文试图探讨另外一种可能性，即在英国殖民统治的历史和社会背景下，知识再生产受外来机构垄断，翻译、翻译话语和沉默，可以瓦解目标国家文学领域所积累的象征资本和文学声望。虽然翻译被描述为"文学资本斗争的武器"（Casanova, 2004: 23），然而本文研究的案例却恰恰相反。在本文中，我认为翻译是"去圣化"的一种形式，并不能转移文学和象征资本，而是以完全相反的方式运作资本。卡萨诺瓦指出，"在文学场域内，翻译是'祝圣化'至关重要的一种形式"（Casanova, 2004: 133）。然而，上述观点同样可以应用到本文所探讨的语境，只不过是重新定义翻译为"'去圣化'至关重要的一种形式"。

但是，"去圣化"并不是整合被主导国家文化资源的唯一策略。相反，"去圣化"提供了一个新的视角来看待翻译的象征性作用，了解文学共和国迄今所忽视的文学转移情况。事实上，殖民地、委任国和保护国的情况是十分复杂的，因此不能简单地理解为两个限定类别之间的对立（黑与白、善与恶等）。即便双方之间存在暴力关系，殖民也不能简化为两个组织的对抗。殖民会使社会结构发生改变。在殖民过程中，外来行动者们打开了殖民地的文化缺口，带着矛盾心理，重建殖民地社会思想和认知，不断与被主导国家进行权力谈判（Lawrance, Osborn and Roberts,

---

[①] 其他殖民地区也存在着类似的翻译活动。Vicente Rafael（1993: 20-21, 29）和 Eric Cheyfitz（1991: 119-22）分别研究了西班牙对菲律宾他加禄人的统治和欧洲在16至17世纪对新世界的殖民。他们表示殖民者通过翻译建立了等级制度，旨在弱化并打击殖民地的语言和文学地位。Niranjana（1992: 21）和 Sengupta（1992）从印度的殖民历史出发，得出这样一个结论：在英属印度，本土文学的翻译有助于塑造殖民地和殖民帝国特定的文化形象。在选择译文时，殖民者更倾向选择那些能够塑造印度人刻板形象的文本，或者将文本改写，以此来塑造特定的文化形象（Sengupta, 1992: 159-60）。因此，Sengupta 和 Niranjana 认为翻译本质上是一种遏制策略，不仅反映了殖民现实，还揭示了殖民主义背景下差距悬殊的权利关系。

2008）。殖民也不能理解为绝对的概念，因为它涵盖了机构的重建和重组，以及各种矛盾和悖论等复杂因素。因此，本文提出的翻译"去圣化"也不是殖民地中绝对的现象。比如，这一时期的其他翻译实践并没有受到"去圣化"力量的影响。当地官员科南·戴维斯的妻子埃尔明特鲁德·圣洛马列·科南·戴维斯是一名护士，她曾翻译过《爱丽丝梦游仙境》（*Elisi katika nchi ya ajabu*）。在序言中，她没有降低斯瓦希里语文学资本的意图，甚至认为斯瓦希里语是优美的。在邻国肯尼亚，大量的斯瓦希里语诗歌被翻译成英语并在欧洲都市流传，而在东非流传的斯瓦希里语诗歌数量却很少。著名的斯瓦希里语学者艾伦注意到了这种差距，他曾在斯瓦希里语跨域委员会工作。

从 20 世纪 50 年代起，为了复兴和传播斯瓦希里语诗歌文学，艾伦开始收集斯瓦希里语诗歌，并以小册子的形式出版，收录于肯尼亚文学局主编的《斯瓦希里语文学中的瑰宝》（*Johari za Kiswahili*）文集中[①]。上述这些例子进一步证实了翻译"去圣化"只是提供了一种新的解读方式，适用于《文学共和国》忽视的地理和历史区域。本文所探讨的文学世界中被忽视的翻译文本语境以及提出的新的解读方式，可以扩大国际文学空间并使之更具包容性。

【参考文献】

Bertoncini Zúbková, E., M. Gromov, S. A. M. Khamis, & K. W. Wamitila. (2009). *Outline of Swahili literature.* Leiden: Brill.

Boschetti, A. (2006). Bourdieu's work on literature: Contexts, stakes and perspectives. *Theory Culture Society,* 23, 135-155.

Bourdieu, P. (1989). Social space and symbolic power. (Wacquant, L. J. D. Trans.). *Sociological Theory,* 7 (1), 14-25.

Bourdieu, P. (1991). *Language and symbolic power.* (Raymond, G. Trans.).

[①] 我要感谢 Clarissa Vierke 教授，在和她讨论前一版的手稿时，她就告诉了我这个例子。艾伦的诗作有 Allen (1955) 和 El-Buhry (1956)。

Cambridge: Polity.

Johnson, R., & Bourdieu, P. (1993). The field of cultural production: Essays on art and literature. Cambridge: Polity.

Bourdieu, P. (1996). *The rules of art: Genesis and structure of the literary field.* (Emanuel, S. Trans). Stanford: University Press.

Bourdieu, P. (1997). The forms of capital. (Niche, R. Trans.). In A. H. Halsey, H. Lauder, P. Brown & A. S. Wells (Eds.), *Education: Culture, economy, and society* (pp.46-58). Oxford: Oxford University Press.

Bourdieu, P. (2002). Les conditions sociales de la circulation internationale des idées [The social conditions of the international circulation of ideas]. *Actes de la Recherche en Sciences Sociales [Acts of Social Science Research],145*: 3–8.

Casanova, P. (2002). Consécration et accumulation de capital littéraire, la traduction comme échange inégal [Consecration and accumulation of literary capital, translation as unequal exchange.]. *Actes de la Recherche en Sciences Sociales [Acts of Social Science Research]*, 144, 7-20.

Casanova, P. (2004). *The world republic of letters.* (DeBevoise, M. B. Trans.). Cambridge, MA: Harvard University Press.

Dryden, J. (1900). Preface to the translation of Ovid's Epistles. In W. P. Ker (Eds.), *John Dryden: The works.* Oxford: Clarendon.

Geider, T. (2008). A survey of world literature translated into Swahili. In A. Oed & U. Reusterjahn (Eds.), *Beyond the language issue: The production, mediation and reception of creative writing in African languages* (pp.67-84). Cologne: Rüdiger Köppe.

Genette, G. (1997). Paratexts: The threshold of interpretation. (J. E. Lewin Trans.). Cambridge: Cambridge University Press.

Harries, L. (1962). *Swahili poetry.* Oxford: Oxford University Press.

Harries, L. (1975). Shaaban Robert: Man of letters. *Présence Africaine,* 93, 194-199.

Heilbron, J., & G. Sapiro. (2002). La traduction littéraire, un object sociologique

[Literary translation, a sociological object]. *Actes de la Recherce en Sciences Sociales* [*Acts of Research in Social Sciences*] 144 (2), 3-5.

Heilbron, J., & G. Sapiro. (2007). Outline for a sociology of translation: Current issues and future

prospects. In M. Wolf & A. Fukari (Eds.), *Constructing a sociology of translation* (pp.93-107). Amsterdam and Philadelphia: John Benjamins.

Heilbron, J., & G. Sapiro. (2008). La traduction comme vecteur des échanges culturels internationaux [Translation as a vehicle for international cultural exchange]. In G. Sapiro (Eds.), *Translatio: Le marché de la traduction en France à l'heure de la mondialisation* [*Translation: The French translation market in a globalised world*] (pp.11-26). Paris: CNRS Editions.

Heilbron, J. (1999). Towards a sociology of translation: Book translations as a cultural world-system. *European Journal of Social Theory*, 2 (4), 429-444.

Hellier, A. B. (1940). Swahili prose literature. *Bantu Studies,* 14 (3), 247-57.

Hermans, T. (2007). Translation, irritation and resonance. In M. Wolf & A. Fukari (Eds.). *Constructing a sociology of translation* (pp.57-75). Amsterdam and Philadelphia: John Benjamins

Horton, M., & J. Middleton. (2000). *The Swahili: The social landscape of a mercantile society*. Oxford: Blackwell.

Iliffe, J. (1979). *A modern history of Tanganyika.* Cambridge: Cambridge University Press.

ITLC (Inter-Territorial Language Committee). (1933). *Preface to Mashujaa, Hadithi za Kiyunani* [*The heroes: Or Greek fairy tales for my children*]. (C. Kingsley. Trans.). London: Sheldon.

Johnson, F. (1927). Editor's note to Kisiwa Chenyi Hazina. *Mambo Leo,* 50, 572.

Johnson, F. (1929). *Introduction to Mashimo ya Mfalme Suleiman* [*King Solomon's mines*] by H. R. Haggard. (F. Johnson & E. Brenn. Trans.). London: Longmans.

Johnson, F. (1932). *Introduction to Safari za Gulliver* [*Gulliver's Travels*] by J. Swift. (F. Johnson. Trans.). London: Sheldon.

Knappert, J. (1979). Four centuries of Swahili verse: A literary history and anthology. London: Heinemann.

Kovala, U. (1996). Translation, paratextual mediation, and ideological closure. *Target*, 8 (1), 119-147.

Kresse, K. (2007). Philosophising in Mombasa: Knowledge, Islam and intellectual practice on the Swahili coast. Edinburgh: Edinburgh University Press.

Lawrance, B. N., E. L. Osborn, & R. L. Roberts (Eds.). (2006). *Intermediaries, interpreters, and clerks: African employees in the making of colonial Africa.* Madison: University of Wisconsin Press.

Lefevere, A. (1978). The focus of the growth of literary knowledge. In J. Holmes, J. Lambert & R. van den Broek (Eds.), *Literature and translation* (pp.7-28). Leuven: Acco.

Longfellow, H. W. (n.d.). *Hadithi ya Hiawatha* [*The song of Hiawatha*]. (F. Johnson. Trans.). London: Sheldon.

Marsh, Z., & G. W. Kingsnorth. (1972). *A history of East Africa: An introductory survey.* London: Cambridge University Press.

Mazrui, A. M. (1994). The Swahili literary tradition: An intercultural heritage. In A. Irele & S. Gikandi (Eds.), *The history of African and Caribbean literature,* vol. 1 (pp.199-226). Cambridge: Cambridge University Press.

Mazrui, A. M. (2007). Swahili beyond the boundaries: Literature, language, and identity. Athens: Ohio University Press.

Mazrui, A. M., & Shariff, I. N. (1994). *The Swahili: Idiom and identity of an African people.* Trenton: Africa World Press.

Mbaabu, I. (1991). *Historia ya Usanifishaji wa Kiswahili.* Nairobi: Pinnacle Books.

Mbilinyi, M. J. (1980). African education during the British colonial period 1919–1961. In M. H. Y. Kaniki (Eds.), *Tanzania under colonial rule* (pp.236-275). London: Longman.

Mngomezulu, B. R. (2012). Politics and higher education in East Africa: From the 1920s to the 1970s. Bloemfontein: Sun Media.

Molière, J.-B. P. (1945). *Tabibu Asiyependa Utabibu* [*Le Médecin malgré lui*]. (A.

Morrison. Trans.). Dar es Salaam: Best African Standard.

Morris-Hale, W. (1969). British administration in Tanganyika from 1920 to 1945. Geneva: Imprimo.

Morrison, A. (1945). *Translator's note to Tabibu Asiyependa Utabibu* [*Le Médecin malgré lui*] by J.-B. P. Molière. (A. Morrison. Trans.). Dar es Salaam: Best African Standard.

Mulokozi, M. (2006). Fasihi ya Kiswahili na Utandawazi [Swahili literature and Globalisation]. In S. S. Sewangi and J. Madumulla (Eds.), M*akala ya Kongamano la Kimataifa la Jubilei ya Tuki* [*Proceedings of the IKR Jubilee Symposium*] (pp.2-23). Dar es Salaam: TUKI.

Nurse, D., & T. Spear. (1985). Swahili: Reconstructing the history and language of an African society, 800–1500. Philadelphia: University of Pennsylvania Press.

Page, E. M., & P. M. Sonnenburg. (2003). Colonialism: An international, social, cultural, and political encyclopedia. Santa Barbara: ABCCLIO.

Pellatt, V. (2013a). *Introduction to Text, extratext, metatext and paratext in translation.* V. Pellatt (Eds.), 1–6. Cambridge: Cambridge Scholars Publishing.

Pellatt, V. (Eds.), (2013b.) *Text, extratext, metatext and paratext in translation.* Cambridge: Cambridge Scholars Publishing.

Perrott, D. V. (1953). Marudi Mema na Omar Khayyam kwa Kiswahili. [Good advice and Omar Khayyam in Swahili]. *Bulletin,* 23, 78-80.

Prunþ, E. (2007). Priests, princes and pariahs: Constructing the professional field of translation. In M. Wolf and A. Fukari (Eds.), *Constructing a sociology of translation* (pp.39-56). Amsterdam and Philadelphia: John Benjamins.

Robinson, D. (1991). *The translator's turn.* Baltimore and London: Johns Hopkins University Press.

Robert, S. (1952). *Introduction to Omar Khayyam kwa Kiswahili* [*Rubʻayyāt*] by O. Khayyam. (S. Robert. Trans.). London: Macmillan.

Robert, S. (1967). Maisha Yangu Baada ya Miaka Hamsini [My life after 50].

London: Nelson.

Rollins, J. (1985). Early 20th century Swahili prose narrative structure and some aspects of Swahili ethnicity. In E. Breitinger & R. Sander (Eds.), *Towards African authenticity: Language and literary form* (pp.49-68). Bayreuth African Studies Series 2. Bayreuth: University of Bayreuth.

Sapiro, G. (Eds.). (2008). Translatio: Le marché de la traduction en France à l'heure de la mondialisation [Translation: The French translation market in a globalised world]. Paris: CNRS Editions.

Simeoni, D. (1998). The pivotal status of the translator's habitus. *Target, 10*, 1–39.

Tahir-Gürçaglar, ù. (2002). What texts don't tell: The use of paratexts in translation research. In T. Hermans (Eds.), *Historical and ideological issues (Vol.2). Crosscultural transgressions: Research models in translation studies* (pp. 44–60). Manchester: St. Jerome.

Tahir-Gürçaglar, ù. (2013). Paratexts. In Y. Gambier and L. van Doorslaer (Eds.), *Handbook of translation studies,* vol.4 (pp.113-116). Amsterdam and Philadelphia: John Benjamins.

Talento, S. (2014). Consecration, deconsecration, and reconsecration: The shifting role of literary translation into Swahili. In A. W. Khalifa (Eds.), *Translators have their say? Translation and the power of agency* (pp.42-64). Zürich: LIT.

Talento, S. (2014). Consecration, deconsecration and reconsecration: the shifting role of literary translation into Swahili (unpublished PhD manuscript). Bayreuth: University of Bayreuth. [Forthcoming]

TEC (Tanganyika Educational Conference). (1925). Report of education conference 1925: Together with the report of the committee for the standardisation of the Swahili language. Dar es Salaam: Government Printer.

Tymoczko, M. (1999). Translation in a postcolonial context: Early Irish literature in English translation. Manchester: St. Jerome.

Vierke, C. (2011). On the poetics of the Utendi: A critical edition of the nineteenth-century Swahili poem "Utendi wa Haudaji" together with a stylistic analysis. Zürich: LIT.

Wafula, R. M. (2008). Performing identity in Kiswahili literature. In K. Njogu (Eds.), *Culture, performance and identity* (pp.103-117). Nairobi: African Books Collective.

Wolf, M. (2002). Censorship as cultural blockage: Banned literature in the late Habsburg monarchy. *TTR*, 15 (2), 45-61.

坦桑尼亚的文学翻译与国家建设

塞雷娜·塔伦托（Serena Talento）[①]
王　倩[②] 译

1　引言

坦桑尼亚的前身坦噶尼喀自1961年宣布独立、脱离英国统治后，开始积极进行国家建设。其国家建设计划乌贾马（*Ujamaa*）项目[③]由朱利叶斯·坎巴拉吉·尼雷尔（Julius Kambarage Nyerere）设计。尼雷尔是坦噶尼喀非洲民族联盟（TANU）的领导人，他领导了独立斗争，自1965年起就担任国家领袖，直至1985年退休。本文主要论述尼雷尔执政时期乌贾马项目与文学翻译的关系，探讨乌贾马项目如何渗透到翻译实践中，影响外国文学作品传入坦桑尼亚，以及翻译如何促进乌贾马项目的实施，推动国家建设。

[①] 作者简介：塞雷娜·塔伦托，德国拜罗伊特大学非洲语言文学专业助理教授。
[②] 译者简介：王倩，北京外国语大学研究生。
[③] 正如尼雷尔（Nyerere, 1968b: 2）解释道，"乌贾马是坦桑尼亚的社会主义。""Ujamaa"一词，通常译为"家庭"，是尼雷尔从词根jamaa（社会）创造的，以避免使用借用的soshalisti，从而"强调坦桑尼亚政策的非洲性"（同上：28）。

2 国家建设与翻译实践

　　1885年至1918年，坦噶尼喀隶属于德属东非，自1922年起成为英国托管地，1961年12月9日坦噶尼喀宣布独立。独立战争的领导者尼雷尔是该国西北部扎纳基（Zanaki）部落酋长的儿子。尼雷尔接受过英语教育，在苏格兰获得了历史学和经济学学位。在国外完成学业后，他成为一名教师，并加入了名为坦噶尼喀非洲协会（TAA）的城市互助协会。1953年，他成为该协会主席，并于1954年将协会更名为全国大众政党坦噶尼喀非洲民族联盟（TANU），随后该联盟领导坦噶尼喀摆脱英国统治（Kaniki, 1980: 347）。作为该联盟的领导人，尼雷尔于1961年带领坦噶尼喀独立，1962年坦噶尼喀成为共和国，他当选为首任总统。一年后，位于坦噶尼喀海岸附近的群岛桑给巴尔宣布独立，不久坦噶尼喀和桑给巴尔合并，成立了坦桑尼亚联合共和国。尼雷尔从1965年开始担任坦桑尼亚国家领导人，直至1985年退休。他提出了乌贾马国家建设计划，其基本理念是自力更生（*Kujitegemea*），包含政治、经济、语言和文学领域，致力于打造一个文明的民族和国家。对于1960年代的坦桑尼亚来说，自力更生的一个重要方面是在全国范围内施行同一种语言政策，即使用斯瓦希里语取代英语，作为政府的国语和官方语言以及小学的教学语言（Mulokozi, 2003: 2）。1962年，尼雷尔成立了国家文化部，以复兴和维护坦桑尼亚民族的文化遗产（1967b: 186）。该部还于1964年设立了斯瓦希里语大使一职，旨在鼓励人们使用、阅读和书写斯瓦希里语。此外，尼雷尔政府还成立了斯瓦希里语研究所（1964年）、坦桑尼亚出版社（1966年）和全国斯瓦希里语协会（BAKITA, Baraza la Kiswahili la Tanzania, 1967年），该协会负责推广斯瓦希里语和开发术语（2003: 2）。通过"教育和自力更生"计划，尼雷尔（1967a: 4）发誓要使教育"更加坦桑尼亚化"，追求学校课程和教学大纲的本地化。到20世纪60年代末，在这一计划的引导下，坦桑尼亚的学校和达累斯萨拉姆大学学院越来越多地将非洲文学纳入学校课程（Sicherman, 1997: 126）。教育领域自力更生的另一项成就是增加斯瓦希里语文本的语料库。在 1967 年坦桑尼亚图书周期间发表的题为"斯瓦希里语书籍在国家建设努力中的作用①"的演讲中，斯瓦希里语倡导者塞缪尔·穆希（Samuel Mushi, 1968a: 5-7）号召"个人帮助政府"编写斯瓦希里书籍，推进尼雷尔的"教育和自力更生"实验，目标是将斯瓦希里语确立为民族语言，"发展真正的民族文学"。

由于坦桑尼亚的政治、语言和文学解放的背景，及其对文化和语言独立的关注，人们普遍认为社会主义坦桑尼亚是一个相对封闭的体系。事实上，坦桑尼亚对外国文学的引进具有很高的包容性，主要体现在以下三个方面：

1）将一部分西方经典作品翻译成斯瓦希里语，主要是莎士比亚的作品，由尼雷尔和穆希共同翻译。1963 年，尼雷尔翻译了《尤利乌斯·凯撒》，并于 1969 年进行了修订。同年，又出版了《威尼斯商人》（*The Merchant of Venice*）的译本。穆希翻译了《麦克白》（*Macbeth*, 1968）和《暴风雨》（*The Tempest*, 1969）。尽管教育部门的改革将阅读英语莎士比亚作品视为智力依赖的体现（Mazrui, 1996: 65; Sicherman, 1997: 122），莎士比亚作品的翻译是独立后的坦桑尼亚引入的第一批斯瓦希里文学译本。这些译本被纳入斯瓦希里文学教学大纲（Bourdieu, 1993: 121）。这一时期翻译的其他经典作品还包括约瑟夫·康拉德（Joseph Conrad）的小说《黑暗之心》（*Kiini Cha Giza*, 1972）、莫里哀（Molière）的戏剧《巴斯德的塔图夫》（*Mnafiki*, 1973）、欧内斯特·海明威（Ernest Hemingway）的小说《老人与海》（*Mzee na Bahari*, 1980）、哈利勒·纪伯伦（Kahlil Gibran）的《先知》（*Mtume,* 1971）以及波斯经典儿童故事《小黑鱼》（*Samaki Mdogo Mweusi,* 1981）。②

2）翻译非洲作家的作品，如钦努阿·阿契贝（Chinua Achebe）、贝迪亚科·阿萨雷（Bediako Asare）、沃莱·索因卡（Wole Soyinka）、奥考特·庇

---

① 该文件以斯瓦希里语呈现，但英文印刷版似乎是唯一可用的版本。
② 从西方大量引进文学作品之后，坦桑尼亚作家再次将重点放在来自中东的原始文本，这十分有趣。事实上，来自印度、土耳其、波斯和阿拉伯的文本对斯瓦希里文学的发展产生了影响。

代克（Okot p'Bitek）和森本·奥斯曼（Sembene Ousmane）的作品。① 非洲作家作品的翻译在20世纪70年代中期达到顶峰。

3）翻译社会主义国家的文学作品，如列夫·托尔斯泰（Lev Tolstoy）、亚历山大·普希金（Alexander Pushkin）和马克西姆·高尔基（Maksim Gor'kij）的作品。② 早在1962年，便出现了苏联文学作品的斯瓦希里语译文，如诺贝尔奖得主米哈伊尔·索洛乔夫（Michail Solochov）的作品被翻译成斯瓦希里语，译者奥马尔·朱马（Omar Juma）是一位儿童文学作家。同时，译入斯瓦希里语的作品也在国外进行。在国外，翻译工作通常由在苏联学习或从事广播、出版工作的坦桑尼亚人或精通斯瓦希里语的苏联人完成。翻译的汉语文学作品包括大量的儿童文学和民间故事，通常由中国的译者完成。社会主义的使命是"教育年轻一代，为建设社会主义做好准备"，所以儿童文学的翻译尤为重要（Popa, 2013: 4）。

翻译非洲作家的作品被看作是"文化和知识环境非洲化"的尝试（Madumulla、Bertoncini、Blommart, 1999: 318），翻译俄罗斯和中国作家的作品被看作是坦桑尼亚的社会主义倾向。在当时的历史背景下，坦桑尼亚翻译西方文本遇到的障碍更多。乌贾马项目一方面批判英语的文学霸权，另一方面却不得不使用其文学霸权。在英国统治期间，以英语为原语的翻译工作是在区际语言委员会（Inter-Territorial Language Committee）的框架内进行的，从而支持斯瓦希里语标准化和斯瓦希里文学现代化的殖民

---

① 1973年，克莱门特·恩杜鲁特（Clement Ndulute）将《崩溃》（*Things Fall Apart*）译为 *Shujaa Okonkwo*；1977年，道格拉斯·F. 卡武哈（Douglas F. Kavugha）将《人民的男人》（*A Man of the People*）译为 *Mwakilishi wa Watu*；1975年，毛罗斯·J. 西哈尔韦（Maurusi J. Sichalwe）将《顽固者》（*The Stubborn*）译为 *Majuto*。1974年，A. S. 叶海亚（A. S. Yahya）将《杰罗兄弟的审判》（*The Trials of Brother Jero*）译为 *Masaibu Ya Ndugu Jero*；1975年，保罗·索齐格瓦（Paul Sozigwa）将《拉维诺之歌》（*Song of Lawino*）译为 *Wimbo wa Lawino*；1981年，塞西尔·马根贝（Cecil Magembe）将《沃尔塔，黑女孩》（*Voltaïque, La Noire de.*）译为 *Chale za Kikabila*，1984年又翻译了《汇票》（*Le Mandat*）。
② 1979年，帕霍莫夫（A. Pahomov）将儿童短篇小说集《儿童故事》（*Rasskazy Dlja Detej, Stories for Children*）译为 *Hadithi za Watoto*；1967年，他翻译了《已故伊凡·贝尔金的故事》（*Povesti Pokojnogo Ivana Petrovica Belkina, Tales of the Late Ivan P. Belkin*）。1983年，胡赛因·阿卜杜勒·拉扎克（Husein Abdul-Razak）将《丹科的火焰之心》（*Garjascee Serdce Danka, Danko's Flaming Heart*）翻译为 *Moyo Uwakao wa Danko*。1970年，巴德鲁·赛义德（Badru Said）将《母亲》（*Mat, Mother*）译为 *Mama*。

项目（Harries, 1970; Ruhumbika, 1983; Mazrui, 2007: 123-157; Geider, 2008; Hadjivayanis, 2011）。值得注意的是，这些翻译在殖民项目建设中发挥了一定作用（Talento, 2017）。在英国统治下，译员大多是欧洲行政官员和少数经过培训的非洲下属行政官员。

3 翻译是爱国知识分子的责任

在尼雷尔看来，要参与国家建设，每个社会成员都应该有"平等的义务去完成委托给他的任务——无论是何种任务"（Nyerere, 1967b: 187）。翻译被视为此任务的一部分。虽然穆希（1968a: 8）提倡需要"凭借我们自己写的书自力更生，就像我们需要在经济和政治领域自力更生一样"，但从其他国家引进文学作品被认为是加强国家建设项目的一种方式（同上：7）。穆希将文学自给自足与翻译相结合，这一呼吁得到了民众的呼应。例如，斯瓦希里语作家、学者、斯瓦希里语研究所所长（从1969年起担任）、巴基塔基金会主席、全国斯瓦希里语理事会会长（从20世纪70年代末起担任）乔治·姆希纳（George Mhina）（Mhina, 1970: 196）强调加强不同领域的翻译工作，声称这是协助"斯瓦希里语进一步发展计划"的"一项重要活动"。国家独立之后，翻译是政治家和政治活动家最喜欢的活动。尼雷尔就是译者与权力角色相结合的一个突出例子。其他参与政治活动的译者包括穆希，他在1965年至1967年期间担任斯瓦希里语的推广者。穆希不仅翻译了莎士比亚作品，还在1971年翻译了索福克勒斯（Sophocles）的《俄狄浦斯王》（*Oedipus Rex*），并在1972年将古典诗歌《约伯记》（*Utendi wa Ayubu*）翻译成现代斯瓦希里语。穆希后来担任达累斯萨拉姆大学的学术人员，直到2011年去世。其他译员也担任公职，如：威利·特奥菲洛·基桑吉（Willy Teofilo Kisanji）是一名地区主管，曾参与政府活动；保罗·索齐格瓦（Paul Sozigwa）曾是尼雷尔的新闻秘书，后来成为坦桑尼亚广播电台的广播总监；约瑟夫·科塔（Joseph R. Kotta）是坦桑尼亚的一名联合国官员；卢戈·塔瓜巴（Lugo Taguaba）是坦桑尼亚驻巴黎大使馆的外交官。①尼雷尔在翻译方面的成就为他人树立了榜样。在尼雷尔发布倡议后，在庆祝译本数量增加时，穆希（1968a: 7）曾说："尼雷尔翻译了莎士比亚的《尤利乌斯·凯撒》（*Julius Caesar*），他是翻译领域的领军人物，看到这么多人追随他的脚步，这非常令人鼓舞"。当时人们认为翻译是"优秀民族主义者"的共同责任，译者可通过翻译参与国家知识建设。

通过翻译活动，政治活动家定义并扮演了爱国知识分子的角色。尼雷尔（1967b: 180）曾哀叹，因为TANU中最高职位成员没有受过任何教育，有人曾声称其是"文盲政党"，该联盟驳斥了这一污名化的说法。更重要的是，该联盟试图让每个人都接受教育，让教育服务于人民。如果说在TANU的辩论、竞选和会议中专门使用斯瓦希里语是为了深入民心、打破民众与外语政治家之间的隔阂，那么将其他语言（尤其是英语）翻译成斯瓦希里语则是将政治家描绘成人民中的一员，使他们通过语言与人民联系在一起。从这个意义上说，使用斯瓦希里语写作和翻译推翻了"参与国家的知识生活是少数人的特权"这一观点，有助于让更广泛的人民集体参与文化活动。正如《威尼斯商人》的斯瓦希里语译本的简介所说，通过翻译这部戏剧，尼雷尔"为许多人带来参与文化活动的可能性"。

4 文学翻译与历史背景的兴趣同源性

正如法鲁克·托潘（Topan, 2008: 57）所说，20世纪60年代末和70年代中期的斯瓦希里语作家"处于民族主义和国家建设的蜜月期"。艺术与民族主义精神之间的共生关系也被转移到翻译实践中，体现了乌贾马哲学的理想。这在政治和社会科学文本的翻译中相当明显，如《毛主席语录》的翻译，或勒内·杜蒙（Rene Dumont）、克瓦米·恩克鲁玛

---

① 政治与翻译之间的密切关系也体现在科技翻译或圣经翻译中。比如，坦桑尼亚著名学者、斯瓦希里语作家和乌贾马项目的支持者加布里埃尔·鲁亨比卡（Gabriel Ruhumbika）。又如，马蒂亚斯·姆尼亚帕拉（Mathias Mnyampala），1963年至1969年担任达累斯萨拉姆地方法官和司法部长翻译委员会成员，除了是一位斯瓦希里语诗人，他还在1965年翻译了福音和诗篇。

(Kwame Nkrumah)与弗朗茨·法农(Frantz Fanon)作品的翻译。[①] 尽管如此,文学翻译表现出与当代历史背景的兴趣同源性。一个显著的例子便是《威尼斯商人》斯瓦希里语译名的翻译。尼雷尔将其译为"威尼斯资本家"(*Mabepari wa Venisi*),并没有选择源自阿拉伯语的"Tajiri"商人一词,或源自班图语的"mfanya biashara"商人一词;另外,通过使用复数形式,该译名强调"资本家"是体系而非个人,并将这种体系所产生的紧张关系确定为该剧所展示的人类冲突的真正原因(Hussein,1973: 104)。此外,一些译本的插图也体现了对帝国主义的反对,如译本《当子弹开出花:安哥拉、莫桑比克和几内亚的抵抗之诗》(*When Bullets Begin to Flower: Poems of Resistance from Angola, Mozambique and Guiné*)封面上的插图描绘了一个身穿战斗服、骄傲的非洲人。该译作阐述了TANU的泛非愿景,支持和帮助中部和南部非洲解放运动(Kaniki, 1980: 365)。编辑称赞索齐格瓦的翻译为"传播革命诗歌"做出了贡献。另一个例子是《苏格拉底的审判:思想革命的真正祖先》(*Mhenga Halisi wa Mapinduzi ya Fikra*),由作家兼语言学家卢修斯·马巴沙·通亚(Lucius Mabasha Thonya)根据柏拉图的《苏格拉底的申辩》(*The Apology of Socrates*)改编。该译作于1976年由黑星机构出版(其标志是一个举起的拳头,上面有一颗小星星),献词写道:"纪念非洲大陆的顽强英雄,他们洒下鲜血,成为解放的种子,为非洲和整个世界带来真正的革命和自由。"献词以"斗争仍在继续"的口号结束,使用了莫桑比克独立战争期间莫桑比克解放阵线(FRELIMO)运动的战斗口号"A Luta Continua"。

---

① 达累斯萨拉姆的东非文学局委托加布里埃尔·鲁亨比卡(Gabriel Ruhumbika)翻译杜蒙的《黑非洲的糟糕开始》(*L'Afrique Noire Est Mal Partie*),1962年以译名 *Afrika Inakwenda Kombo* 出版。1974年,克瓦米·恩克鲁玛(Kwame Nkrumah)的《非洲的阶级斗争》(*Class Struggle in Africa*)由M. W. 坎雅玛·垂比恩(M. W. Kanyama Chiume)翻译为 *Harakati Ya Kitabaka Katika Afrika*。弗朗茨·法农(Frantz Fanon)的《大地上的受苦者》(*Les Damnés de la Terre*)在短期内被翻译了两次。坦桑尼亚图书馆服务委员会(Tanzania Library Service Board)委托艾哈迈德·优素福·阿贝德(Ahmed Yusuf Abeid)进行翻译,后者于1977年发布了删节版名为 *Mafukara wa Ulimwengu*。第二年,加布里埃尔·鲁比卡(Gabriel Ruhumbika)和克莱蒙特·马甘加(Clement Maganga)受坦桑尼亚出版社委托,将全文重新翻译为 *Viumbe Waliolaaniwa*。

尼雷尔愿景的核心是建立一个没有歧视、平等和包容的社会。然而，这个梦想可能会受到宗教分裂的威胁，尼雷尔称之为"对团结的潜在威胁"（Nyerere, 1967b: 179）。因此，尼雷尔认为"出于社会主义的本质"，宗教宽容是必要的（Nyerere, 1968b: 13）。在《先知》译文的序言中就有着这样的号召，目的是摆脱宗教成员身份束缚，描绘"如何成为一个与其他公民合作的好公民，培养灵魂、改善社会环境"（同上）。另一个被视为威胁的因素是"教育的自负"（Nyerere, 1967a: 6），这一概念将教育视为特权，创造了与社会脱节的高学历精英（同上：6–7）。这跟斯瓦希里语改编的莫里哀的《贵人迷》（*Le Bourgeois Gentilhomme*）中的主人公类似。该主人公是一位商人，希望成为一个"重要人物"（Morrison, 1968），为了实现这一目标，商人"出于虚荣"寻求教育，却以失败告终。另外，在当时的背景下，农业部门的发展被视为实现社会主义和自力更生所必需的经济革命。在《暴风雨》的序言中，穆希将莎士比亚描写为一名优秀的作家，在伦敦工作退休后成为一名农民（1969c: XIII）。因此，穆希的译本提供了一个符合坦桑尼亚公民意识的吟游诗人形象：农村的"农民"和城市的"工人"。

5 翻译和斯瓦希里语合法化

宣布斯瓦希里语为坦桑尼亚的民族语言并不意味着斯瓦希里语自动成为坦桑尼亚的民族语言。还需要克服的一个障碍是斯瓦希里语曾被西方认为是一种低等语言。穆希表示，在殖民统治下，"我们大多数受过教育的人都习惯于认为，一本值得一读的书是用英语、法语或德语等国际语言写成的"（1968a: 4）。斯瓦希里语经常被认为缺乏"自给自足的能力"，姆希纳对此表示谴责（1971: 2）。有些人对斯瓦希里语抱有怀疑态度，"不相信任何有价值的东西可以用斯瓦希里语书写"（1966: V），尼雷尔对此也表示非常遗憾。因此，尼雷尔的语言和教育政策的实施受到了阻碍：即消费斯瓦希里语文学意味着该文学地位低下，并且斯瓦希里语不能作为一种民族语言。为了反驳这种观点，尼雷尔（1966: II）强调集体"责任"，以加强斯瓦希里语的地位，认为翻译是实现这一目标的策略。在《尤利乌斯·凯撒》的第一版译文中，他认为如果要推广斯瓦希里语，就应该广泛利用该语言的"美丽"与"广阔"之处（Nyerere, 1963: 5）。译者通过利用斯瓦希里语的资源，创新方法来表达新概念，促进语言的发展，从而反驳了穆希（1968a: 5）所谴责的一种观点："没有英语的帮助，斯瓦希里语被认为是一种不可能独立存在的语言"。（尽可能）不使用外来词、仿造词和其他语言的形态借词等方式来翻译斯瓦希里语，表明这种语言是自立的，并且在文化和语言上是独立的①。尼雷尔在他的《尤利乌斯·凯撒》修订版中与读者分享了这一看法，其译文包含了对名字的语音改编以及对韵文和诗句的改编，"这样单词的节奏不会因外来词的干扰被破坏"（Nyerere, 1969a: vi）。

有趣的是，可能是因为许多重要的坦桑尼亚作家曾受过英语教育，他们最初都使用英语写作。但是，像尼雷尔一样，他们也体会到斯瓦希里语的"美丽"与"浩瀚"之处，因此他们要么自己将个人作品翻译成斯瓦希里语，要么让别人翻译自己的作品。彼得·帕朗约（Peter Palangyo）的小说《阳光下的死亡》（*Dying in the Sun*）就是一个例子。该小说于1972年由马格加（J. D. Mganga）译为《死亡阴影》（*Kivuli Cha Mauti*）。两年后，尤夫雷茨·凯兹拉哈比（Euphrase Kezilahabi）翻译了他的英文诗集《剧痛》（*Kichomi*），1980年，威廉·E. 姆库夫亚（William E. Mkufya）将他的《恶人到处游行》（*The Wicked Walk*）（1977）翻译为《沉沦》（*Kizazi Hiki*）。这些作家接受了将他们的思想翻译成斯瓦希里语在政治和文化上的必要性，这些努力有助于斯瓦希里语成为一种独立的文学语言。

6 自力更生还是跟随国际潮流？

在乌贾马项目中，译者在翻译中既展示了外国文本，同时又利用了本

---

① 在术语发展的背景下，无论是在政府层面还是大学层面，外来词都是一个敏感问题，并受到严格监管，以优先考虑当地语言。在这一过程中，将外来词翻译为英语属于下下之策（前提是适应了语音和正字法），排在阿拉伯语（新术语的传统输出者）、其他班图语和斯瓦希里语之后（Abdulaziz, 1975: 158-159）。

土的文化资源。《威尼斯商人》、《麦克白》、《暴风雨》、《俄狄浦斯王》、《塔图夫》（Tartuffe）和《老人与海》（The Old Man and the Sea）的译本均保留了故事的原始背景、人物名称以及其他物质和非物质的外来文化元素。同时也在文本、修辞和话语层面采取了一定程度的归化翻译。例如，在文本层面，归化一般是通过插入斯瓦希里语特有的表达方式来实现，如使用斯瓦希里语的谚语和习语。在《麦克白》的译文序言中，穆希（1968b: VII）明确表示支持使用归化翻译策略。另一种策略是使用斯瓦希里语读者熟悉的象征符号。例如，在《威尼斯商人》中，审判场景不是在公爵面前，而是在苏丹王面前。这一指代暗含了 13 世纪和 15 世纪间受东方传统影响的苏丹国或桑给巴尔苏丹国的故事，桑给巴尔苏丹国作为一个合法政权一直延续到1963年。在视觉层面，译文中也经常采用本地化的插图。例如，《威尼斯商人》中的一幅插图将犹太商人夏洛克（Shylock）描写成一个右手拿弯刀的典型的阿拉伯商人。在《巴斯德的塔图夫》（Tartuffe au l'lmpasteur）的封面上，15 世纪法国伪善的宗教信徒变成了一个牙缝超大的独眼非洲人；而在海明威的《老人与海》中的老渔夫圣地亚哥（Santiago）则变成了斯瓦希里语翻译中的黑人角色，他虽然在大西洋捕鱼，却坐在一艘东非传统的独木舟（mtumbwi）上。在话语层面，译者为自己的归化策略进行了辩护。尼雷尔（Nyerere, 1969: vi）在《尤利乌斯·凯撒》译文第二版的导言中解释说，译者所作的改动是为了使莎士比亚的作品具有班图语的风格。① 然而，这种改编不仅仅是一种与审美体验有关的文学策略。更准确地说，是通过祝圣手段来壮大当地文化。穆希（1971: XII-XIII）在他翻译的《俄狄浦斯王》的导言中雄辩地解释了这一点：

　　事实上，没有人有义务模仿古希腊人。但如果演出能够在与观众相关的文化环境中进行，或者展示观众生活环境中的习俗和生活方式，那么将在更大程度上使观众受益。俄狄浦斯王可能是一个非洲人，穿着非洲服装，在舞台上演讲，舞台设计与非洲艺术相协调，并融入非洲环境。他说的话并非那么怪诞异常，这些话也可以出自以下这些人之口，如：塔波拉

---

① 班图语是一组非洲语言，是尼日尔－刚果语系、贝努埃－刚果语支的主要组成部分，使用地区非常广泛，包括从喀麦隆南部向东到肯尼亚，向南到非洲大陆最南端的大部分非洲地区。斯瓦希里语属于班图语。

市（Tabora）的米兰博（Mirambo）、莫希镇（Moshi）的林迪（Rindi）、首都多多马市（Dodoma）的马曾戈（Mazengo）、伊林加区（Iringa）的姆克瓦瓦（Mkwawa）、乌干达的穆特萨（Mutesa）或祖鲁人的国王沙卡（Shaka）。

这些归化策略可以被解读为对翻译文本独立性的语用学应用。然而，语言和文学的自力更生并不排除使用翻译来创新和扩大斯瓦希里语的文学语料。例如，通过融合斯瓦希里语和英语诗歌曲目，尼雷尔和穆希的翻译将无韵诗引入到斯瓦希里语诗歌中，这种诗体形式打破了斯瓦希里语韵律的僵化（Talento, 2018）。另外，他们二人还通过翻译创新了文本类型。随着朱利叶斯·尼雷尔（Julius Nyerere）、爱德华多·蒙德拉内（Eduardo Mondlane）、帕特里斯·卢蒙巴（Patrice Lumumba）和夸梅·恩克鲁玛（Kwame Nkrumah）的传记在坦桑尼亚图书馆服务董事会（Tanzania Library Service Board）的赞助之下成功翻译，传记体裁在坦桑尼亚得以迅速发展。

建设独立的民族文化在坦桑尼亚的知识和政治议程中占有突出地位。然而，有必要规避知识孤立的风险。尼雷尔的哲学被认为是"在过去的基础上"（Nyerere, 1968b: 2）制定的地方政策，同时接受"别国经验和其他人的想法"（Nyerere, 1968b: 19）。这一理念在语言规划中颇为有效，在教育政策（Nyerere, 1968a: 55）中也同样有效。尼雷尔不仅是斯瓦希里语的狂热捍卫者，而且他试图让坦桑尼亚成为讲斯瓦希里语和英语的双语国家（Harries, 1969: 275）。尼雷尔哲学并不完全专注于共产主义和社会主义思想。他宣称，"即使是公认的资本主义国家也有经验可以传授给我们"。只要将这些经验筛选出来并使其适应"现存条件"（Nyerere, 1968b: 41），便可"迎接20世纪世界生活的挑战"（Nyerere, 1968b: 2）。尼雷尔对社会主义的理解是在过去和未来、传统和创新、地方主义和国际化等方面体现的，在地方知识资源的特权和外来资源的适应之间摇摆。乌贾马时期将外国作品译为斯瓦希里语的频率不应该被视为文化依赖的标志，文学交流的社会学方法经常会这样假设（Casanova, 2002: 10; Sapiro, 2007: 96）。引入外国文学就是引入一种文化资源，通过引入这种资源，国外剧目和本地语言得以综合展现。博采众长是建设尼雷尔的新坦桑尼亚社会的基础："我们需要一种全新的综合方式,既可以吸取东方和西方的教训,又有我们自己的传统"(Nyerere, 1967b: 121)。文学翻译促进了外国文学引入术语的发展,融合了地方主义和国际主义,从而创造出自主的语言和文学,容纳外来的、读者可以接受的文化产品,并从中获益。在许多情况下,译者的序言都会详细介绍原文的背景、作者及作品的历史、艺术和文化背景,向译语文化的读者描述原语文化。例如,《俄狄浦斯王》封底简介上的评论写道:"虽然这部戏剧是按照古希腊文化创作的,但其中人物及其感情属于整个世界。"书中所讨论的主题涉及现今和未来世界各地的人类问题(Sophocles, 1971)。翻译文本的迁移等同于在道德、伦理和情感共性等普遍层面与译入语国家的受众分享经验。例如,科塔(1971: VIII)在《先知》译本的导言中指出:

作为人类,我们都是奥费莱齐(Ofelezi)(《先知》一书设定的城市)的居民。这本书中提及的所有事情都以这样或那样的方式与人类相关。有些话语和道德不是只提供给生活在遥远地方的特定对象,而是提供给我们所有人的,无论我们生活在这个世界上哪个地方,信奉哪种宗教。

7 历史故事的一部分

为理解历史和文学背景,我们还必须理解翻译作品的出版和发行。译作的印刷和出版由政府控制,学校是主要的图书市场(Mlacha, 1994: 200)。1967年,尼雷尔发表了阿鲁沙宣言(Arusha Declaration),标志着坦桑尼亚加入社会主义阵营。同年,坦桑尼亚的译者福图纳图斯·卡韦热尔(Fortunatus Kawegere)将乔治·奥威尔(George Orwell)的小说《动物农场》(*Animal Farm*)译为 *Shamba La Wanyama*,该书由美国新闻处委托翻译,在肯尼亚出版。卡韦热尔将最初的背景改编为坦桑尼亚背景,删除了对英语语言、历史和文化的所有引用,并使用了更接近尼雷尔修辞的术语(Aiello, 2013: 21)。在肯尼亚,该译本因其亲资本主义而广受赞誉,而在坦桑尼亚,卡韦热尔则收到了警方的传唤,被审问其翻译这一著作的意图。

8 结语

克里斯托弗·朗德尔（Christopher Rundle）（2012; 2014）提出将翻译和历史视为重叠和互补的关系，以丰富翻译史的研究。乌贾马项目与文学翻译之间的相互促进恰恰揭示了这一点：翻译既可以被视为历史的重要组成部分，也可以被视为探索历史的重要视角。一方面，本文阐明了翻译在社会和政治巨变的历史时代中的作用；另一方面将翻译视为"一种研究历史的方法"（Rundle, 2012），为一些历史现象的特殊性提供了独特的见解。事实上，关注文学翻译可以让我们从有形实践的角度更全面地理解乌贾马项目；而乌贾马的历史揭示了翻译在斯瓦希里文学的历史和发展中所扮演的角色。在斯瓦希里文学史中，这一角色往往没有得到充分的体现。因此，本文强调对翻译中的（政治）历史和（政治）历史中的翻译的双重解读和分析。该研究表明，外国文学被引入到一国（尤其是那些来自中心的、占主导地位的国家的语言和文学的引入）有时并不是文化依赖的标志，反而是一种重新思考文化和文学转移的工具，具有明显的政治含义，符合译入语读者语境的需求和目标。在这种情况下，中心文化和边缘文化的概念不再充分代表特定历史背景下的文学交流。如果不了解翻译活动发生的具体社会历史背景，仅观察翻译流向和统计数据可能会产生误导。

【参考文献】

Abdulaziz, M. H. 1975. Tanzania National Language Policy and the Rise of Swahili Political Culture. In Lionel C. & John S. S. (Ed.), *Socialism in Tanzania: An Interdisciplinary Reader* vol. 2 (pp.155-64). Nairobi, East African Publishing House: 155-64.

Aiello, T. F. 2013. Translating Culture: Literary Translations into Swahili by East African Translators, *Swahili Forum*, 20, 19-30.

Bgoya, W. 1980. *Books and Reading in Tanzania*. Paris, UNESCO.

Bourdieu, P. 1989. Social Space and Symbolic Power, *Sociological Theory*, 7 (1): 14-25.

Bourdieu, P. 1992. *Language and Symbolic Power*. Cambridge: Polity Press.

Bourdieu, P. 1993. *The Field of Cultural Production: Essays on Art and Literature*. Cambridge: Polity Press.

Bourdieu, P. 1993. *The Rules of Art: Genesis and Structure of the Literary Field*, trans. Susan Emanuel. Standford: Standford University Press.

Casanova, P. 2002. Consécration et accumulation de capital littéraire, la traduction comme échange inégal. *Acts de la Recherche en Sciences Sociales*, 144: 7-20.

Casanova, P. 2004. *The World Republic of Letters*, trans. M.B. De Bevoise. Cambridge: Havard University Press.

Chesterman, A. 2006. Questions in the Sociology of Translation. In João F. D., Alexandra A. R., and Teresa S. (Ed.), *Translation Studies at the Interface of Disciplines* (pp.9-27). Amsterdam: John Benjamins.

Dash, D. K. & Dipti R. P. 2007. Translation and Social Praxis in Ancient and Medieval India (with Special Reference to Orissa) In Paul S. P. and Kar C. P. (Ed.), *Translation: Reflections, Refractions, Transformations* (pp.153-73). Amsterdam: John Benjamins.

Ferreira, D., João, Alexandra, A. R.& Teresa S. 2006. *Translation Studies at the Interface of Disciplines*. Amsterdam: Benjamins.

Genette, G. 1997. *Paratexts: The Threshold of Interpretation*, trans. Jane E. Lewin. Cambridge: Cambridge University Press.

Gikambi, H. 2013. Kutana na mwandishi aliyetafsiri Shamba la Wanyama, URL: http://mwalimuwakiswahili.co.tz/kutana-na-mwandishi-alitetafsiri-shamba-lawanyama/ (accessed 12 August 2020).

Hanna, S. 2016. *Bourdieu in Translation Studies: The Socio-Cultural Dynamics of Shakespeare Translation in Egypt*. New York: Routledge.

Harries, L. 1969. Language Policy in Tanzania, *Africa*, 39 (3), 275-80.

Heilbron, J. 1999. Towards a Sociology of Translation: Book Translations as a

Cultural World-System, *European Journal of Social Theory*, 2 (4), 429-44.

Heilbron, J. & Gisèle S. 2007. Outline for Sociology of Translation: Current Issues and Future Prospects. In Michaela W. and Alexandra F. (Ed.), *Constructing a Sociology of Translation* (pp.93-107). Amsterdam and Philadelphia: Benjamins.

Hemingway, E. 1981. *Mzee na Bahari, The Old Man and the Sea*, trans. Cyprian Tirumanywa. Dar es Salaam: Tanzania Publishing House.

Hussein, E. 1973. Shakespeare in Swahili. *Tanzania Notes and Records*, 72, 104-05.

Hussein, E. 1981. Utangulizi. In Ebrahim, H., & Samad B. (ed.) *Samaki Mdogo Mweusi* (pp, v-viii). Dar es Salaam: Tanzania Publishing House.

Kaniki, M. H. Y. 1980. The End of Colonial Era. In Martin H. Y. (Ed.), *Tanzania under Colonial Rule* (pp.344-87). London: Longman.

Kotta, J. R. 1971. Utangulizi. In Joseph K., & Kahlil G. (Ed.), *Mtume* (pp, vii-viii). Dar es Salaam: Tanzania Publishing House.

Kovala, U. 1996. Translation, Paratextual Mediation, and Ideological Closure. *Target*, 8 (1), 119-147.

Madumulla, J., Elena B., & Jan, B. 1999. Politics, Ideology and Poetic Form: The Literary Debate in Tanzania In Jan B. (Ed.), *Language Ideological Debates* (pp, 307-41). The Hague: Mouton de Gruyte.

Mazrui, A. M. 1996. Shakespeare in Africa: Between English and Swahili Literature. *Research in African Literatures*, 27 (1), 64-79.

Meylaerts, R. 2006. Conceptualizing the Translator as a Historical Subject in Multilingual Environments: A Challenge for Descriptive Translation Studies? In Georges L. B. & Paul F. B. (Ed.), *Charting the Future of Translation History* (pp.59-80). Ottawa: University of Ottawa Press.

Mhina, G. A. 1970. The Place of Kiswahili in the Field of Translation. *Babel*, 16 (4), 188-96.

Mhina, G. A. 1971. *Maendeleo ya Kiswahili na mazoezi: Makusanyo ya maandishi. A Swahili Anthology [The Development of Swahili and Exercises: A Collection of Texts]*. Dar es Salaam: Nelson.

Mlacha, Sh. A.K. 1994. Continuity in Swahili Literature. In David P. (Ed.), *Continuity and Autonomy in Swahili Communities. Inland Influences and Strategies of Self-Determination* (pp, 193-203), Wien & London: Afro-Pub & School of Oriental and African Studies.

Monticelli, D. & Anne L. 2014. Translation and Totalitarianism: The Case of Soviet Estonia, *The Translator*, 20 (1), 95-111.

Morrison, A. 1966. Utangulizi. In Alexander, M., & Jean-Baptiste Poquelin Molière (Ed.), *Mchuuzi Mwungwana*. Dar es Salaam: East African Literature Bureau.

Mulokozi, M. M. 2003. Kiswahili as a National and International Language. *Kiswahili*, 66, 66-80.

Mushi, S. S. 1968a. The Role of Swahili Books in Nation-Building Endeavors. *Swahili*, 38 (1), 3-8.

Mushi, S. S. 1958b. Utangulizi. In. Mushi, S. S. & Shakespeare, W. (Ed.), *Makbeth* (pp, v-vii). Dar es Salaam: Tanzania Publishing House.

Mushi, S. S. 1969. Utangulizi [Interduction]. In . Mushi, S. S. & Shakespeare, W. (Ed.), *Tufani* (v-vii). Dar es Salaam: Tanzania Publishing House.

Mushi, S. S. 1971. Utangulizi. In Mushi, S. S & Sophocles (Ed.), *Mfalme Edipode* (pp, vii-xiv). Dar es Salaam: Oxfored University Press.

Mwangi, E. 2009. Amandina Lihamba's Gendered Adaption of Sembene Ousmane's *The Money-Order. Research in African Literatures*, 40 (3), 149-73.

Nyerere, J. K. 1963. Utangulizi In Nyerere, J. K. & Shakespeare, William. (Ed.), *Julius Caezar*. Nairobi: Oxford University Press.

Nyerere, J. K. 1966. Dibaji. In Temu P. *Uchumi* (Ed.), *Bora*. Nairobi: Oxford University Press.

Nyerere, J. K. 1967a. *Elimu ya Kujitegemea*. Dar es Salaam: Government Printer.

Nyerere, J. K. 1967b. *Freedom and Unity. Uhuru na Umoja: A Selection from Writings and Speeches, 1952-65*. Dar es Salaam: Oxford University Press.

Nyerere, J. K. 1967c. *Ujamaa Vijijini*. Dar es Salaam: Mpigachapa Mkuu wa Serikali.

Nyerere, J. K. 1968. *Freedom and Socialism. Uhuru na Ujamaa: A Selection from*

Writings and Speeches 1965—1967. Dar es Salaam: Oxford University Press.

Nyerere, J. K. 1969. Utangulizi wa toleo la pili. In Nyerere, J. K. & Shakespeare, William. (ed.), *Juliasi Kaizari* (pp.vi-vii). Dar es Salaam: Oxford University Press.

Ohly, R. 1982. *Swahili: The Diagram of Crises*. Vienna: Afro- Publications.

Popa, I. 2013. Communism and Translation Studies. In Gambier Y. and Doorslaer L. V. (ed.), *Handbook of Translation Studies* vol. 4 (pp.25-30). Amsterdam: John Benjamins.

Pym, A. 1998. *Method in Translation History*. Manchester: St. Jerome.

Read, J. S. 1995. Human Rights in Tanzania. In Legum, C. & Mmari G. (Ed.), *Mwalimu: The Influence of Nyerere* (pp.125-45). London: James Currey.

Rundle, C. 2012. Translation as an Approach to History. *Translation Studies*, 5, 232-40.

Rundle, C. 2014. Theories and Methodologies of Translation History: The Value of an Interdisciplinary Approach. *The Translator*, 20 (1), 2-8.

Shakespeare, W. 1969. *Tufani*, trans. Mushim S. S.. Dar es Salaam: Tanzania Publishing House.

Sicherman, C. 1997. Literary Studies at the University of Dar es Salaam: A Mirror of Tanzanian Socialism. *Ufahamu*, 25 (1), 107-29.

Sophocles 1971. *Mfalme Edipode*, trans. Mushi, S. S. Dar es Salaam: Oxford University Press.

Tahir-Gürçağlar, Ş. 2002. What Texts Don't Tell: The Use of Paratexts in Translation Research. In Hermans T. (Ed.), *Crosscultural Transgressions: Research Models in Translation Studies II: Historical and Ideological Issues* (pp.44-60). Manchester: St. Jerome.

Talento, S. 2018. Merging Heresy and Orthodoxy in Swahili Verse Translations. In Blakesley J. (ed.), *Sociologies of Poetry Translation: Emerging Perspectives*. London: Bloomsbury.

TANU. 1967. *Azimio la Arusha na Siasa ya Tanu juu ya Ujamaa na Kujitegemea [The Declaration of Arusha and the TANU Policy on Socialism and Self-*

reliance]. Dar es Salaam: Idara ya Habari.

Topan, F. 2008. 'The Expanding World of the Swahili Writer' in Beyond the Language Issue: The Production, Mediation and Reception of Creative Writing in African Languages, Anja Oed and Uta Reuster-Jahn (eds.). Köln, Rüdiger Köppe: 53-9.

西非戏剧中的文化翻译

凯莉 O. 塞科夫尼（Kelly O. Secovnie）[①]

邓诗雨[②] 译

1 引言

非洲文学研究的最新趋势强调，文学与文化研究理论必须考虑全球和本土情况才能更好地理解非洲文学。最近非洲文学协会发起的征文启事也明确了这一需求[③]。本文响应非洲文学协会的启事，通过分析加纳和尼日利亚戏剧中的文化翻译，认为早在当代文化翻译理论提出后殖民主义和女权主义研究路径之前，西非戏剧就已使用文化翻译这一概念来达到服务自身的目的。

通过分析这些凸显文化翻译的西非戏剧，本文拟重新审视翻译研究中的文化翻译概念：文化翻译的内涵是什么？它又是如何运作的？通过考察用英语撰写的西非戏剧，本文论证了早在西方翻译学者将文化翻译理论化，提出女权主义和后殖民理论之前，文化翻译的概念就已在西非戏剧中

[①] 作者简介：凯莉 O. 塞科夫尼，纽约市立大学曼哈顿社区学院英语系副教授。
[②] 译者简介：邓诗雨，北京外国语大学研究生。
[③] 征文启事写道："根据当代的批判思想，不可能再将'本土性'简单地视为嵌套的全球等级体系中的固定实体或封闭空间、事件或文化表达，正如意识不到'全球性'在'本土性'中（至少）的'部分嵌入性'，就无法想象'全球性'（Saskia Sassen, 2003: 4），而'本土性'本身是复杂具体的，并且具备大量的特定条件和各种斗争史（Samir Amin, 2002）。"引自第 37 届非洲文学协会年度征文，俄亥俄大学，http://www.ohio.edu/conferences/ALA_CFP.cfm. 努力让"全球性"与"本土性"相互交流，这体现了本文的道德观念。

得以运用并被理论化,并基于文化内部的考量提出文化翻译有着不同的侧重点。本文对西非戏剧的看法跟保罗·班迪亚(Paul Bandia)的观点一致。他认为,非洲文学作品是通过翻译实践来表现非洲的社会文化现实和世界观。若不借助阅读和教学来探索创造性作家所采用的"翻译即写作"策略,探索跨语言翻译过程所涉及的非西方社会的跨文化翻译写作,就无法充分理解非洲文学作品(2010: 176)。班迪亚还进一步敦促西方评论家"关注翻译研究尤其是后殖民翻译理论的最新进展,从翻译的维度强化他们的批评框架"(2010: 182)。同样,对西非戏剧中文化翻译概念的关注,可以使翻译理论历来忽视的一些问题,如阶级与性别在塑造不同文化译本中所产生的作用,重新受到重视。

本文认为西非戏剧本身就提供了一种理论,这与芭芭拉·克里斯蒂安(Barbara Christian)在其文章《理论的角逐》(*The Race for Theory*)中所提出的论点一致,即有色人种通过文学创造了理论概念,而不是借助欧美理论家所青睐的形式理论模型①。尽管翻译研究常用文学来提供翻译如何运作的案例,本文主要通过归纳的方法,透过文学来理解加纳和尼日利亚文化中的理论基础,这些文化通过剧作家描述文化内翻译而得以传播。在文化翻译的形式理论化普及之前,一些早期戏剧就已将文化翻译的复杂概念理论化。此外,当代西非戏剧一直遵循自身的剧作传统,利用文化翻译的概念来解决当地人所关注的社会性别和阶级的权力差异问题。

通过关注西非文化和语言层面翻译的运作方式②,本文同意西奥·赫曼斯(Theo Hermans)的观点,即翻译学作为一门学科,需要"批判性地结合翻译自身的运作和知识获取的条件,超越自身的边界"(Hermans, 2002: 22)。下面我们对西非文学与文化实践的考察使得翻译研究跨越了传统边界,展示了翻译,尤其是文化翻译,可以根据具体的文化背景得出不同认

---

① 克里斯蒂安写道:"因为有色人种总是在建立理论,但在形式上却与西方的抽象逻辑截然不同。我倾向于说,我们进行理论化(我刻意使用动词,没用名词)通常是以叙事的形式……,因为动态(非固定)的想法似乎更适合我们。"([1987] 2000, 281)
② 本文中所研究的戏剧来自加纳和尼日利亚,这两个西非国家的英语剧本产出最多。尽管这里使用"西非"一词是出于方便,但本文提及的剧作家均来自这些特定的国家,他们的民族也各不相同。若将此项研究的范围扩展到其他西非国家,甚至非洲国家,可能会进一步充实该研究,还能因地制宜,产生显著的变化。

知，从而丰富非洲文学研究和翻译研究。

2 翻译与译者的价值

通过援引洛丽·张伯伦（Lori Chamberlain）的作品，罗萨里奥·马丁（Rosario Martin）声称：

> 翻译和女性一样，自古以来受到忽视和贬低。在一个等级化、性别化的文化体系中，处于"弱势"的翻译对写作赋予了一种"强势"且"积极"（阳性）的概念。译者也被人们认为应该是隐形的，人们只期望他们发挥再创功能。无论如何，翻译都遭人诋毁，被视作"低级""次要"或"阴性"的活动（2005: 27-8）。

马丁认为，我们需要突破这个领域的隐喻化现象，呼吁翻译研究引入一种新的女性主义批评理论。尽管我同意马丁对上述隐喻的质疑，但我想指出的是，有一定影响的低级翻译隐喻并非普遍存在。事实上，许多加纳和尼日利亚的戏剧都体现了翻译和译者在各种背景下的价值。

我们透过加纳几部剧作可以发现，翻译本身就是西非文学传统的一个关键特征，埃夫亚·西奥多拉·萨瑟兰（Efua Theodora Sutherland）的著作《福瑞娃》（*Foriwa*, 1962）、迈克尔·戴·阿南格（Michael Dei Anang）的《欧克姆弗·安诺基的金凳子》（*Omomfo Anokye's Golden Stool*, 1963）、雅各布·赫维（Jacob Hevi）的《阿玛维》（*Amavi*, 1975）和阿西杜·伊伦基（Asiedu Yirenkyi）的《达塞布雷》（*Dasebre*, 2003）等剧作无不体现了该特征。在这些案例中，译者的形象不像传统的语言翻译那样，在不同的语言之间进行翻译，而是在语言相同、阶层不同的人们之间转化思想和言语。在上述提到的每一部剧作中，译者都被称为"语言学家"。尽管他们树立此形象的方式各异，但在所有戏剧中，语言学家都不是一个被人贬低的形象，而是受人尊敬和重视。然而，在分析剧作中的语言学家之前，我们先考察阿坎文化中的语言学家，从而为这种文学形象提供一些本土背景。

语言学家一词在加纳阿坎语中为 okyeame[①]，他是"国王的谋士、知己、演说家和外交官"（Arthur and Rowe, 2008）。当有人请求与国王或首领谈话时，"不被允许直接和国王或部落首领进行交谈，而是只能通过其语言学家（okyeame）进行"（Bamfo, 2000: 159）。奎西·扬卡（Kwesi Yankah）在其著作《三方交流：通过第三方与他人交流的艺术》（*Speaking for the Chief: Okyeame and the Politics of Akan Royal Oratory*）中指出，okyeame 发挥的作用不是纯粹机械的；而是具有创造性的，因为"作为长官的谋士和中间人，okyeame 主要负责强化首领的言辞"（1995: 2,3）。扬卡还认为，我们必须在阿坎人的整体政治制度以及整个西非的文化背景下看待 okyeame。对扬卡来说，okyeame 在"常见的迂回修辞体系的政治层面上发挥作用，这一修辞手法是西非传播美学的特征，使用迂回、隐喻和谚语等表达方式"（1995: 3-4）。因此，我们可以将 okyeame 视为社会和政治结构的一部分，不仅是加纳阿坎人的一部分，也是诸多西非文化中日常语言生活的一部分。那么，我们如何看待这个呈现在西非戏剧中的形象呢？

在前面提到的三位剧作家作品中，语言学家扮演着传统的谋士和译者角色，承载着统治者对人民的愿望。在伊伦基撰写的《达塞布雷》中，人们对语言学家的特征和交际能力有了更多的了解。在与王后萨琪贝亚（Sakyibea）和她的儿子达塞布雷（Dasebre）初次进行复杂交流时，语言学家不仅传达了女王的想法，还使用谚语来解释她的意图。例如下面的对话：

> 萨琪贝亚：语言学家，告诉王子他没有敲门，为什么就进来了？
> 语言学家：王后是我们的母亲。她可能在房间里换衣服，而你（达塞布雷）却没敲门。你有何事？是来偷窥老妇人的裸体吗？
> 达塞布雷：告诉亲爱的老妇人，鱼不怕水，狗也不会落荒而逃（原文如此）不要骨头。我是女人生的，我不怕她的裸体。我才不敲门，

[①] 单词拼法因文本而异。在本文中，我使用 okyeame 来指代一般意义上的职位，当它指代特定的人时，我将其大写。在引述中，该词的拼写遵循原作者的格式。

我就这么来了！

　　语言学家：王后，天哪，恕我直言，人人都尝过女人的甜蜜。我们也都来自女人的身体。或者说，即便是诸位元老们，不也是由此而来吗？

　　萨琪贝亚：回答得很好。所以你们都来自我的身体，这意味着你们都是我的孩子，包括达塞布雷。语言学家，我现在直接跟我儿子讲话。

　　语言学家：我们的母亲说，要是有脑袋，就不能把帽子戴在膝盖上。那头雌狮要当面会见这头雄狮。（Yirenkyi, 2003: 25-6）

从以上对话中，我们看到这位语言学家担任王后的代言人，他可以擅自对她的话加以阐释，并斥责年轻王子的莽撞无礼。他凭借自己的经验以及王后和元老们的准许，让王子给予母亲应有的尊重。语言学家明白，他有责任回避并让王后为自己发声，于是他用一句谚语使自己脱离了这段对话，同时向观众解释母子（雌狮和雄狮）见面的潜在危险性。

可以说，伊伦基笔下的语言学家，是一个在剧中各角色之间转达想法的译者。尽管如此，这位语言学家并不是死板的机器人：他透过翻译呈现自己的观点、解释有待商榷的问题。他在讨论中也有着利害关系，他试图利用自己的影响力，使各派之间的沟通更加平和顺畅。例如，在阿登库姆（Adenkum）领袖和其他女性要求面见在位的统治者达塞布雷时，语言学家在他们的要求下支吾其词：

　　语言学家：……这是需求，女性的需求……她们强烈要求受到关注。我们最好给予她们关注，否则……否则……你们很快就会看到不该看的东西。

　　达塞布雷：女人们想知道什么？

　　阿登库姆领袖：坐下吧，语言学家……

　　语言学家：啊……女人……

　　阿登库姆领袖：达塞布雷，这场面太丢人现眼了。（Yirenkyi, 2003: 80-1）

就在有人试图打断阿登库姆领袖时，一个女人声称："让我说！如果你们男人去除我们女人生来就没有的睾丸，我们便谁也不怕了。"此处，她幽默地将语言学家，与其他试图将女性排除在对话之外的男人联系在一起。接着，另有一名女性前来帮她，告诉语言学家："不要干涉……你们都是这个问题的一部分。你们知道有臭气散发，还闻到了，但你们都表现得若无其事。"语言学家对这一暗示极其不满，回答道："你也在对我说话吗？但是……但是我做错什么了？"（Yirenkyi, 2003: 81）女人们一再坚持要为自己发声和受到关注，告诉语言学家不仅要闭上嘴，还要"把嘴封严"（Yirenkyi, 2003: 82）。

在上述场景中，语言学家表示自己是个没能传达出女性愿望的译者，受到了应有的谴责。因此，这部剧中的语言学家更像是一个文化译者，而不是一个语言学上的译者。他不断超越自身作为语言译者的角色，开始尝试解读女性与统治者之间存在的文化差异，尽管他失败了。因此，他被认为是问题的一部分，女人们将他视为一个译者，不予理会。《达塞布雷》中的语言学家展示了译者的角色：他既是一个受尊重的对象（剧中前半部分），也是一个有趣的对象（剧中后半部分）。在他传译出王后的心愿时，人们认为他是一个合适的中介人；但当他将社会的愿望译给新任统治者时，人们认为他只是又一个不肯理解女性关切的男人。

伊伦基的剧作说明了译者可以如何兼具好坏。加纳传统中的戏剧体现了一种理论观点，即翻译始终都是双向互动的，必须同时考虑源语和译语的需求。没有文化背景的翻译必然会失败。安德烈·勒费弗尔（Andre Lefevere）提醒我们注意翻译、写作的协商性质，即"（无论是翻译、评论还是历史选集）都是一种试图将文学作品从一个系统转移到另一个系统的折射，代表着两个系统之间做出的折中"（2000: 237）。所以说，译作是一块检验其源文化和接受语文化下的价值观的试金石。

在加纳阿坎族语言学家的例子中，如果我们运用源语和目的语的隐喻，将讲源语言的人物视为国王、王后或其他统治者，那么人们就会从语言学家兼译者的口中获知源语的信息，因为他必须以通俗易懂的方式巧妙地传达出统治者的话语。同样，语言学家将人民的话语和愿望传达给统治者。从这个意义上讲，语言学家起到了口译员的作用，既能口头翻译，也能通过选择词汇和使用谚语来分析语言和文化状况。① 在西非背景下，翻译是一项日常活动，但它仍然需要特殊的能力和敏感性。因此，翻译体现的是界定一个好译者或好译本的谨慎协商。事实上，这些译者都在用同一种语言内部进行翻译，这强调了所有语言中固有的文化内涵。西非戏剧家对译者高度重视，并将翻译视为一种文化内的协商行为，这点一经证实，我们必然会关注文化翻译在西非背景下的作用。

3 文化翻译的权力

铁莫志克（Tymoczko）和根茨勒（Gentzler）在其合著《翻译与权力》（*Translation and Power*）中强调了权力如何成为翻译研究中的重要考虑因素，声称"翻译研究中的'文化转向'已成为'权力转向'。在讨论翻译史和翻译策略的过程中，权力问题都是最主要的"（2002：xvi，原文强调）。② 他们的作品注重权力关系，以及后殖民背景下翻译文化及影响。迈克尔·克罗宁（Michael Cronin）就主张要更加强调口译员及其在殖民体系中的作用。③

最早有关后殖民主义和翻译的重要著作可能是特贾斯维莉·尼南贾纳（Tejaswini Niranjana）的《为翻译定位》（*Sitting Translation*, 1992）一书。该书探讨了后殖民理论与翻译理论的交叉点。对尼南贾纳来说，翻译

---

① 亚历山德拉·里卡迪（Alessandra Riccardi）强调口译员和笔译员的职能既有独特之处，也有共同点，并指出口译员更注重各方的文化元素，因为他们通常负责澄清潜在的"误区或文化误解，翻译时会突破字面意思。……所以说，口译员不仅具备超出语言范畴的能力，还能够内化和传递许多特定情况下的细微差别"（2002: 87）。我同意里卡迪提出的有关口笔译之间差异的结论，但很明显，这两种行为紧密相连，可以提供不同领域的见解。想要了解翻译学中口译方面日益受到的关注，请参见迈克尔·克罗宁（Michael Cronin）2002 年的文章《帝国重现》（*The Empire Talks Back*）。
② 塔拉勒·阿萨德（Talal Asad）引入权力概念的时间更早，他指出"文化翻译"过程必然会受到权力的条件——专业的、国家的、国际的——所束缚，因此我们必须研究"权力如何融入'文化翻译'——一种兼具话语性和非话语性的实践"（1986: 163）。
③ 他写道："纵观历史，口译员的作用是由当时主导的权力等级结构和口译员在其中的地位所决定"（2002: 58-9）。

变成了一个"可供提出代表性、权力和历史性问题的场所。背景是一个富有争议故事，试图解释和叙述各民族、种族、语言之间的不对称和不平等关系"（1992: 97）。翻译既有压迫的潜力，也有对抗压迫的潜力。通过审视传统翻译观点即翻译是对源语、目的语和文学的痴迷以及忠实与不忠实的比喻，作者希望"探讨在有关翻译的写作中，不对称性和历史性的意识是如何缺失、缺乏或受压制的"（1992: 9）。她指出，翻译的最初目的是要征服、控制"原始"民族，传教士和殖民地官员尤其如此。所以，在翻译中，要问清楚"由谁使用或解释文本？如何使用文本？其用途是什么？"（1992: 35）。我认为，在下文将要考察的西非戏剧中就预示了尼南贾纳的担忧，这些戏剧强调必须始终在具体语境中理解语言和文化，以及社会内部的权力差异决定了社会所需要的文化翻译类型。

为了提供背景信息，更好地了解加纳和尼日利亚传统文化对政治权力的理解，我们再次把目光转向 okyeame。在讨论加纳阿坎文化中的政治权力关系时，科乔·亚瑟（G. F. Kojo Arthur）表示"政治权力可能来自人民（生者和先辈的灵魂）"（2001: 74）。因此，"国王、谋士和行政人员必须明智谨慎地行使权力。国王必须在达成共识的条件下进行统治，从而确保民主"（Arthur, 2001: 74）。在阐明了阿坎文化中的权力基础后，扬卡又从社会政治的角度对这些权力关系提供了见解，指出："如果没有一位负责删去（原文如此）污言秽语的中间人，王室内部的正式沟通就难以实现"（1995: 19）。而且，这种中间沟通并不局限于王室。根据扬卡的说法，它还"渗透到加纳和其他一些非洲地区的各种正式谈话中"（1995: 182）。他坚称，由于这一译者形象渗透到了西非生活的许多方面，因此审视 okyeame 形象为"研究日常生活中的权力建设、协商和维系"提供了机会（1995: 183）。

由此可见，不仅在西非政治制度的运作中，而且在各种西非文化中，翻译被视为一种需要在人们之间行使权力的行为，尽管人们的语言和文化相同，但出于性别和阶级地位的原因，他们在获得社会权力和政治权力时往往有明显差异。因此，文化翻译对社会各阶层的政治社会关系具有重要意义。以本土译者作为调查对象，翻译本身以及翻译与权力的关系不仅是殖民者或被殖民者的动态问题，而且也是在殖民动态之前就已存在的文化内部权力结构的问题。如果 okyeame 或语言学家是西非背景下的正式翻译代表，那么在许多西非戏剧中也有为数不多的正式译者形象，体现了在家庭、社区中与殖民势力有不同关系的人们之间，如何通过各种方式协商分歧。通过研究这些戏剧与那些明显包含译者形象的案例，我们可以进一步了解在西非背景下如何理解语言和文化翻译的性质和功能。

4 翻译西非戏剧中的阶级和性别

关于翻译西非戏剧中的阶级和性别，早期的一个例子是德·格拉夫特的剧作《儿女》(*Sons and Daughters*, 1964)。该剧通过对母亲汉娜（Hannah）的描写，既重视翻译的价值，又提供了一个不同的译者形象模式。① 另一个例子是索因卡的剧作《死亡与国王的马夫》(*Death and the King's Horseman*, 1975)，虽然不是很有名。该剧通过强调文化翻译，突出了社会内的阶级和性别差异。此剧的中心人物是国王的马夫艾勒辛（Elesin），他不愿以殉葬的方式追随亡故的国王进入来世。英国行政官皮尔金斯（Pilkings）和他的妻子简（Jane）发现了艾勒辛的自杀计划并试图阻止他。最重要的翻译场景出现在第一幕第三场。在这一场景中，语言非常有趣。集市上的女商贩英语讲得不错，她们也都识字，可以说和皮尔金斯夫妇以及受过西方教育的艾勒辛之子讲得一样好。与此同时，皮尔金斯雇佣的本地警官阿穆萨（Amusa）在剧中全程都说"洋泾浜"英语，甚至对女商贩也这么讲话。在与女商贩代表伊亚洛贾（Iyaloja）交谈时，出现了以下场景：

> 伊亚洛贾：你呢？是谁给你权利阻挡我们男性的领袖履行他的职责？

---

① 关于《儿女》(*Sons and Daughters*) 这部以一名女性译者为主角的早期戏剧的详细分析，请参见文章《翻译跨大西洋：西非文学对美籍非裔身份的探索》(*Translating the Transatlantic: West African Literary Approaches to African American Identity*)，其中我认为《儿女》有助于建立西非戏剧的传统——利用隐喻手法将文化翻译置于中心，并为未来的剧作家提供了可遵循的基础。

阿穆萨：履行什么职责？

伊亚洛贾：什么职责？一个男人对他的新婚妻子负有什么责任？
（Soyinka, 1975: 147）

随着年轻女孩取代那些老妇，阿穆萨也开始被调侃，伊亚洛贾和阿穆萨两人的语言对比（以及她对他讲话方式的嘲笑）变得愈加鲜明。

女孩们偷走了警察的警棍和帽子，上演了一幕警局驻地的场景。她们模仿白人绘声绘色，当其中一个女孩问道："那个男孩在哪儿？（突然大叫一声）警官！"阿穆萨猛然回过神来，大喊："遵命，长官！"（Soyinka, 1975: 147）。女孩们把当地警察赶出集市后，老妇们讨论了这一事件：

老妇们：学校就教你们这些吗？

女人：想想我差点把阿平克（Apinke）赶出这个地方。

女人：听到她们的话了吗？看到她们如何模仿白人了吗？

女人：确切来说，模仿的是他们的声音。嘿，世间真是无奇不有！

伊亚洛贾：嗯，长辈们说过。达达（Dada）可能羸弱，但他的兄弟姐妹却英勇无畏。

女人：要是那个白人再来集市上，我就让乌拉奥拉（Wuraola）尾随他。[有个女人突然欢呼雀跃起来——"谁是我们的敌人？狡猾！狡猾就是敌人。小孩子是狡猾的敌人。(Tani l'awa o l'ogbja? Kayi! Al'ogbja. Omo Kekere l'ogbeja)"]（Soyinka, 1975: 150）

索因卡将约鲁巴歌曲翻译为："谁说我们没有捍卫者？别说了！我们有，小孩就是我们的斗士（1975: 150）。

在这个简短的场景中，同时使用了三种语言——英语、尼日利亚英语（或"洋泾浜"英语）和约鲁巴语。有趣的是，索因卡让女商贩与她们受过教育的女儿讲相同的语言，这些女商贩很可能没有受过英语教育，取笑她们眼中的白人马屁精所说的"洋泾浜"英语。不过，索因卡通过引入约鲁巴语，让我们意识到，我们看到的是集市场景中的翻译。很有可能年长的女商贩之间说约鲁巴语，向政府官员也许说"洋泾浜"英语，但不可能流利地使用标准的英式英语。索因卡对比这些妇女和她们受过教育的女儿们的文化水平，从而使人们注意到语言使用的实际情况。

因此，可以说，在霍米·巴巴（Homi Bhabha）提出文化杂交理论之前，索因卡就已经通过他的创作提供一种将语言和文化杂糅在一起的模仿理论。这么做是为了突出同一种族的成员之间存在着文化和语言的差异，该事实表明，在殖民主义下，必须以特殊的方式理解这种差异。例如，在皮尔金斯看来，女商贩、她们的女儿和警察都属于同一个群体。索因卡在剧中巧妙使用了不同的语言，这让观众不能接受这种殖民者的观点。相反，该剧指出了尼日利亚人拥有多重语言身份，可以熟练地使用白人语言和自己的母语，在试图弱化自己身份的殖民地环境中进行谈判。索因卡的《死亡与国王的马夫》突出了西非殖民背景下多语言和多身份这一主题。尼南贾纳指出：

由于后殖民主义早就出现在翻译中，我们不应该寻找它的起源或本质，而应深入探索它的复杂性，各种"自我"概念的复杂化，对"我们是谁"这一问题深入理解。译者可以介入这方面，记录异质性，警惕纯洁的神话，从而展示始终分裂的起源。翻译，从一种遏制性的力量转变为另一种具有破坏性、传播性的力量（1992: 186）。

索因卡在剧中使用多语言、多阶级的身份，激发人们反抗殖民势力的强大能量，但同时也使读者质疑他所研究的约鲁巴文化。通过在剧中以不同方式使用语言来凸显文化差异，索因卡强调阶级和性别差异是他笔下的现实社会的关键因素。虽然表面上是约鲁巴殖民势力造成的误译，但《死亡与国王的马夫》也揭示了翻译必须在群体内进行，才能使沟通更有效。因此，这部剧展示了翻译如何在文化内部差异之间进行协商。索因卡戏剧中这种颠覆性的翻译和再翻译力量在昂乌姆的作品中也得到了呼应。

昂乌姆的剧作《把它告诉女人们》（*Tell it to Women*, 1996）通过研究文化翻译，强调西方和西非语篇彼此交叉、相互矛盾的繁杂性。尽管昂乌姆呈现的是一个复杂的叙事，但其中心主题是探索西方女性主义和非洲女性赋权的思想。昂乌姆对西方女权主义的理想颇有微词，因为这一理想是由露丝（Ruth）和黛西（Daisy）实践的，这两位妇女组织了"为农村妇女创造美好生活"计划。该村的一名年轻女性耶莫亚（Yemoja）与露丝、黛西一起组织了该计划，被选为市人民代表，为第一夫人即将出席的一个典礼做准备。耶莫亚反抗她丈夫和父母对她担任城镇妇女代表的反对，赢得了村里妇女的尊重。起初她好像被黛西和露丝骗了，但和她们共同生活了一天后，她意识到了是自己错了：她不该用一种暴政（她的丈夫和父亲）应对另一种暴政（西化的女权主义者们）。

翻译在此过程中多次发挥作用。一开始，村里最年长的妇女阿达库（Adaku）反对露丝不讲母语而用英语和村里的女人们说话。黛西向村里女人们解释，由于教育原因，露丝不会讲母语了，所以这些妇女要求耶莫亚担任口译员。可惜，因为露丝以看似随意的方式——昂乌姆可能以该方式取笑露丝"有学问"的讲话——使用了"典范""当代""存在辩证法"等名词术语，使得耶莫亚变得惊慌失措，无法翻译。在这种情况下，耶莫亚未能将露丝的讲话翻译给那些妇女，她无法"转告给村里的女人们"，但失落感不在译者一方，而是在讲"原话"的一方。露丝曾经理解土著语言，但正如黛西所见，露丝受正规教育的影响，不再理解土著语言了。所以，失败者是露丝，而非译者耶莫亚。

事实上，耶莫亚在整部戏剧中一直担任着译者角色。在结尾时，她的一番讲话大获全胜，她完美地将农村妇女的想法和心愿翻译给城市里的人。不过有意思的是，昂乌姆不会总是指明在讲什么语言以及对谁讲。虽然在村子里没人懂英语，但是在典礼上，似乎所有人都能听懂耶莫亚的话，甚至那些不懂英语的人也能听懂。当涉及语言问题时，因为不清楚演这部戏时用的是什么语言、也不知道为谁而演，所以这对剧作家来说是个耐人寻味的两难问题。该剧的书面版本混合了多种语言，但是这并没有使这个问题变得更加明晰。

我认为，昂乌姆特意留下了这个问题不予回答，而让观众通过舞台表演去解决。正如我们所知，索因卡也遇到了使用英语的困境，因为还有更多没受过英语教育的农村妇女通常会用某种土著语言。两位作者直接让年轻女性作为译者，并借此发表了一篇评论——早于且对应多位女权主义者和后殖民理论家在干预翻译理论时所做的评论，从而来解决这一困境。该评论承认了译者主体性，及其在各种语境下、在不同人之间协商翻译的能力。两位作者都通过这种方式,强调了他们各自社会中的权力差异,这些差异通过翻译或误译西非文字而得以揭示。两位作者也让我们注意到在后殖民社会中可能存在多语言身份,这种身份超越了将英语作为权力之路的一般联系。

女性主义介入翻译研究也使人们开始关注到,女性译者可以通过翻译实现权力转移。例如,雪莉·西蒙(Sherry Simon)认为:"性别差异不仅表现在描述翻译的隐喻中,还表现在翻译实践中,表现在特定的社会和历史形式中(女性通过该形式去理解并进行写作活动)。"(1996: 2)在讨论女权主义译者时,她进一步写道:"女权主义译者对自己所做翻译项目的政治和阐释维度并不是无视,而是非常愿意承认她们的干预主义。这种认知对原文和译文之间的'差异'赋予内涵。"(1996: 29)索因卡和昂乌姆通过在其戏剧中使用女性译者形象,展示了译者在干预其所处政治体系时具有的权力,也突显了女性作为文化和语言译者的潜在权力地位,就好比之前的德·格拉夫特赋予汉娜家庭内部译者的权力地位。

在昂乌姆的戏剧结尾处,即耶莫亚最后的发言中,出现了一个女性译者赋权的例子。在这一幕里,她证明了自己对农村妇女的忠诚,并没有贬低她们。该场景如下:

> 耶莫亚:他们说你们太弱。什么力量比创造的力量更强大呢?……他们说,我们的生活很枯燥,受男人控制。各位女性同胞,告诉我!自从我们来到这里,我们都变成什么样了?难道我们的声音不是被别人压制,而是被我们的同类压制了吗?情况更甚于过去吗?
>
> 妇女们:(齐声说)没错,我们的姐妹!
>
> 耶莫亚:难道我们没有新的主宰者吗?她们看似以解放之名,站在女性的角度上发声。
>
> 妇女们:(齐声说)真的,真的,姐妹!
>
> 耶莫亚:现在是谁在利用、虐待我们?
>
> 妇女们:(齐声说)女性同胞们!
>
> 耶莫亚:是谁推倒了我们,对我们"笔诛墨伐",淹没了我们的声音?

妇女们：(齐声说) 女性同胞们！
　　耶莫亚：难道我们没有换掉过去的主宰者吗？除了他们以女性的形式进行游行之外。
　　妇女们：(齐声说) 真的，姐妹，真的！
　　耶莫亚：难道我们不是让同类引诱到屠宰场的吗？
　　妇女们：(齐声说) 姐妹，这是可悲的事实！
　　耶莫亚：那么，区别在哪里？现代女性承诺的自由在哪里？
　　妇女们：(齐声说) 我们还在探寻着。(Onwueme, 1996: 206, 207-8)

耶莫亚话音一落，观众便开始欢呼起来："不要让任何人替我们说话！"(1996: 209) 的确，耶莫亚代表了这部剧的道德之音，她是一位理想的文化译者，对自己的村庄和文化保持忠诚，同时也能够协调城市女性们所处的压制性文化。她们受到了西方文化的浸染，尽管她们出于好意。耶莫亚受过教育，但她仍然扎根本土（该剧中具有象征意义的一大主题），无论语言还是文化，她都能够理解。她在当地社会中获得了权力，这是因为她做好了一名译者。这一概念与翻译研究中译者形象的典型方式相比，似乎相去甚远。

5　结语

玛丽·拉尤恩（Mary Layoun）的《翻译、文化传播与致敬、缺乏灵活性》（*Translation, Cultural Transmission and Tribute, and Leaden Feet*）与西非的翻译理论化相呼应。在该文中，拉尤恩认为翻译是一种多元活动：

　　在性别之间、民族之间、主导和反主导社区之间、历史之间进行。通过翻译，也可以尝试跨越时而显著的分歧，即出现差异和外来者的情节，而这些未必就此被抹去或囊括其中（1995: 269-70）。

拉尤恩的论点强调世界翻译研究须落实的地方，而西非戏剧则以本土形式体现了这一理论。

西非戏剧揭示了加纳和尼日利亚文化很重视翻译。人们并没有贬低翻译，认为它只是一种活动，而是将其视为西非政治文化正常运作中不可或缺的一部分。透过西非戏剧中的语言学家形象，我们也能意识到这一点。另外，译者虽然至关重要，但也并非万无一失。通过译者的成败，我们可以深入了解这些文化的价值。

同样，虽然翻译研究受益于女权主义的干预，但在女权主义提出干预理论之前，西非戏剧就已经将自身文化背景中类似的干预加以理论化。这些戏剧表明，权力差异始终是理解文化翻译过程的一部分。一些西非剧作家在戏剧中引用女性译者的角色，揭示翻译是一种活动——为进行跨越文化差异的协商做准备的活动。通过以上做法，他们颠覆了性别和阶级方面的特权。通过在其文化和文学背景下审视西非戏剧，我们可以看到翻译研究理论化有深厚的发展潜力，从复杂和新颖的非洲文学中可以发现新的见解。

【参考文献】

Arthur, G. F. K. 2001. *Cloth as metaphor: (Re)-reading the Adinkra cloth symbols of the Akan of Ghana*. Legon, Ghana: CEFIKS.

Arthur, K.& Row, R. 2008. Akan linguist's and family's staff. Akan Cultural Symbols Project. http://www.marshall.edu/akana rt/akanartintro2.html. Accessed 12 February 2012.

Asad, T. 1986. The concept of cultural translation in British social anthropology. In *Writing culture: The poetics and politics of ethnography*, ed. James Clifford and George E. Marcus, 141-64. Berkeley: University of California Press.

Bamfo, N. 2000. The hidden elements of democracy among Akyem chieftaincy: enstoolment, destoolment, and other limitations of power. *Journal of Black*

Studies 31, no. 2: 149-73.

Bandia, P. 2010. African Europhone literature in translation: Language, pedagogy, and power differentials. In *Literature in translation: Teaching issues and reading practices*, ed. Carol Maier and Francoise Massardier-Kenney, 176-187. Kent, OH: Kent State University Press.

Bhabha, H. K. 1994. *The location of culture*. London: Routledge.

Christian, B. 2000. The race for theory. In *African American literary theory*, ed. Winston Napier, 280-209. New York: New York University Press.

Cronin, M. 2002. The empire talks back: Orality, heteronomy, and the cultural turn in interpretation studies. In *Translation and power*, ed. Maria Tymoczko and Edwin Gentzler, 45-62. Boston: University of Massachusetts Press.

DeGraft, J.C. 1964. *Sons and daughters*. London: Oxford University Press.

Dei-Anang, M. 1963. *Okomfo Anokyes golden stool: A Ghanaian play in three acts*. Accra, Ghana: Waterville Publishing.

Hermans, Th. 2002. Paradoxes and aporias in translation and translation studies. In *Translation studies. Perspectives on an emerging discipline*, ed. Alessandra Riccardi, 10-23. Cambridge: Cambridge University Press.

Hevi, J. 1975. *Amavi. African plays for playing*, ed. Michael Etherton, 45-92. London: Heinemann.

Kachru, B. B. 1992. Meaning in deviation: Toward understanding non-native English texts. In *The other tongue: English across cultures*, 2nd ed., ed. Braj B. Kachru, 301-326. Urbana, IL: University of Illinois Press.

Layoun, M. N. 1995. Translation, cultural transgression and tribute, and leaden feet. In *Between languages and cultures: Translation and cross-cultural texts*, ed. Anuradha Dingwaney and Carol Maier, 267-289. Pittsburgh, PA: University of Pittsburgh Press.

Lefevere, A. 2000. Mother courage's cucumbers: Text, system and refraction in a theory of literature. In *The translation studies reader*, ed. Lawrence Venuti, 233-249. London: Routledge.

Martin, M. R. 2005. Gender(ing) theory: Rethinking the targets of translation studies in parallel with recent developments in feminism. In *Gender, sex and translation: The manipulation of identities*, ed. Jose Santaemilia, 27-37. Manchester: St. Jerome.

Niranjana, T. 1992. *Siting translation: History, post-structuralism, and the colonial context.* Berkeley, CA: University of California Press.

Onwueme, O. T. 1996. *Tell it to women.* Detroit: Africana Legacy Press.

Riccardi, A. 2002. Translation and interpretation. In *Translation studies: Perspectives on an emerging discipline*, ed. Alessandra Riccardi, 75-91. Cambridge: Cambridge University Press.

Secovnie, K. O. 2009. Translating the transatlantic: West African literary approaches to African American identity. PhD Diss., University at Albany, SUNY.

Simon, Sh. 1996. *Gender in translation: Cultural identity and the politics of transmission.* London: Routledge.

Soyinka, W. [1975] 2002. Death and the king's horseman. In *Modern African drama*, ed. Biodun Jeyifo, 126-77. New York: Norton.

Sutherland, E. Th. 1967. *Foriwa: A play.* Accra, Ghana: State Publishing Corp.

Tymoczko, M. & Gentzler, E. 2002. *Translation and power.* Amherst, MA: University of Massachusetts Press.

Yankah, K. 1995. *Speaking for the chief Okyeame and the politics of Akan royal oratory.* Bloomington, IN: Indiana University Press.

Yirenkyi, A. 2003. *Dasebre. Two plays: Dasebre and The Red Ants*, 1-103. Accra: Paramount.

南非荷兰语和英语儿童文学中文化内容的翻译

海蒂尔·克丽尔（Haidee Kruger）[①]
田瑞雪[②] 译

1 引言

儿童文学中文化内容的翻译一直为研究者所关注，这是因为文化内容的翻译可以反映影响译者决策的操作规范。图里（Toury）将翻译的操作规范分为母体规范和篇章语言规范。母体规范影响译文的完整性、目标语材料的分布、篇章段落（Toury, 1995）。就儿童文学翻译而言，母体规范常见于译文漏译的地方，因这些内容可能不适合儿童阅读，或者是不熟悉、不好懂。篇章语言规范决定着目标语中语言表达的选择，例如，替代源文本的语言表述，使其带有明显的目标语文化含义。

翻译儿童文学有归化和异化两种策略。归化以目标语文化为导向，倾向适应当地文化；异化则以源语文化为导向，突出异国风味。[③] 具体到儿童文学翻译，有的译者青睐归化，有的则用异化（Klingberg, 1986;

[①] 作者简介：海蒂尔·克丽尔，荷兰乌得勒支大学语言、文学和传播学院教授。
[②] 译者简介：田瑞雪，北京外国语大学翻译硕士，一级翻译（副译审）。
[③] 此处术语"归化""异化"取自劳伦斯·韦努蒂（Venuti, 1995: 1998）。当然，这两个词在韦努蒂作品中有非常特殊的含义。在本文中是广义，指的是两种译法，一种以目标文化为重，另一种以源文本为取向。

Nikolajeva, 1996; Oittinen, 2000; O'Sullivan, 2005）。这在很大程度上反映了儿童文学翻译和儿童文学生成之间的权力不对称关系。默里·诺尔斯（Murray Knowles）、西斯滕·马尔耶尔（Kirsten Malmkjær, 1996: 43）指出，"成人和儿童在家庭、学校、世俗和宗教组织、协会以及整个社会中获得的结构化社会关系通常由成年人建立、组织和维护。"在翻译儿童文学生成过程中，以作者、出版商、编辑、译者、父母和教师为代表的成年人有意无意地评估儿童的能力和偏好，评价儿童读物的质量，决定翻译哪些书籍，采用何种翻译策略（Oittinen, 2006），思考有无必要保留源语文本的特点以及保留程度如何（Lathey, 2006; Oittinen, 2006）。

南非儿童文学翻译研究（Kruger, 2011）表明，采用简单的概念二分法即归化和异化并不总是适用，因为后殖民时代的南非存在多种语言、社会和文化权力关系，导致了儿童文学翻译的复杂性。如果把翻译文本简单分为归化和异化两类，就忽视了文本效果之间存在复杂、多价、结构化的相互作用。此处的文本效果指作者、译者和读者共同生成文本意义，创造、归化或异化、熟悉或陌生的效果。铁木志科（Maria Tymoczko, 1999）认为，所有文学文本都是转喻，使人联想到更大范围内的文化和文学传统。译者不断选择转喻关系的特定维度，从而"实现和赋予特权"（Tymoczko, 1999: 50）。这种转喻关系既存在于源语文本和源语文化之间，也存在于目标语文本和目标语文化之间。因此，译者翻译时要作出选择：是体现源语和源语文化中特定体裁的转喻，还是对源语文化中特定文化或模式的转喻。由此而产生的多元化杂合文本既有归化又有异化。源语文本被同化到现有受体文学和文化系统的结构中，是对受体文学系统要素的"重写"，但同时也会挑战接受系统，使人产生怪异感（Tymoczko, 1999: 51）。本文探讨南非儿童读物的文化内容翻译问题，重点关注入门书、本土绘本和国外引进绘本这三种类型的童书翻译。

2　语境化：南非社会语言状况

南非有 11 种官方语言：南非荷兰语、英语、南恩德贝勒语、科萨语、祖鲁语、北索托语、南索托语、茨瓦纳语、斯威士语、文达语和特松加语。2001年人口普查显示，以祖鲁语为母语的人最多，占总人口的23.8%。讲南恩德贝勒语的人最少，占总人口的1.6%。南非荷兰语是第三大广泛使用的第一语言，占总人口的13.3%。英语是第五大语言。第六名是茨瓦纳语，以此为第一语言的人占总人口的8.2%（南非统计局2001年）。

针对南非语言状况，维克多·韦伯（Victor Webb, 2002）提出了一些观点。从功能上讲，英语是南非主要语言，既是通用语言，也是公共场合使用的正式语言。而南非荷兰语在商业和教育方面具有影响力。有九种非洲语言主要在不太正式的场合使用。以图书出版业为例，英语占主导地位，南非荷兰语使用频率也很高，非洲本土语言使用非常有限。但南非很多人的第一语言是非洲本土语言。2007年，英语图书占所有图书销售额的75.25%，南非荷兰语占15.25%，而九种非洲语言加起来仅占9.5%（Galloway, Venter & Struik, 2009）。虽然官方教育政策规定，所有南非儿童要在母语基础上，接受双语教育，但英语和南非荷兰语仍占主导地位①。尽管非洲本土语言也是教学媒介，但仅在入学前三年使用，且学生主要是黑人（南非基础教育部 [DBE]，2009）。

非洲语言地理分布明确，而南非荷兰语和英语地理分布则比较分散，尤其是英语，主要在城市使用。韦伯（Webb, 2002）认为，个人与社会层面的双语、多语现象在南非普遍存在。此外，南非是文化杂合的后殖民社会，儿童和成人读者都会说多种语言，熟悉多种文化，促使作者和译者积

---

① 译者注：本文作者在《南非的教育语言政策、童书的出版和翻译》（*Language-in-education policy, publishing and the translation of children's books in South Africa*）一文中指出，尽管官方提倡以母语为基础的双语教育，但英语和南非荷兰语仍在南非教育环境中占主导地位。这种情况非常复杂，主要由以下原因导致：（1）政策实施变形。语言教育政策与实际执行之间存在巨大差距。原则上支持多语言和母语教学，但在实践中，英语和南非荷兰语仍然是主要教学语言。（2）双语教学出问题。双语教学的初衷是让儿童在学习第二语言的同时接受母语教育，但实际执行中一般是在几年后就转为英语教学，不仅削弱了母语教育，也影响了其他语言学习效果。对童书生成和翻译产生如下影响：（1）因为英语和南非荷兰语占主导地位，出版商用南非其他语言编写教材和儿童读物的积极性不高，对翻译服务的需求也不多，而语言教材不足进一步导致其他语言在教育中边缘化，阻碍儿童识字能力发展，学业不佳，由此形成恶性循环。（2）缺少相应儿童读物，影响儿童的文化认同和归属感，缺乏文化自尊。总之，作者认为，需认真细致研究翻译和图书出版在多语言社会中所扮演的角色。

极传播多元文化的观念。

基于此，本文认为，无论是原创，还是翻译过来的英语和南非荷兰语儿童读物，都可能会有异质目标受众。在南非出版的英语儿童读物，不仅面向以英语为母语的白人和印度裔人，也面向以英语为第二语言的黑人[1][2]。南非荷兰语儿童读物的潜在目标受众也有两类人：讲南非荷兰语的白人儿童和以南非荷兰语为第一语言的有色人种儿童。与受众相关的问题对翻译的影响非常复杂。在南非，究竟是谁在购买儿童读物？当然，各级教育机构或图书馆都会购买儿童图书，但这不是本文研究的重点。从销售情况来看，购买儿童图书的个人不多，主要是以白人为主，受众对翻译的影响情况非常复杂（Edwards & Ngwaru, 2010）。目标读者群体构成复杂，出版商要考虑利润问题，选择要翻译的儿童图书以及决定如何翻译都需要权衡各种社会因素，以便反映南非的多元文化。

3　样本选择和分析方法

本文研究对象的选择标准如下：

- 本研究中"儿童读物"指的是 6—12 岁儿童的文学文本。以散文为主，也包括诗歌。针对学校市场和休闲阅读的非小说不列入抽样范围。
- 包括英语与南非荷兰语互译文本，但源语文本和目标语文本必须能在南非图书市场上找到。

---

[1] 在南非等国家，由于历史、概念和实际原因，第一语言和第二语言之间的差别并非一成不变（Banda, 2000; Gupta, 1997; Makoni & Pennycook, 2005）。

[2] 译者注：历史原因：殖民主义和种族隔离影响。非洲本土语言是大多数人母语，但英语和南非荷兰语仍享有特权。概念原因：（1）多语制是常态。南非人一般都会说多种语言，很难分出何为第一语言，何为第二语言。（2）语言流畅程度。南非人在日常交流中一般会切换或混合使用多种语言，模糊了第一和第二语言之间的界限。（3）语言与身份问题。种族隔离结束后，南非建立更具包容性的社会，鼓励使用多种语言，第一和第二语言的简单二分法变得更加复杂。实际原因：（1）教育体系。由于缺乏合格教师和各语种官方教材，母语教育有困难。（2）城市化。不同语言背景的人在城市中生活一般以英语为通用语，进行日常交流。对于年轻一代而言，英语是第二个第一语言。（3）经济因素。英语往往和社会流动联系在一起。即使母语不是英语的人也会在教育和日常生活中优先使用英语，从而削弱母语功能。

- 译本和源语文本的目标读者是 6—12 岁儿童。
- 源语文本中既有南非出版的图书，也有从国外引进的图书。
- 既有教育入门书，也有大众图书。
- 出版时间限定在 1997 年后[①]。

儿童图书选择的样本是从南非某知名在线书店上选定，需满足两方面条件：第一，具有充分代表性；第二，在分析中可管可控。样本包含三类：针对特定年龄组的学校入门读物；南非源语绘本；从国外引进的源语绘本。最终随机挑选的样本包含 42 个文本，其中有 21 个译本及对应源语文本。样本组成如表 1 所示。

表 1　儿童读物译本样本构成

源语	目标语	来源	类型
英语 16	英语 5	本土 17	绘本 13
南非荷兰语 5	南非荷兰语 16	国外 4	入门书 8

样本又分为三个子样本：第一，学校用入门书，以南非出版的源语文本为主[②]；第二，南非源语绘本；第三，从国外引进的源语绘本。

季莫茨科（Tymoczko, 1999: 287）指出，"小范围的语言选择是规定文本特定话语和构建整个文本话语地位的载体。"词汇选择至关重要，尤其要选好名称、称谓、外来词和文化词。专有名称和称谓通常带有鲜明的文化烙印。这些名称具有丰富的语义内涵和符号意义（Tymoczko, 1999: 223）。在许多文化中，名称不仅具有词汇意义，还承担社会语言学符号功能，

---

① 关于选择标准等问题，例如，关于语言和图书类型比例、同一系列图书及不同出版商的代表性，参见克丽尔即将出版的著述。
② 南非出版的多数读物都是原作，但也有例外。例如，New Africa Books 出版了英语、南非荷兰语等南非官方语言译作，其原作为非洲法语区作家用法文撰写。样本中包括其中两本（Bebey, 2001: ST-E, TT-A; Gbado, 2001: ST-E, TT-A）。这两本书的英文译本又被用作南非荷兰语和其他非洲语言的中介翻译版本。

表明部落和家庭关系、性别、阶级、种族、民族、国家、宗教身份等。这些名称是密集的能指，是人类社会基本结构的标志。除了文化词，外来词也带有鲜明的文化标记。以上所谈的这些词汇不是单独呈现，而是构成词汇网，让人想起多种文化意涵。本研究关注如何翻译这些词汇网及其文化意涵。

专有名称

从入门书译本中，我们可以看到的一个明显趋势是译者试图保留源语文本名称。非洲文化含义在译本中得到一定程度的保留（Jasper 系列绘本是例外）（Maree, 2005a TT-E; 2005b TT-E）[①]。

译者试图保留源语文本名称的趋势解释如下：第一，在将黑色字体为特色的英文入门书翻译成南非荷兰语时，译者和出版商都认为，这种儿童读物的读者对南非荷兰语以外的文化已足够熟悉，不需要名称的文化改编。而且南非多种文化并存，出版商和译者希望借助图书形式让儿童熟悉其他文化。第二，在将白色字体为特色的英文书籍翻译成南非荷兰语时，源语文本中让读者感到陌生的文化元素非常少，无须改编。第三，在将南非荷兰语入门书翻译成英语时，目标受众有两类，一类是母语为英语的白人和印度裔南非人，另一类是母语不是英语的黑人。在此类图书中，选取了三本源语是南非荷兰语的入门书。有的书不含任何专有名称（Preller, 2005 ST-A; 2005 TT-E），有的专有名称没有被改编，而是译成了平淡的西化习语，即淡化了源语的文化特性，保持文化中性。但这种中性很大程度上建立在同质西方文化基础上。

南非本土的绘本翻译也明显有西化倾向。在多数童书中，人名和地名一般保持不变（例如 Grobler, 1997: TT-A; Sisulu, 1997: TT-A; Van der Vyver, 2005: TT-E; Van Wyk, 2006: TT-A; Varkel, 2006: TT-A）。保留源语文本的倾向在某些文本中甚至走向极端。比如，在《幸运小洛洛与可乐杯大赛》（南非荷兰语：*Little Lucky Lolo en die Cola Cup-kompetisie*）（Varkel,

---

① 正文和参考文献列表中分别使用以下缩写表示源文本和目标文本语言：ST-A（源文本南非荷兰语）、ST-E（源文本英语）、TT-A（目标文本南非荷兰语）、TT-E（目标文本英语）。

2006: TT-A）中①，英文昵称"Little Lucky Lolo"在南非荷兰语译文中完全保留。一些绘本保留专有名称，而对普通名词昵称、名称进行改编或中性化处理。在翻译专有名称时，译者表现出有意混合源语文本和目标语文化的取向②。

翻译专有名称时，国外引进的源语文本和本土绘本明显不同。例如，在翻译《那条蛇在哪里？》（南非荷兰语：*Waar's daai slang?*）（Jarman, 2008: TT-A）和《斯特凡和恐龙岛！》（南非荷兰语：*Stefan en die dinosaurus-eiland!*）（Knapman, 2008: TT-A）时，译者倾向于整体归化，改编了几乎所有名称。在《那条蛇在哪里？》（南非荷兰语：*Waar's daai slang?*）（Jarman, 2008: TT-A）③中，英文名不仅被译作南非荷兰语名，还被译成了非洲名，创造了一个更加本土化的南非版本。当然，这两本书的译者都对名字中包含的声音模式（特别是头韵和押韵）进行了处理，名字的改编体现了审美和文化两方面因素。在《古怪的弗雷亚》（南非荷兰语：*Freya Fiemies*）（Quarmby, 2008: TT-A）中④，混合策略非常明显。Freya、Ravi等名字保留了下来，反映了印度文化元素⑤，但其他名字被改编或省略。例如，"克莱尔奶奶"（英语：Grandma Clare）变成了南非荷兰语中的"Ouma Grief"，地名"诺福克郡"（英语：Norfolk）被省略，变成南非荷兰语中的一般性描述"van die plaas"（回译英语为"from the farm"）。通过专有名词的翻译，英国的文化语境被替换为南非荷兰语语境。虽然南非译本与国外引进图书译本在专有名称翻译策略上有明显不同，但需要明确的一点是，保留源语文本中的名称不一定会产生异化效果，反之亦然。这是因为南非的语言和文化关系错综复杂，归化或异化效果很大程

---

① 除另有说明外，南非荷兰语书名均为英语书名直译而来。
② 在称谓的社会形式译文中，这种取向更加明显，见下节。
③ 南非荷兰语译本标题并非英文原标题直译，可回译为"Where's that snake?"。"daai"是用书面语表达口语形式的"daardie"（"that"）。
④ "Fiemies"是名词，意思为"奇思妙想""古怪""狡猾"。
⑤ 译者注：作者似指称有误。"Ravi"是印度人和印度侨民常用名，源自梵文，意为"太阳"。在印度教神话中，Ravi是太阳神Surya的名字，即宇宙创造者、生命之源，也是健康和活力的象征。而"Freya"源于北欧神话，是与爱、美、生育、黄金、巫术、战争和死亡有关的女神。名字Freya多见于北欧文化遗产地区，流行于西方世界。

度上取决于特定读者在南非社会关系网中的位置[①]。

称谓的社会形式

称谓的社会形式通常与专有名称通用，或互换使用。本研究中的"称谓的社会形式"表明特定关系和社会地位。儿童入门书中的称谓形式大多与家庭、学校和社区有关。在源语文本中，这些形式一般没有明显的文化标记，目标语文本中一般也是直接改编。例如，南非荷兰语源语中的"Ma"或"Mamma"多译为"Mom"，有时也译作"Mum"；"Ta"或"Tappa"译为"Dad"。其他称谓形式，尤其是表示地位的称谓，在源语文本中往往中性，因此也以同样方式迁移到目标语文本中。例如："Mr"（先生）、"Mrs"（太太）和"Sergeant"（长官），字面直译为"Meneer""Mevrou"和"Sersant"（Muir, 2007 TT-A）。译者一般采用归化策略翻译称谓形式。

Jasper系列绘本是例外。译者在将南非荷兰语专有名称翻译成英语时，适应了英语平铺直叙的风格。有文化负载的称谓形式也被中性化。例如，"juffrou"（老师）和"meneer"（先生）是南非荷兰语中的称谓形式，专门用于教育语境，表示特定的权力关系，具有特定的社会意义[②]。在《贾斯珀：学校里有了麻烦事》（英语：*Jasper: Crisis at school*）（Maree, 2005a TT-E）中，"juffrou"被译作"teacher"（老师），"meneer"被译作"headmaster"或"head"（校长）。这两例译文的文化标记比源语文本要少。

就南非本土绘本来说，当地英语源语文本大多通过拼写形式表明家庭关系，带有明确的文化标记。例如，经常用"mama"，而不是"mom"

---

① 需要指出的是，译文和非译文中的专有名称受到实际限制。例如，可在翻译协议中规定，应保留源文本名称。
② 英语中最接近的词是"ma'am"和"sir"。

或"mum"，体现非洲文化影响①（参见 Bester, 2007: ST-E; Daly, 2005: ST-E, 2007: ST-E; Grobler, 1997: ST-E; Varkel, 2006: ST-E）。此外，也经常用"Gogo"②，而不是"Grandma"（奶奶）。在英语源语图书《鲁比奶奶的秘密》（*Ouma Ruby's secret*）中，Van Wyk（2006: ST-E）使用了南非荷兰语词"Ouma"，而非"Grandma"。译者对此必须选择如何处理文化标记，是为南非荷兰语读者保留文化标记，还是需要改编。

然而，实际情况非常复杂。许多本土绘本译者选择保留带有文化标记的称谓形式。例如，《穆萨的旅程》（南非荷兰语：*Musa se reis*）（Grobler 1997: TT-A）中保留了拼写形式"mama"，而《奶奶去投票的那天》（南非荷兰语：*Die dag toe Gogo gaan stem het*）（Sisulu, 1997: TT-A）保留了"Gogo"，而不是将其改编为南非荷兰语术语"Quma"。但在其他儿童图书中，称谓形式则被改编。比如，在《幸运小洛洛与可乐杯大赛》（南非荷兰语：*Little Lucky Lolo en die Cola Cup-kompetisie*）（Varkel, 2006: TT-A）中，"Mama Lolo"（洛洛妈妈）被改编为南非荷兰语，拼写为"Mamma Lolo"，变成了一个归化/外来混合名称。这说明译者普遍采用了混合策略。例如，在上例《奶奶去投票的那天》（南非荷兰语：*Die dag toe Gogo gaan stem het*）（Sisulu, 1997: TT-A）中译者保留了"Gogo"，以及其他具有文化标志的称谓形式，例如，"Tata Mandela"（父亲曼德拉）和"Ma Mlambo"（母亲姆兰博）③。译者采用归化策略将"aunt Sophie"（苏菲姨妈）译作"antie Sophie"，体现了南非荷兰语文化。因为在南非荷兰语口语中，"aunt"拼作"auntie"。译者处理"Mother"和"Father"称呼的方式也耐人寻味。源语文本使用西方的中性形式，但翻译成南非荷兰语时，译者采

---

① 译者注："mama"在非洲文化中具有特殊意义。原因如下：（1）母性与社会地位。在非洲文化中，母性与智慧、关爱、权威紧密相关。"mama"是对妇女的尊称，无论其是否生育。（2）社区关系。非洲社会认同集体主义价值观，称年长妇女为"mama"表示尊重其在社区中的地位。（3）语言用法。在非洲很多语言中，"mother"一词与"mama"相似。例如，斯瓦希里语中的"mama"，西非各种语言中的"ma"或"mama"。因为语音相似，"mama"一词在非洲社会中广泛使用。（4）泛非主义。"Mama Africa"是把非洲大陆称为祖国，是非洲人和散居海外的非洲人之间团结和认同的象征。对非洲文化、政治、社会领域做出重大贡献的妇女也被亲切地称为"妈妈"。
② "Gogo"意为祖母、老年妇女，源于祖鲁语"ugogo"，在南非广泛使用，带有浓厚的文化色彩。
③ "Tata"源自科萨语，意为"父亲"，而"Ma"则意为"母亲"，通常用作对年长女性的称呼。

用双重异化法，不仅保留了英语形式，还使用了非洲称谓形式——"Tata"和"Mama"。这种混合策略在另外两本 Jamela 系列绘本中也体现得淋漓尽致。在《贾梅拉生日快乐！》（南非荷兰语：*Lekker verjaar Jamela!*）（Daly, 2007: TT-A）中，译者保留了"Gogo"和"Mama"这两个称谓形式。但在《贾梅拉在哪里？》（南非荷兰语：*Waars Jamela?*）（Daly, 2005: TT-A）中，译者保留了"Gogo"，同时采用归化策略，将源语文本中的"Mama"拼写为南非荷兰语"Mamma"。

在国外引进绘本中，译者明显采用了归化策略处理专有名称和称谓形式。而在本土绘本译本中，专有名词的文化标记并不明显。在《那条蛇在哪里？》（南非荷兰语：*Waar's daai slang?*）（Jarman, 2008: TT-A），译者将体现社会与特定语境的南非荷兰语"juffirou"译为通称的"teacher"，并在教师头衔中添加南非荷兰语姓氏"Roux"[①]，增强了归化效果。《斯特凡和恐龙岛！》（南非荷兰语：*Stefan en die dinosaurus-eiland!*）（Knapman, 2008: TT-A）译者也采用归化策略，把称谓"lads"（小伙子）译作"manne"（回译为"men"）；把"you rascally rapscallions"（你们这些赖皮）译作"julle skeel skorriemorries"（回译为"you squint-eyed riffraff"）。在《古怪的弗雷亚》（南非荷兰语：*Freya Fiemies*）（Quarmby, 2008: TT-A）中，英式英语中的亲昵称呼通常被替换为相应的南非荷兰语词汇，体现出明显的文化特色。反映家庭关系的称谓形式也是如此。在源语文本中，这些称谓形式并没有明显的文化标记；但在目标语文本中，有的有标记，有的则没有。在《莉拉和雨的秘密》（南非荷兰语：*Lila en die geheim van reën*）（Conway, 2008: TT-A）中，译者采用了归化策略，把带有文化标记的"mama"译作南非荷兰语，用了一个非常中性的词汇"ma"。总体而言，在翻译称谓形式和专有名称时，翻译国外引进源语绘本的译者更倾向于采用本地化、归化策略。

---

① 译者注：Roux 姓氏源于法语，本意是给调味汁增稠的面粉和脂肪混合物，是南非常见的南非荷兰语姓氏。最早可追溯至 17 世纪。当时，法国胡格诺派教徒为逃离宗教迫害，定居荷兰殖民地好望角，为当地带来了农业、酿酒等手工艺技术。

外来词

称谓形式中有很多外来词，尤其是非洲语言常用词汇，这在南非本土绘本中体现得尤为明显。值得一提的是，外来词不仅存在于称谓形式中，在其他词汇中也有反映。外来词可以凸显文化取向。在翻译源语为英语的绘本时，一个非常重要的翻译策略是使用非洲语言外来词，突出特定文化取向。南非荷兰语译本也经常保留外来词，体现了南非荷兰语文化以外的文化取向。可以说，语言和文化的混合程度体现了语言和文化取向的混合。此外，这些外来词有时被标记为斜体，有时不标记，有时加注，说明译者和/或出版商知道该词汇的熟悉或陌生程度。

外来词的使用有三大语境。第一，外来词可能出现在源语文本中，标明一种特定的文化取向。从译文中可以了解到译者如何处理文化标记。第二，目标语文本中可能包含直接从源语文本迁移而来的词汇。翻译时，要在源语文本词汇基础上，在目标语文本中创造外来词。第三，目标语文本中可能会出现完全不同或不相关的外来词，而源语文本中没有这样的词汇。

从国外引进的源语绘本外来词最少。在这些文本中，源语文本一般不含外来词；源语词汇很少被直接迁移到译文中，译者也很少引入外来词，或另创外来词。值得注意的是，这些图书普遍存在归化翻译倾向。《爱挑剔的弗雷亚》（英语：*Fussy Freya*）（Quarmby, 2008: ST-E）及译本《古怪的弗雷亚》（南非荷兰语：*Freya Fiemies*）（Quarmby, 2008: TT-A）是该类图书本中唯一使用外来词的文本。源语文本中有两个外来词——"dhal"①（扁豆）和"parfait"（冷甜点），后者以"旁白"形式出现，保留在译本中。可能是因为该词不表明文化取向，不影响叙事结构。"dhal"与源语文本体现的印度文化有联系。"dhal"一般译作"rissiedis"（回译为"chilli dish"[辣菜]），淡化了源语文本中的印度文化。在目标语文

---

① 译者注："dahl"一词既指扁豆、豌豆等豆类，也指印度菜中用该豆类做成的炖菜，是印度、巴基斯坦、孟加拉国、尼泊尔、斯里兰卡等国主食，也是印度教徒、耆那教徒和佛教徒等素食者的蛋白质来源。印度各地烹饪方法大不相同，一般配以咖喱等香料。

本中，有一处使用了外来词"joepjoeps"（枣子"jujubes"的归化形式），但在源语文本中并不存在。源语文本只是泛泛描述"sweeties in a tin"（罐头里的糖果）。外来词在入门书中使用非常有限，很可能是因为这些文本具有明显的教育功能，需要强调"正确"或标准的语言用法。源语文本中外来词很少，而且往往不带有强烈的文化标记。这些文本一般使用非正式语言或俚语，如"tjoppies"（来自英语"chops"［排骨］）（Maree, 2005b: ST-A）或"kroek"（来自英语"crook"［弯处］）（Preller, 2005: ST-A）。这两个例子选自南非荷兰语图书，是归化翻译。在一些以英语为源语的文本中，也可找到具有特定南非或非洲文化意涵的外来词，尤其是"mealie"（玉米）、"stoep"（门廊）和"spaza"（小卖部）（Muir, 2004: ST-E）[①]。译本直接使用原始英语单词，达到了中性化效果。但因为南非荷兰语文本中的外来词没有强烈的文化负载，因此文化中性化效果并不显著。

　　源语文本、入门书译本中的外来词大部分没有被标记成斜体。这说明在南非语境下，语言之间的边界具有一定的流动性。总体而言，外来词在源语文本中使用有限，但是比国外引进绘本更广泛。源语单词向目标语文本的迁移也同样有限，但比例仍然高于国外引进绘本。译本中也不常引入新的外来词。

　　与入门书相比，本土绘本原文和译文中的外来词比例很高。源语文本中出现了大量的外来词，尤其是英语源语文本中出现了很多代表非洲语言的外来词。这些词汇通常具有重要的文化意义，反映了社会关系、重要文化词及其概念。这些词很少加注，大部分未经正字法或其他改编而引入，也很少带斜体等标记，表明高度的文化和语言渗透性。

　　从原书和译本中外来词的使用，以及译者处理外来词的方式可见，南非译者翻译童书时要处理的文化关系比传统理论范式复杂得多。译者不仅要考虑源语文本或目标文化取向，还要考虑到南非源语文本混合外来词和多种文化取向的特点。翻译时要根据不同文化方向灵活应变，不能仅关注

---

① "Mealie"是南非英语中的玉米（源自南非荷兰语中"mielie"）。"Stoep"从南非荷兰语中直接借用过来，指门廊。"spaza"是一种非正规小型便利店，多见于乡镇和农村地区，通常在居民区内经营。该词的起源不详，一般认为是乡镇俚语，字面意是"伪装"。

目标语文化，还要根据特定读者混合使用归化、异化策略，创造出可在熟悉和陌生之间调节的文本。

文化词

文学文本中所谈的一切内容，包括抽象的信仰、历史、社会文化叙事，以及具体的物品、食品、建筑、自然环境、习惯和活动等，都镶嵌在特定文化背景中。本节讨论译者如何处理童书中具有文化显著性的词汇，将其具体分为食物、服饰和个人装扮、建筑和聚居地、习俗、信仰、历史、引用神话或童话的文化叙事、自然环境。

儿童入门书译本大多保留通称、特指的文化词。例如，在 Jasper 系列绘本（Maree, 2005a: TT-E, 2005b: TT-E）中，最常保留的文化词包括食物、乐器和文化叙事。这些词一般具有西方属性、通用属性。在《追逐》（南非荷兰语：*Die jaagtog*）（Muir, 2007: TT-A）中，除通用词汇外，与南非文化相关的特定表达也在译本中得以保留。译者显然采用了归化和异化混合策略，保留南非儿童读物呈现的混合文化。

文化词一般采用归化翻译的中性改编，而非用其他特定词替换。有时译者为了保留源语文本的文化中性，对文化词进行中性处理。Jasper 系列图书（Maree, 2005a: TT-E, 2005b: TT-E）就明显体现了这种倾向。这些图书中有很多特指西方文化的内容，是后殖民社会杂合"通用"文化的一部分。译本多保留这方面内容。还有一些文化词在翻译中被改编或泛化处理，特别是与衣服和食物有关的内容。例如，"Tekkies"被译为"sneakers"（运动鞋），而南非更常用"tackies"。这种处理办法会稀释源文中本已有的南非文化语义。与之类似，"sosatie"被译成大众熟知的"kebab"（烤肉串）。而在南非英语中，"Sosatie"特指南非独有烤肉串①。使用通用术语会消除源语文本中的文化特性。而采用中性归化处理可以在更大程度上保留源语的文化内容。例如，《美丽的德波》（南非荷兰语：*Pragtige Debo*）（Gbado 2001 TT-A）中保留了大部分文化能指和文化意涵。

---

① 译者注：Sosatie 与普通烤肉串不同，以甜咖喱腌料和杏干、洋葱等配料为特色，为南非所独有，体现了 17 世纪荷兰人带到南非的马来和印尼奴隶对当地烹饪的影响。

南非本地绘本译本也有这种倾向，但存在着显著差异。首先，跟入门书相比，本地绘本源语文本有鲜明的文化标记。例如，本地绘本中与习俗、信仰和历史有关的文化词远远多于入门书。译者该如何处理这些文化标记呢？源语入门书中大多数文化词都被直接迁移到译本中。迁移形式多种多样。例如，从《鲁比奶奶的秘密》（南非荷兰语：*Ouma Ruby se geheim*）（Van Wyk, 2006: TT-A）中，明显可以看出各类文化元素被直接迁移，读者通过番茄酱、Chappies 泡泡糖、路易波士茶（被誉为南非国宝茶）、咖喱粉、黄姜饭、彩虹蛋糕、咖喱球和咖喱角等食物可以了解南非文化，特别是有色人种的文化。译本保留了这些元素，说明译者知道南非会有什么读者阅读这本书，也知道这种文化知识对南非荷兰语的读者很有价值。在《酷酷的乌古尼牛》（南非荷兰语：*Die 'cool' Nguni*）（Bester, 2007: TT-A）中，南非神话和传统中的乌古尼牛[①]被迁移到南非荷兰语译本中。但大多数南非荷兰语读者可能不熟悉这种文化语境。很显然，译者之所以在这里保留源文本中的文化元素，并非以为读者熟悉这些内容，而是因为这种文化知识对南非荷兰语小读者有趣有益。

促使译者采用文化迁移策略的动机可能是译者假定读者熟悉这些内容，也可能是出版商假定译本用于教学。这些文本包括：《我是西蒙》（英语：*I am Simon*）（Preller, 2003: TT-E）、《奶奶去投票的那天》（南非荷兰语：*Die Dag Toe Gogo Gaan Stem Het*）（Sisulu, 1997: TT-A）、《幸运小洛洛与可乐杯大赛》（南非荷兰语：*Little Lucky Lolo en die Cola Cup-kompetisie*）（Varkel, 2006: TT-A）、《贾梅拉在哪里？》（南非荷兰语：*Waars Jamela?*）（Daly, 2005: TT-A）、《贾梅拉生日快乐！》（南非荷兰语：*Lekker verjaar Jamela!*）（Daly, 2007: TT-A）。不论动机如何，上述所有文本不仅保留了源语文本的文化元素，还采用归化策略。译者采用文化改编、中性化和省略三种方法。中性化最常用，其次是文化改编。例如，在《鲁比奶奶的秘密》（南非荷兰语：*Ouma Ruby se geheim*）（Van Wyk, 2006: TT-A）中，南非荷兰语传统歌曲代替了英语传统生日歌曲，体现了南非荷兰语文化。在《酷酷的乌古尼牛》（Bester, 2007: TT-A）中，把"Longhorn

---

① 乌古尼牛毛皮五颜六色，带有花纹图案，代表祖鲁传统文化。

cattle"（长角牛）进行文化中性化处理，译成"daai beeste oorsee"（回译为"those cattle overseas"［国外牛品种］）①。在《我是西蒙》（英语：*I am Simon*）(Preller, 2003: TT-E) 中，南非文化概念"uintjies"②（小洋葱）被中性化处理，译作"roots"（根茎类植物）。涉及文化信仰的概念被改编。有时候处理得相当微妙。例如，在《贾梅拉生日快乐！》（英语：*Happy birthday, Jamela!*）(Daly, 2007: ST-E) 中，奶奶对贾梅拉说："You were a lovely fat baby..."译为："Jy was so 'n oulike vet babatjie..."（回译为："You were such a cute fat baby."［你是个胖嘟嘟的可爱小宝宝］）。表明译者注意到西方观念中可爱与婴儿相关；而在非洲，丰满是健康美丽的象征。当然，文化改编会受到限制，译者多采用间接形式，如通过社会称谓形式、外来词、惯用语来体现。有时还会采用更间接的手段实现归化效果。例如，把"suitcase"（行李箱）译作"koffertjie"，而不是当前更常用的"tas"③。

在翻译国外引进绘本的文化词时，译者也明显采用混合策略。例如：在《那条蛇在哪里？》（南非荷兰语：*Waar's daai slang?*）(Jarman, 2008 TT-A) 一书中，译本介绍企鹅、豹子、袋鼠、考拉、蟒蛇等动物园动物，使得南非读者意识到这里的文化差异，但同时也保留了大多数西方/通用文化能指。只有一处例外，即"lemurs"（狐猴）被替换为"leeus"（回译为"lions"［狮子］），因为讲南非荷兰语的孩子更熟悉后一种表达。该译本还有两处归化。一处用南非荷兰语的"pap"④替换英式表达"chocolate pud"（回译为"porridge"［粥、糊糊］），另一处则省略了 Safari（游猎）。源语文本中的能指展现了非洲游猎的异国风情，可能会激发英国读者的想象力，但对南非荷兰语读者可能并没有很大吸引力，因此略去不译。又如，在《古怪的弗雷亚》（南非荷兰语：*Freya Fiemies*）(Quarmby, 2008 TT-A) 一书中，译者多采用归化策略翻译食物词汇，但明显也采用了混合策略。许多指代食物的词汇都具有西方/通用性质，比如："komkom-

---

① 译者注：南非本地牛并没有德克萨斯长角牛之类的长角牛品种。
② "Uintjies"是南非各种野生可食用球茎植物的统称，源自荷兰语，意为小洋葱。
③ "Koffertjie"源自荷兰语，但在南非荷兰语中，"tas"是更现代的用法。
④ 译者注："Pap"是南非传统主食，由玉米粉制成，有稀（slap pap）、硬（stywe pap）、碎（krummelpap）之分，可与咸味酱汁、炖菜、烤肉同食，也可加糖和牛奶作早餐。

mer"（cucumber［黄瓜］）、"spinasie"（spinach［菠菜］）等。译者省略或改编文化负载词。例如，删掉了英国晚餐用茶、泰国香米等概念。中性化改编处理的例子有：用"rissiedis"替换"dhal"（回译为"chilli dish"［辣菜］）；用"groenbone"替换"beans"（回译为"green beans"［四季豆］）。译者还采用归化策略，用特定的南非荷兰语词汇替代其他文化词。例如，通称"fish"被特指为南非梭子鱼"snoek"，而"格雷伯爵茶"（Earl Grey）在译本中变作"tee"（路易波士茶）①。英语文化中的甜食"humbugs"（硬糖）被译成南非荷兰语所指的老式甜点"suurklontjies"（回译为"sour/acid lumps/drops"）②。

以上探讨反映了南非儿童图书翻译中译者明显采用归化、异化的混合翻译策略。但是，不论源文本蕴含何种文化，译文均保留了大多数文化词。这说明，南非读者至少在一定程度上熟悉全球化了的西方文化，译者没有必要进行归化处理。不过，如果译者认为儿童读者有必要了解本土文化，则会采用归化策略，照顾译文的韵律或节奏，采用文化转换策略。

惯用表达法

惯用表达法与文化背景密不可分。广义来说，"惯用表达法"包括莫娜·贝克（Mona Baker, 1992）归纳的搭配、固定表达和习语表达。撇开差异不谈，许多搭配、固定表达和习语表达形成的基础是约定俗成、或隐或显的概念，以及相对固定的词语组合。从本质上来看，这几种类型同属一种现象。因此，本研究使用"惯用表达法"。

在分析惯用表达法翻译时，采用以下分类体系：

- 采用省略或概括对源语的惯用表达法进行中性化处理；
- 用等效目标语惯用表达法替换源语惯用表达法。后者在字面和语言方面可能与前者非常相似，也可能不相似。

---

① 路易波士茶是一种草药茶，由非洲南部特有植物制成，已用上百年饮用历史。
② 译者注："Suurklontjies"是南非一种老式甜点，类似糖果，可直译为"酸块"或"酸小球"。传统上自制而成，配方中有酒石酸或柠檬酸，酸味浓烈。如今已不常见，多在当地集市售卖。

- 添加目标语惯用表达法。如果源语文本仅用字面语言，不存在类似表达，则予以添加。
- 直接迁移，或用拼写、标记形式将源语惯用表达法迁移到目标语文本中。

本研究中的童书惯用表达法翻译策略和百分比统计如下（具体见下表）：

表2 样本图书惯用表达法翻译策略

项目	入门书		本地绘本		国际绘本		样本总数	
	数量	百分比（%）	数量	百分比（%）	数量	百分比（%）	数量	百分比（%）
中性化	8	14	13	11	21	24	42	16
替换	42	75	78	66	47	53	167	64
添加	6	11	22	19	20	23	48	18
迁移	0	0	5	4	0	0	5	2
总数	56	100	118	100	88	100	262	100

在整个样本中，译者倾向于用目标语等效表达替换源语习语表达，占比达64%。如果找不到等效表达，则会采用省略、概括等方法进行中性化处理，占比为16%。采用源语文本中没有的惯用表达法者，占比为18%。译文与目标语文化结合得更紧密，达到了整体归化效果。直译源语中惯用表达法的只有一例。

总之，在翻译惯用表达法时，大多数译者会以目标语为导向，采用归化策略。可以从两方面来解释。第一，直译不受推崇，译者尽量避免。第二，惯用表达法约定俗称，体现了文化、认知、规范和语言之间不可分割的关系（Lakoff & Johnson, 1980; Pinker, 2008）。这意味着只有读者熟悉相关文化时才能与文本形成有意义的互动，所以译者不太可能会采用异化策略。虽然在翻译外来词、称谓形式时,译者有时会采用异化策略,但总体来看,还是以归化策略为主。不论在哪种情况下,译者一般会混合归化、异化策略翻译惯用表达法。差别只在于归化程度。Jamela系列图书就是混合策略的典型。

研究发现,南非童书翻译有几个趋势值得注意。第一,样本中的入门书广泛采用替换法,占比达75%。替换法在本土绘本中占66%,国外引进绘本中占53%。也就是说,虽然程度有所不同,替换策略在本研究的南非儿童文学译本中占主导地位。第二,本土绘本和入门书通过概括、省略中性化处理的比例分别占11%和14%,而国外引进绘本采用这一办法的比例是24%。出现这一趋向的原因可能是,国外引进绘本中大部分图书使用韵律、节奏和其他诗意表达手段。为尽量保留这些特点,译者需创造性使用语言技巧,不得不淡化惯用表达法的作用。第三,译者尽可能在目标语中添加惯用表达法,而源语文本中并没有这些表达。采用这种策略的国外引进绘本占比达23%,而在本土绘本中,这一比例是19%。这种翻译策略在入门书翻译中更为有限,仅占11%。在翻译国外引进绘本时,译者特意采用这种策略,可能是为了方便南非荷兰语读者阅读。这种绘本大部分是大众图书,文化内容浅显易懂。

4 结语

通过上文分析可以发现,南非荷兰语和英语儿童读物的译者在翻译文化内容时均采用归化和异化的混合策略。在翻译不同类型图书时,所用策略有所不同。在翻译称谓形式和专有名称时,国外引进绘本译者倾向于采用本地化、归化策略。就专有名词和称谓形式而言,本土绘本在源语文本和目标语文本中表现出最高程度的文化和语言杂合。本土入门书译者也使用混合策略,但在翻译特定文化标记、称谓时更加谨慎。在外来词处理方面,最不常用混合策略的是国外引进绘本。在这些文本中,源语文本一般不含外来词。源语词汇很少被直接迁移到译文中,译者也很少引入外来词,或另创外来词。但也有一些例外,表明在这些图书中普遍存在归化翻译倾向。在本土入门书中，外来词出现频率较高。译者多采用归化和异化混合策略。显然，源语文本和目标语文本是在相同的国内环境出版，面向不同读者，需要混合文化元素；但同时又不能有过多的语言混合或杂合，因为这些文本还承担着鲜明的教育功能。本土绘本大量使用外来词，明显采用了混合策略。对文化词翻译的分析表明，本研究所涉译本都使用了混合策略。在国外引进绘本翻译中，归化倾向更明显。但不论文化归属如何，大多数文化词都被保留在翻译中。在所有译本中，归化策略在惯用表达法翻译中体现得最明显，只是程度有所不同。国外引进绘本的译者较少采用归化策略，不太会用目标语惯用表达法替换源语中的惯用表达法，更常用概括和省略，但也会在目标语中添加源语中没有的内容。这很可能是因为童书译者经常要押韵，不得不进行创新。在向目标语中添加惯用表达法方面，本土绘本和国外引进绘本一样，说明译者认识到惯用表达法能实现绘本的审美功能和呼唤功能。入门书译者最常用目标语中的惯用表达法替换源语中的惯用表达法。如果源语中没有此类表达，一般不会另起炉灶。这些图书讲究实用，注重教育，旨在提高孩子阅读能力，与读物形成共鸣，因此多采用替换策略，审美功能则退居其次。因此，译者不必创译，无需在目标语文本中加入惯用表达法。总之，本研究所涉童书翻译所采用的翻译策略似乎存在着一种普遍模式：即国外引进绘本译者多采用归化策略，而本土绘本译者更倾向于用归化和异化混合策略。入门书译者也采用混合策略，但因为是教育类图书，态度更谨慎。

南非社会复杂多元，采用熟悉/陌生、归化/异化的二分法研究译本并不足取。要在南非语境下分析儿童图书的功能、源文本与译本，就必须考虑到读者群体的多样性。从翻译研究的角度来看，本文得到的结论跟季莫茨科（Tymoczko, 1999）的观点是一致的，即真实译本实际上"凌乱无秩序"，代表边缘文化的译本更是如此。用非此即彼的二元对立法进行翻译研究是不可取的。在南非儿童图书的翻译实践中，存在着源语文本和目标语文本的混合取向。"不能用二元对立法描述译文取向，也不能用线性的连续体来简单定位译文"（Tymoczko, 1999: 56）。翻译是一种杂合体，混合了归化与异化、熟悉与陌生、他者和自我。作家、读者的共同参与持续重塑着译文，使之成为一种话语。

【参考文献】

童书主要来源
入门书

Bebey, K. (2001 ST-E). *Why aren't I in the photographs? A story from Cameroon.* Cape Town: New Africa Books.

Bebey, K. (2001 TT-A). *Hoekom is ek nie op die foto's nie? 'n Storie uit Kameroen.* (M. Gerber, Trans.). Cape Town: New Africa Books.

Gbado, B.L. (2001 ST-E). *Beautiful Debo: A story from Benin.* Cape Town: New Africa Books.

Gbado, B.L. (2001 TT-A). *Pragtige Dcbo: n Storie uit Benin.* Cape Town: New Africa.

Maree, F. (2005a TT-E). *Jasper: Crisis at school!* (M. Marchand, Trans.). Pretoria: Fantasi.

Maree, F. (2005b ST-A). *Jasper: Wat fn diep duik!* Pretoria: Fantasi.

Maree, F. (2005b TT-E). *Jasper: What a deep dive!* (M. Marchand, Trans.). Pretoria: Fantasi.

Muir, B. (2004 ST-E). *The chase.* Cape Town: Maskew Miller Longman.

Muir, B. (2007 TT-A). *Die Jaagtog.* (E. Williams, Trans.). Cape Town: Maskew Miller Longman.

Preller, M. (2005 ST-A). *Daar's fn spook in my kas.* Cape Town: Nasou Via Afrika.

Preller, M. (2005 TT-E). *My cupboard's haunted.* Cape Town: Nasou Via Afrika.

南非源文图画书

Bester, M. (2007 ST-E). *The cool Nguni.* Johannesburg: Jacana.

Bester, M. (2007 TT-A). *Die 'cool' Nguni.* (K. de Wet, Trans.). Johannesburg: Jacana.

Daly, N. (2005 ST-E). *Where's Jamela?* Cape Town: Tafelberg.

Daly, N. (2005 TT-A). *Waafs Jamela?* (L. Rode, Trans.). Cape Town: Tafelberg.

Daly, N. (2007 ST-E). *Happy birthday, Jamela!* Cape Town: Tafelberg.

Daly, N. (2007 TT-A). *Lekker verjaar, Jamela!* (L. Steyn, Trans.). Cape Town: Tafelberg.

Grobler, M. (1997 ST-E). *Musas journey.* Cape Town: Tafelberg.

Grobler, M. (1997 TT-A). *Musa se reis.* (S. Kotze-Myburgh, Trans.). Cape Town: Tafelberg.

Preller, M. (2003 TT-E). *I am Simon.* (D. Bristow-Bovey, Trans.). Cape Town: Tafelberg.

Sisulu, E.B, (1997 TT-A). *Die dag toe Gogo gaan stem het.* (L. Rode, Trans.). Cape Town: Tafelberg.

Van der Vyver, M. (2005 TT-E). *Mias mom.* (K. Geldenhuys, Trans.). Cape Town: Human & Rousseau.

Van Wyk, C. (2006 ST-E). *Ouma Ruby's secret.* Johannesburg: Giraffe Books.

Van Wyk, C. (2006 TT-A). *Ouma Ruby se geheim.* (D.S. Diamond, Trans.). Johannesburg: Giraffe Books.

Varkel, A. (2006 ST-E). *Little Lucky Lolo and the Cola Cup Competition.* Johannesburg: Giraffe Books.

Varkel, A. (2006 TT-A). *Little Lucky Lolo en die Cola Cup-kompetisie.* (D.S. Diamond, Trans.). Johannesburg: Giraffe Books.

国际源文图画书

Conway, D. (2008 TT-A). *Lila en die geheim van reën.* (S. Kotze-Myburgh, Trans.). Cape Town: Tafelberg.

Jarman, J. (2008 TT-A). *Waafs daai slang?* (J. Jacobs, Trans.). Pretoria: LAPA.

Knapman, T. (2008 TT-A). *Stefan en die dinosaurus-eiland!* (K. Geldenhuys, Trans.). Cape Town: Human & Rousseau.

Quarmby, K. (2008 ST-E). *Fussy Freya.* Cape Town: Human & Rousseau.

Quarmby, K. (2008 TT-A). *Freya Fiemies.* (P de Vos, Trans.). Cape Town: Human & Rousseau.

参考书目

Baker, M. 1992. *In other words: A coursebook on translation.* London: Routledge.

Banda, F. 2000. The dilemma of the mother tongue: Prospects for bilingual education in South Africa. *Language, Culture and Curriculum,* 13, 51-66.

Coillie, J.V. & Verschueren, W. P. (eds.), 2006. *Children's literature in translation: Challenges and strategies* (35-45). Manchester: St Jerome.

Department of Basic Education, South Africa. 2009. Reply by Minister of Basic Education. A. Motshekega on questions posed in National Assembly for written reply. Available at http://www.info.gov.za/speeches/2009/09111016051005.htm

Edwards, V., & Ngwaru, J.M. 2010. *After language publishing for children: Where next?* National Centre for Language and Literacy, University of Reading. Available at http://www.Ncll.org.uk/50_rescarch/30_research_papers/AfricanLangPublishing.pdf

Galloway, F., Venter, R. M. R. & Struik, W. 2009. PASA annual book publishing industry survey report 2007. Available at http://www.publishsa.co.za/downloads/industry-statistics/ 2007Jndustry_survey.pdf

Gupta, A. E. 1997. When mother-tongue education is not preferred. *Journal of Multilingual and Multicultural Development,* 18, 496-506.

Klingberg, G. 1986. *Childrens fiction in the hands of the translators.* Lund: CWK Gleerup.

Knowles, M., & Malmkjaer, K. 1996. *Language and control in children's literature.* London: Routledge.

Kruger, H. 2009. Language-in-education policy, publishing and the translation of children's books in South Africa. *Perspectives: Studies in Translatology,* 17, 33-61.

Kruger, H. 2011. Postcolonial polysystems: Perceptions of norms in the translation of children's literature in South Africa. *The Translator,* 17, 105-136.

Kruger, H. (forthcoming) Preliminary norms in the selection of children's books for translation in South Africa. *Southern African Linguistics and Applied Language*

Studies, 29 (3).

Lakoff, G., & Johnson, M. 1980. *Metaphors we live by*. Chicago, IL: University of Chicago Press.

Lathey, G. 2006. Introduction. In G. Lathey (Ed.), *The translation of children's literature: a reader* (1-12). Clevedon: Multilingual Matters.

Makoni, S., & Pennycook, A. 2005. Disinventing and (re)constituting languages. *Critical Inquiry in Language Studies*, 2, 137-156.

Nikolajeva, M. 1996. *Children's literature comes of age: Toward a new aesthetic*. New York, NY: Garland.

O'Sullivan, E. 2005. *Comparative children's literature*. London: Routledge.

Oittinen, R. 2000. *Translating for children*. New York, NY: Garland.

Oittinen, R. 2006. No innocent act: On the ethics of translating for children. In J. Van Coillie & W.P.

Pinker, S. 2008. *The stuff of thought: Language as a window into human nature*, London: Penguin.

Statistics South Africa (2001). Census 2001: Key results. Available at http://www.statssa.gov.za/census01/html/Key%20results_files/Key%20results.pdf

Toury, G. 1995. *Descriptive translation studies - and beyond*. Amsterdam: Benjamins.

Tymoczko, M. 1999. *Translation in a postcolonial context: Early Irish literature in English translation*. Manchester: St Jerome.

Venuti, L. 1995. *The translator's invisibility: A history of translation*. London: Routledge.

Venuti, L. 1998. *The scandals of translation: Towards an ethics of difference.* London: Routledge.

Webb, V. N. 2002. Language policy development in South Africa. Centre for Research in the Politics of Language, University of Pretoria. Available at http://www.up.ac.za/academic/libarts/crpl/language-dev-in-SA.pdf

坦桑尼亚口译行业现状研究

伊丽萨维塔·格塔（Elizareta Getta）[①]
卞雨轩[②] 译

1 引言

非洲口译行业于 20 世纪 50 年代至 1975 年独立战争结束后才得以快速发展。为促进非洲各国开展合作，建立相关经济和国际组织的需求日益增长。因此，非洲对欧洲主要语种翻译人才的需求也不断增加。在独立后的近 20 年里，许多非洲国家政府资助国内优秀毕业生前往欧洲及北美学习翻译（Bandia, 2001: 295-305）。1985 年，辛普森（Simpson）（Bandia, 2001: 319）引用联合国贸发会议（UNCTAD）委托开展的一项研究，建议在非洲大陆建立分区域的笔译和口译学校。切恩科娃（Čeňková, 2001: 162）在研究全球口译行业时，指出非洲大陆的口译资源严重缺乏；因为政治问题，相关研究无法开展，也无法了解非洲各国在此领域的研究进展。因此，对口译研究感兴趣的学者可能将研究重点聚焦欧洲和美国。关于设有翻译研究机构的非洲国家，切恩科娃提到了摩洛哥、南非和西非地区。安德烈斯（Andres, 2012: 7）指出，"在目前全球化不断加深的背景下，口译员比以往任何时候都更加重要，因为在这样一个多民族和多语言的环境中，实

[①] 作者简介：伊丽萨维塔·格塔，查尔斯大学研究生，目前在英国从事非洲国家跨文化交际研究。
[②] 译者简介：卞雨轩，北京外国语大学研究生。

现跨文化交流显得尤为珍贵"。

自20世纪以来，非洲发生了翻天覆地的变化。一些非洲国家对将口译发展成为一种职业和学科的兴趣日益浓厚，并尝试改善口译服务。2010年，肯尼亚在内罗毕大学建立了笔译和口译中心①。自2016年以来，东非口笔译员协会（EAITA）开始代表肯尼亚、乌干达、坦桑尼亚、卢旺达和布隆迪的口笔译译员在国际舞台发声②。同年，非洲翻译研究协会（ATSA）在内罗毕大学成立，"这是2014年在赞比亚举行第三届非洲翻译研究暑期学校之后，经过反复讨论和筹划的成果"③。2014年，纳米比亚大学开设翻译研究高级文凭研究生学位④，津巴布韦大学则开设了翻译和跨文化研究文凭。埃及开罗美国大学的翻译研究中心开设的研究生课程包括会议口译⑤。目前有四所非洲大学成为国际会议口译员协会（AIIC）成员，包括布埃亚大学、喀麦隆口笔译高等学院、加纳大学和莫桑比克教育大学⑥。

2 受访人员及研究方法

参与坦桑尼亚口译行业调查的共有8名执业口译员、3名口译机构负责人、5名达累斯萨拉姆大学（UDSM）语言教师、欧盟驻坦桑尼亚代表团和联合国教科文组织驻坦桑尼亚办事处的企业传播经理，以及歌德学院和英国文化协会在坦桑尼亚的负责人。受访的8名口译员是从Expat.com和Intepreters.travel数字化数据库中挑选出来的，遴选译员标准为至少在坦桑尼亚从事五年口译工作。本研究旨在回答口译服务在坦桑尼亚发挥了什么样的作用这一问题。虽然针对不同口译员提出的问题因采访过程有所不同，但采访主要围绕以下内容展开：

---

① 关于内罗毕大学笔译和口译中心，参见 https://translation.uonbi.ac.ke/basic-page/about-centre-translation-and-interpretation。
② 关于东非口笔译员协会，参见 https://www.eaita.org/about-us/。
③ 关于非洲翻译研究协会，参见 https:// translationstudiesafrica.com/。
④ 来自项目协调员玛丽安·扎彭·汤姆森于2019年12月2日给作者发送的电子邮件。
⑤ 关于埃及开罗美国大学的翻译研究中心开设的研究生课程，参见 https://sce.aucegypt.edu/programs/professional-diploma-simultaneous-interpreting。
⑥ 关于国际会议口译员协会中的四所非洲大学信息，参见 https://aiic.org /site/dir/schools。

1. 成为一名口译员的过程；
2. 坦桑尼亚口译行业需求情况；
3. 坦桑尼亚口译行业需求类型；
4. 口译时的首选工作语言；
5. 加入专业组织或自我提升的可能性；
6. 对改善现状的建议。

在和达累斯萨拉姆交流研究中心负责人以及达累斯萨拉姆大学外语和语言学系的口笔译讲师的访谈中，我们还讨论了在坦桑尼亚获得专业口译培训的可能性。主要访谈内容如下：

1. 在达累斯萨拉姆学习口笔译的可能性；
2. 在坦桑尼亚成为一名口译员的必要知识和技能；
3. 口译课程的教学大纲和教学目的。

本研究结合两种方法进行调查：(1) 将访谈作为一种研究工具；(2) 将访谈作为一种社会实践，并将研究人员置于不同的角度进行观察（Hale & Napier, 2013: 95-103）。根据我们的经验，并非所有访谈内容都会被记录下来，因为当受访者发现谈话内容被记录下来时，往往会在之后的对话中表现得不自然，并试图纠正之前的观点。因此，我们有时会将半结构化的访谈改为开放式的对话，并辅以笔记记录，而不采用录音，这一方法被证明是更有效的。访谈的时间根据实际情况从20分钟到45分钟，而在没有记录的开放式对话中，受访者往往会说得更久。

研究中涉及德国殖民者与德属东非当地居民非同步交流的部分，是根据普鲁士文化遗产秘密国家档案馆的东方语言学会相关文件档案记录开展调查的。在处理档案资料时，我们遇到的最大困难是档案数量多且内容复杂。在分析档案时，尽量避免歧视和偏见问题（Gaillet, 2010: 34-38）。

3　间接交流在坦桑尼亚历史上的重要性

坦桑尼亚大陆与纳米比亚、喀麦隆、多哥和巴布亚新几内亚一样，都曾是德国的殖民地。1885年，德国征服了现在的坦桑尼亚、卢旺达和布隆迪地区，并将其纳入德属东非（Herzog, 1986: 39）。1890 年，桑给巴尔根据条约被划给英国殖民统治。然而，德国人却依旧在桑给巴尔保留着他们的领事馆（Bennett, 2017: 165）。

殖民语言政策档案记录显示，不同德属殖民地都曾尝试促进当地的交流沟通，但结果却因不同区域上语言分布存在差异而不尽相同。其中，殖民地内是否存在可被大多数人理解使用的语言是决定其进展是否顺利的关键因素（Klíma, 2012: 198-107）。比如，德属西南非洲（现在的纳米比亚）就缺少一种统一的通用语言，而在德属东非，斯瓦希里语早在 19 世纪就已被绝大多数原住民广泛使用并理解（Petzell, 2012: 137）①。

> 德国人没有坚持在这片领土上开展系统的德国化，几乎所有的行政管理都仍在使用斯瓦希里语。有 39 个传教士协会在殖民地对当地居民进行教育；事实上，只有 1.5% 的人口在学校上学。（Klíma, 2012: 198）

德国殖民时期，斯瓦希里语在该地区得到了扩展（Schmied, 2013: 1）。斯瓦希里语最早是作为班图语诞生的，是印度洋沿岸的一种克里奥尔语。斯瓦希里语最初是用阿拉伯文书书写，但 19 世纪时被拉丁文所取代（Apatewon Amidu, 1995: 104）。萨（Sa, 2007: 1）指出，斯瓦希里语的结构和词汇与坦桑尼亚当地方言关系密切。根据殖民期间的函件，德国人要求书写斯瓦希里语时必须使用拉丁字母②。罗伊·坎贝尔（Roy Campbell）认为："是德国殖民政府将斯瓦希里语的字体从阿拉伯文改为拉丁文"（Campbell, 2007: 8）。

德国殖民地官员进入德属东非从事殖民服务前，须掌握斯瓦希里语。柏林的东方语言学会负责被派遣出国的军官、教师及口译员的培训工作。除斯瓦希里语之外，更高级别的殖民地官员还须掌握阿拉伯语口语和写作

---

① 该语言本身的斯瓦希里语名为 Kiswahili，这个词在英语中也偶尔使用，尽管该语言的既定英文名称是 Swahili (Petzell 2012, 136)。
② 关于德国殖民期间书写斯瓦希里语的要求，参见档案资料"Seminar für Orientalische Sprachen, 1887—1933, I. HA Rep. 208 A, Nr. 404. Document number 5."。

技能，这可能是因为当时存在同时使用阿拉伯文和拉丁文书写斯瓦希里语的情况①，也可能是与桑给巴尔开展密切双边合作的需要②。

东方语言学会是为开展有效的语言培训而设立的，但在学会与德属东非的殖民政府之间的通信中经常提及口译服务。"德属东非殖民地政府表示：他们严重缺乏优秀的阿拉伯语口译员，尤其是斯瓦希里语口译员……"随后，德属东非殖民地政府还建议聘用东方语言学会目前的斯瓦希里语教师。他们可以在德语水平得到提高后返回殖民地，并成为口译员。口译员"应该精通德语口语和书面语，能够在德语、斯瓦希里语和阿拉伯语之间进行翻译"③。

在德属西南非洲，人们更倾向于使用欧洲而非本地的口译员，这一倾向在外交场合尤为明显（Getta, 2019: 26-32）。柏林殖民办公室1912年发出的一封信件也可以看到德属东非对待候选口译员的态度：

> 1911年1月2日的报告……指出，我们不能指望德国口译员（多尔梅切尔·埃拉夫）具备任何特殊品质，所以建议雇用叙利亚口译员。然而，在重要场合（尤其是涉及伊斯兰事务的场合）和需要保密的情况下，我们越来越需要聘用一名欧洲的阿拉伯语译员④。

1920年，根据《凡尔赛条约》，英国殖民政府取得了对坦噶尼喀的控制权。英国人在其小学教育中保留了斯瓦希里语教学，而殖民管理则仍使用英语（Gran, 2007: 8）。卡尔维特（Calvet）（Hanak, 2009: 116）指出：殖民主义关于语言的论述依赖于这样一种观念：即非洲的语言不如欧洲统治者所说的语言高级，这使得他们对非洲语言形成一种刻板印象，并一直持续至今。欧洲统治者却声称这一做法是科学的。

---

① 关于德国殖民期间官员需掌握阿拉伯语口语和写作技能的原因，参见档案资料"Seminar für Orientalische Sprachen, 1887—1933, I. HA Rep. 208 A, Nr. 404. Document number 5."。
② 关于德国殖民期间官员需掌握阿拉伯语口语和写作技能的原因，参见档案资料"Seminar für Orientalische Sprachen, 1887—1933, I. HA Rep. 208 A, Nr. 213. Document number 259."。
③ 关于斯瓦希里语教师成为口译员的技能要求，参见档案资料"Seminar für Orientalische Sprachen, 1887—1933, I. HA Rep. 208 A, Nr. 217. Document number 3; my translation."。
④ 关于德属东非对待候选口译员的态度，参见档案资料"Seminar für Orientalische Sprachen, 1887—1933, I. HA Rep. 208 A, Nr. 460. Document number 216a; my translation."。

由于大量借用阿拉伯语，斯瓦希里语被赋予了"混合"语言的地位，这让人联想到功能简化语言或克里奥尔语。然而，在将欧洲人置于顶层、非洲人置于底层、阿拉伯人介于两者之间的等级制度背景下，斯瓦希里语中的阿拉伯语成分为其超越其他非洲语言提供了一个契机（Maral-Hanak, 2009: 116-117）。布文格（Bwenge, 2012: 169）指出，英国殖民政府从一开始就提倡使用斯瓦希里语，并为其走向标准化做出了很多努力。

自1961年独立以来，英语和斯瓦希里语一直是坦桑尼亚的官方语言和教学语言。在争取独立的抗争中，根据恩格亚尼（Ngonyani, 1997）的说法，斯瓦希里语被视为促进民族团结的语言，主要有以下三点原因：（1）大多数坦桑尼亚人使用斯瓦希里语；（2）斯瓦希里语与任何占统治地位的民族无关；（3）与部落语言相比，斯瓦希里语已经非常标准化。坦桑尼亚独立后的第一任总统朱利叶斯·坎巴拉吉·尼雷尔（Julius Kambarage Nyerere）为巩固斯瓦希里语的地位做出了重大贡献，其作为坦桑尼亚通用语言的地位才得以一直保持到今天。作为一名英语和斯瓦希里语教师，尼雷尔将莎士比亚经典著作《凯撒大帝》和《威尼斯商人》翻译成斯瓦希里语。

> 尼雷尔采取了积极的全国建设运动，包括推广斯瓦希里语作为公共生活的语言，改造学校的教育课程，使其侧重于坦桑尼亚人的生活体验。（Miguel in Sa, 2007: 4）

坦桑尼亚是非洲第一个将非洲语言作为通用语的国家（Petzell, 2012: 138）。目前坦桑尼亚和埃塞俄比亚是非洲大陆上仅有的两个在整个小学教学体系中使用民族语言而非殖民语言的国家（Alidou in Sa, 2007: 2-3）。然而，坦桑尼亚政府却未能将斯瓦希里语定为中等教育中使用的语言。

4 坦桑尼亚语言现状：三语合一

按照佩策尔（Petzell, 2012: 136）的分类标准，坦桑尼亚的语言特点是三语合一。其中，英语是高等教育、高等法院、外交和外贸使用的国际语言，斯瓦希里语是几乎所有的人都能听懂、广泛传播的民族语言，还有一种则是在日常家庭生活中使用的方言。1992年，90%的坦桑尼亚人能够用斯瓦希里语交流（Laitin in Petzell, 2012: 138）。"2004年，全国斯瓦希里语委员会估计，99%的坦桑尼亚人至少把斯瓦希里语作为第二语言。"（Brock-Utne in Sa, 2007: 6）达累斯萨拉姆大学老师利扬贾·姆维努卡（Liyenja Mwinuka）指出："在寻求独立的斗争中，斯瓦希里语被用来团结人民……因为每个人都会说斯瓦希里语，但并不是每个人都会说英语。"①

尽管斯瓦希里语和英语都是坦桑尼亚的官方语言，但二者却扮演着不同的角色。斯瓦希里语是坦桑尼亚的通用语，而在国际交流中则使用英语。佩策尔（2012: 141）认为，"斯瓦希里语代表着传统思想，而英语则与现代化科技与外来思想有关"。根据斯维拉（Swilla, 2009: 9）的观点，英语在坦桑尼亚的地位因对外交流、科学技术的重要性以及电子商务在全球市场的普及而得以提升。但是在坦桑尼亚农村，人们对英语的需求却要低得多（Sa, 2007: 15）。

虽然斯瓦希里语被认为是标志着民族团结，但它并非是大多数坦桑尼亚人的母语。格罗莫夫（Gromov, 2015）指出，对大约70%的坦桑尼亚人来说，斯瓦希里语是第二甚至第三种习得的语言。"约有3000万农村坦桑尼亚人是第二外语使用者，他们在家里使用本地方言，而斯瓦希里语则用于跨部落交流（Sa, 2007: 2）。"关于坦桑尼亚本土语言到底有多少，学者们提供的数据有所不同。穆扎勒（Muzale）和鲁格马利拉（Rugemalira）(2008: 80）认为坦桑尼亚共有156种语言，其中最少见的50种语言只有30.9万人使用，占总人口的不到1%。佩策尔（2012: 136）则认为，坦桑尼亚国内使用的语言总量仍是一个未知数。

坦桑尼亚人普遍认同学习英语的重要性，但在习得过程中却面临种种困难。中学教学语言的突然改变意味着学生不得不在英语和斯瓦希里语之间进行语码转换（Sa, 2007: 10）。英国文化协会在坦桑尼亚的教学中心负

---

① 文中引用只出现在第一次提到受访者的时候。

责人多丽丝·利克韦利尔（Doris Likwelile）认为，坦桑尼亚人缺乏学习英语语言文化的动力。学生们不愿"潜心"学习英语，而是一味地依赖斯瓦希里语。为了提高他们的学习兴趣，英国文化委员会组织了免费的研讨会，让坦桑尼亚人了解学习英语对职业生涯的重要性（Likwelile, interview）。佩策尔（2012：141）则表示，"学生们更喜欢用英语授课……但他们对授课内容的理解程度非常低"。

根据达累斯萨拉姆大学传播研究中心主任迈克尔·卡拉尼（Michael Karani）的说法，在学生相互讨论时，用英语交流相当被动（Karani, interview）。利克韦利尔表示在国际会议上也存在相同的情况。尽管坦桑尼亚英语没有出现公认的语言变种，但英语与斯瓦希里语的混合在"一般禁止使用的地方，如坦桑尼亚国民议会的辩论厅"已经成为一种十分常见的说话方式（Bwenge, 2012：179）。

1919年坦桑尼亚被移交给英国殖民统治后，德语和德国文化在该国的地位急剧下降。然而，在德国殖民期间，一些特定的德语词汇早已渗透到了斯瓦希里语中，并成为了斯瓦希里语词汇的一部分（Degener, 2009：430）[①]。坦桑尼亚的歌德学院在1998年关闭后于2008年重新开放，是负责推广德语和德国文化的主要机构（Augart, 2013：11）。据现任语言课程负责人多尔卡丝·帕萨劳（Dorcas Parsalaw）说，"人们决定学习德语的最常见原因是因为需要在德语国家学习、做志愿服务或工作"（Parsalaw, interview）。

坦桑尼亚使用的其他欧洲语言主要是法语，其次是葡萄牙语和西班牙语，主要用于同其他非洲国家之间的交流，因为这些语言与阿拉伯语和斯瓦希里语都是非洲联盟的官方语言[②]。根据恩格亚尼（1997）的说法，一些非洲国家缺乏一种可用作全国通用语言和教学媒介的本土语言。因此，这些国家将欧洲殖民语言如英语、法语和葡萄牙语作为促进后殖民时代多民族团结的重要工具。

[①] 德格纳（Degener）提到了以下例子："shule"，来自德语"Schule"，对应的英语为："School"（学校），和"hela"，来自德语"Geld"，其对应的英语为："Gold"（金钱）。
[②] 斯瓦希里语在2004年被认定为官方语言，而上述其他语言自1962年以来就一直享有这一地位（Bandia, 2001：295-305）。

5 口译员视角下坦桑尼亚的口译行业现状

下面主要描述受访的八位坦桑尼亚口译员的职业经历,包括他们成为口译员的过程、口译服务的需求情况、需要口译服务的主要场合以及口译员的工作条件等。另外,访谈中也提及他们面临的挑战和自我提升的可能性。

(一)坦桑尼亚口译员的入行之路

在描述成为口译员的过程时,参与采访的八名口译员中有七名均表示他们是偶然进入这个行业的。然而,只有五人参加了专门的口译课程培训以获得基本的口译技能。有一位口译员将翻译作为一门独立的课程进行学习。受访的口译员中,有三位的专业是语言学。四名受访者没有学习过跨文化交流课程,而是在国外学习期间习得的相关语言知识。因诺森特·秀(Innocent Shoo)谈到他是如何开始做口译的:

> 我曾在莫桑比克、安哥拉、布隆迪和刚果待过,所以我在那里学会了法语和葡萄牙语。当我来到坦桑尼亚工作时,我发现这里没有专门做国际会议口译或翻译工作的译员。因为这里没有其他人可以提供帮助,所以我主动帮助他们完成口译,我认为我的工作很有价值。(Shoo, interview)

利文·马塔巴罗(Livin Matabaro)从1992年就开始提供口译服务,他最初学习的是经济和工程,在大学期间专门学习了法语。

> 我在法语联盟当老师的时候翻译了很多资料,从中我也学到了很多词汇。后来,他们说,"法国共产党要来这里访问,能否麻烦您去

翻译一下？我们这里没有口译员……"我第一次进同传箱①是在桑给巴尔岛，我告诉他们在此之前我从未进过这个小屋子。但我还是尽我所能完成了我职业生涯的首秀。（Matabaro, interview）

阿马尼·基布韦（Amani Kibwe）自 2008 年以来一直是一名口译员，也是 A G 国际语言服务公司的所有者。他起初在父母的建议下学医，但后来为了追求自己的兴趣爱好，他还是选择了外语。洛赛里安·马卡·大卫（Loserian Makaa David）也向我们描述了类似的从业道路。他 1999 年开始从事口译工作，但最初学习的是地理、经济和历史，同时也学习了法语课程。马卡·大卫第一次尝试口译是为法国医生和坦桑尼亚土著居民之间提供翻译。

除了从事口译工作，其中两位受访者还在达累斯萨拉姆大学教授语言、笔译和口译课程。法拉贾·克里斯托穆斯（Faraja Kristomus）攻读了文化研究学位，自 2013 年以来一直在做口译工作。据克里斯托穆斯说，他之所以参加阿鲁沙的口译课程，是因为他发现自 2004 年以来，斯瓦希里语正在成为国际谈判时经常使用的语言，坦桑尼亚对英语—斯瓦希里语口译员的需求不断增加②。瓦伦丁·卡鲁加巴（Valentine Karugaba）是一名语言学家、大学教师和口译员，他从 1986 年开始在政治会议上提供口译服务。戈萨吉·伊迪·马苏德（Gossaji Iddi Massoud）最初在第戎大学学习翻译，但 2000 年前后他决定从事口译。

> 我之前曾是一名笔译员，但我转向了口译领域。虽然这看上去只是一小步，但我在从事笔译工作时收入很低，而口译却能为我带来丰厚的报酬。……我在法国呆了七年，做了三年的翻译，之后回到坦桑尼亚。

维克多·库博塔（Victor Kubhota）于 2012 年开始从事专业口译工作。

---

① "进同传箱"表示开始进行同声传译。
② 根据受访者的经历，该口译课程以实践为导向，为期一年。其培训目的为帮助学生能够符合加入专业口译员行列的标准，并在实践一年后成为同事。

他对自己的教育经历描述如下：

> 我搬到内罗毕并找到了一位来自南非的老师。他教授我们基本的翻译准则，也向有口译培训需求的人士提供培训。虽然我没有上过大学，也没有获得过口译学位，但在两年的时间里，培训老师向我们传授了翻译和口译的基本准则。在之后的两年里，我们和他一起工作。

（二）坦桑尼亚口译服务需求情况

接受采访的八位口译员都是自由职业者，几乎都为国际组织发起的会议提供口译服务。在分享会议口译经验时，有六位受访者认为国际和当地市场的工作条件差异较大。在国际组织如联合国、非洲联盟和欧洲联盟，通常情形下：（1）为特定会议招聘口译员时采用严格的聘用标准[①]；（2）为口译服务提供固定的报酬；（3）强调口译员为口译活动提前做准备，并提供译员文件、讲话稿和其他相关材料等。六位口译员一致认为，在上述三个方面，当地市场仍有相当大的改进空间。

当问及当地口译服务市场的需求情况时，除了会议口译外，所有受访者都提到了外国牧师布道时的教会口译。他们的工作内容通常是从英语翻译到斯瓦希里语，不收取任何报酬[②]。秀说道：

> 口译在教会中很重要，因为从美国、英国或巴西来坦桑尼亚的牧师通常是说英语的。但坦桑尼亚的大多数人都讲斯瓦希里语而非英语，所以这时就需要借助口译来让听众理解传教士所说的话。

有四位受访者提到了双边口译，这主要是用于确保坦桑尼亚人和不懂斯瓦希里语的外国人能够在商业谈判中顺利沟通。有两位口译员提到了官方代表团、游客或研究人员可能会要求陪同口译。八位受访的口译员都表示，他们很少为不讲斯瓦希里语的坦桑尼亚当地社区提供口译服务，因为绝大多数人都能使用斯瓦希里语交流。同时，他们表示为当地部落提供口

[①] 例如，要求申请者提供简历并参加口译测试。
[②] 姆维努卡（Mwinuka）正在为他的博士论文研究坦桑尼亚教会口译这一主题。

译服务总是与国际组织引入的人道主义项目有关。其中有四位也提及他们偶尔会为在农村地区讲法语的医生提供翻译，这些医生主要来自无国界医生组织，在当地从事人道主义项目。七位受访者表示，社区口译通常由在国际组织负责相关项目的坦桑尼亚雇员完成。在这些情况下，口译则被认为是他们工作的一部分，可能不被支付额外的报酬。恩古南格瓦·姆瓦隆戈（Ngunangwa Mwalongo）在访谈中说，联合国教科文组织通常不招聘口译员，因为办事处成员可以与当地的土著社区流畅沟通。然而，他认为坦桑尼亚的教科文组织需要建立一个有关当地口译员的数据库，因为并非所有的本地方言都在团队的能力范围之内。苏珊娜·姆比塞（Susanna Mbise）还提到了儿童充当口译员的情形。在农村的教学活动中，老师在课堂上讲斯瓦希里语，但并非所有学生都能听懂斯瓦希里语。因此，课堂上的交流由那些同时懂斯瓦希里语和当地方言的儿童提供翻译。根据海尔（Hale, 2014: 321）的说法，"口译员在社区中与来自不同文化背景的人一起工作时，可能会因跨文化差异面临无法将源信息准确转述为目标语信息的困难"。受访口译员证实了这一说法，并提及与坦桑尼亚部落合作的例子。在交流过程中须考虑的常见问题包括避免大声说话，保持口译员和听众之间的距离，最好选用本部落的成员作为口译员等。此外，考虑到原住民很少直截了当地指出沟通中是否存在障碍，口译员应确保及时跟进听众的理解情况。恩古南格瓦·姆瓦隆戈表示，事实证明，在父权制较强的社区执行联合国教科文组织项目时，招聘女性口译员能有效促进与当地妇女的交流。欧洲联盟驻坦桑尼亚代表团的发展合作负责人何塞·科雷亚·努内（Jose Correia Nunes）谈到了间接表达否定的重要性，而不是明确说"不"。坦桑尼亚的三个口译机构负责人朱利叶斯·恩东古斯特（Julius Ndunguste）、阿马尼·基布韦（Amani Kibwe）和伊莉斯·鲁皮亚（Elise Ruppiah）表示他们不向社区提供口译服务。社区口译服务在紧急情况下可以向无国界翻译组织寻求帮助，该组织是一个"美国的非营利性组织，旨在消除世界各国在受到人道主义援助和为促进当地发展提供帮助时存在的语言沟通障碍问题"[①]。2012年，翻译无国界组织在内罗毕启动了一个有关

[①] 关于无国界翻译组织，参见 https://translatorswithoutborders.org/about-us/。

非洲口译员的培训项目，主要是斯瓦希里语，但也为其他非洲语言的志愿者提供系统培训①。翻译和培训经理保罗·瓦兰博（Paul Warambo）描述了招募和培训志愿者的过程：

> 我们带着一群人去参加培训，帮助他们完成一些课程模块的学习，通常为期三天。我们不对他们开展语言培训……而是让他们学习一些人道主义和人权方面的术语，以及在口译期间会面临的具体问题。考虑到他们来这里参加培训是为了能够应对类似复杂的口译工作，所以我们默认他们已了解相关语言和文化背景。我们只是为他们提供口译相关需求的培训工作。

（三）坦桑尼亚口译服务类型

参与研究的八位口译员表示，他们也从事同声传译，并表示时间紧张是交替传译较少的主要原因。这些场合或是官方演讲，或是为社区提供口译。当受访者被问及在同声传译和交替传译二者之间的偏好时，有七位倾向于选择同声传译而非交替传译。理由包括：（1）交替传译时面临的压力较大；（2）交替传译每小时的报酬较低。马塔巴罗表示：

> 没有人喜欢做交替传译。当客户要求交替传译时，你也只能硬着头皮去做，因为你几乎不能对客户说"不"……交替传译理应比同声传译获得更多报酬，因为它会给口译员带来更多的情绪压力，但人们并不了解交替传译的要求有多高。在同传箱里，口译员和听众之间有一定的距离，可以十分放松，也可以使用辅助翻译工具。然而，当你在公众场合做交替传译时，就需要尽全力做到最好，即使坦桑尼亚室外烈日炎炎。

秀解释他偏好同声传译的原因如下：

---

① 关于翻译无国界组织在内罗毕启动的非洲口译员培训项目，参见 https://translatorswithoutborders.org/blog/nairobi-and-beyond-2/。

当你看不到听众时，当你在自己的小房间里，你会感觉更舒服一些。因为他们看不到你，所以即使你犯错，也没人知道那是你。

库博塔是八位口译员中唯一一个喜欢做交替传译的，他解释道：

"我主要做同声传译，但对我来说，交替传译是更好的选择。因为在做交替传译时我觉得我没有在欺骗观众，我不仅有时间思考该说些什么，也能够最大程度还原对话的原貌。我在学校接受的教育是，口译员说话时必须做到清晰、准确和自然……同声传译可以清晰准确，但不一定很自然。"

尽管受访的口译员更偏好同声传译，但是由于坦桑尼亚人口中存在多语言和多文化交流场景，交替传译不可避免（Machano, 2017: 6）。

在受访的八位口译员中，有五位表示会在交替传译的过程中采用包括符号和缩写在内的一套笔记系统。其他三名受访者则表示，由于口译员所说的每一片段平均长度仅在 2 至 5 分钟之间，完全可以依靠自己的记忆进行复述。八位口译员及达累斯萨拉姆大学口译课程的老师们都表示，他们在视译和文字同声传译方面缺乏经验。在一些特殊情况下，可以使用纸质资料进行译前准备。

（四）工作语言和消除文化差异的策略

受访口译员提及的工作语言均为非洲联盟的官方语言。八位口译员均表示他们能够在英语和斯瓦希里语之间进行双向口译，有七位还可以提供法语的口译服务。除英语、法语和斯瓦希里语外，有两名受访者提及其工作语言为葡萄牙语。

受访口译员的母语都是斯瓦希里语[①]，但其中七位都认为将斯瓦希里语翻译成外语的工作要求较低。他们解释道，在全球化、技术化和现代化的背景下，斯瓦希里语缺少英语、法语或葡萄牙语中的对应词汇。库博塔提到了与现代农业相关术语方面的挑战。比如，斯瓦希里语中缺少抽象词汇

---

① 根据 AIIC 的分类，当某种语言是口译员的母语（或其严格的等价语言），他们在交替传译和同声传译中从所有其他工作语言译为其母语，参见 https://aiic.org/site/world/about/profession/abc。

如发展（development）以及与通信技术相关的词汇如闪存盘（flash disk）和笔记本电脑（laptop）。秀则列举了人工智能（artificial intelligence）、基因工程（genetic engineering）和与 LGBT 社会运动有关术语的例子，如双性人（intersex）或变性人（transgender）。

>当你说斯瓦希里语时，你可以从描述和语境中知道准确的英语对应物，虽然这个词在斯瓦希里语中并不存在。例如，斯瓦希里语中没有变性人这样的词。然而，口译员可以从上下文中理解对方说的是变性人。所以，把这个词直接翻译成英语十分容易，而讲英语的人也可以完全理解其含义。

在应对词汇和文化差异的口译策略中，出现了各种类型的语言解压缩，如解释、定义、重新表述新词，或与熟悉的斯瓦希里语单词进行对比等方法①。然而，八名口译员都认为，为了避免误解，应杜绝在斯瓦希里语译文中使用外来词，具体策略视口译员的经验和特定的语言对而有所不同。克里斯托穆斯在谈到斯瓦希里语—法语—英语的组合时说，他不认为这一翻译方向有困难，但强调把是否保留源语特点作为评价翻译水平的重要标准。一方面，将外语翻译成斯瓦希里语涉及与全国各地不同语言变体间词汇差异的挑战。因此，在某一地区使用不为人所知的对应词可能会引起听众的误解。另一方面，将斯瓦希里语翻译成外语更需要集中精力，口译员要了解讲话的背景知识，选择最合适的对应词汇至关重要。尼亚姆布拉（Nyambura, 2013: 59）观察到，在将英语翻译成斯瓦希里语的过程中，遗漏的频率很高，特别是翻译比喻和带有文化含义的术语时。然而，从斯瓦希里语翻译成英语的过程中，这一现象则很少发生。

库博塔从翻译策略角度强调了语言解压缩的重要性，而非简单地直接引入外来词。

>在翻译的过程中，如果发现一个词在斯瓦希里语中没有对应词，我一般会保留这个英语表达，同时用斜体注明它不是译文。在这种情况下，任

---

① 语言解压缩的定义和解释与"压缩"的概念不同。有观点认为，"语言解压缩"比"扩充"更适合在同声传译中使用（Sdobnikov, 2017: 409）。

何对这个词感兴趣的人都可以相应地找到它的含义。每个人都可以通过阅读上下文来理解我想说什么,或者也可以自行研究。但当你在进行口译时,你就必须解释其具体含义。

有七位受访者表示他们经常在两种外语和斯瓦希里语之间进行口译,主要是英语和法语。克里斯托穆斯和姆维努卡提到了中文翻译,"非洲和中国之间的合作欣欣向荣,激起越来越多人的学习兴趣"。人们对在达累斯萨拉姆大学成立的中国研究中心学习中文越来越感兴趣[①]。据口译机构的三位负责人说,西班牙语、德语和俄语的口译服务需求则较少。

(五)口译员面临的挑战和自我提高的可能性

受访的八名口译员及达累斯萨拉姆大学的五名教师均表示,坦桑尼亚口译市场缺乏明确的标准规范口译员的工作条件。两位受访的口译员提到了斯瓦希里语委员会(BAKITA)的作用,但这一委员会的工作重点是笔译服务有关活动。有两名受访口译员是东非翻译协会的成员,这一协会于2016年在内罗毕成立,成员来自肯尼亚、乌干达、坦桑尼亚、卢旺达、布隆迪和刚果民主共和国。该协会旨在(1)规范专业标准,(2)提高对客户的专业兴趣,以及(3)营造一个有利开展合作和交流经验的环境,主要面向来自不同研究领域具有一定口译经验的口译员,以及正在接受培训的学生。有七名受访的口译员表示他们在使用坦桑尼亚翻译协会(ATIT)论坛的WhatsApp群组,以便交流口译经验。

口译机构负责人认为,由于坦桑尼亚的口译市场缺乏明确的专业标准,客户和口译员本身都对译员需要完成的任务存在误解。主要包括以下三点:(1)口译行业缺乏具有足够口译专业技能的人;(2)无论提供的服务质量如何,口译员都有强烈的职业认同;(3)口译员的工作条件往往不符合国际标准。恩东古斯特曾表示,

> 还有一个问题是假冒的口译员。他们并不优秀,在这个领域还是新手,但当他们遇到客户时,他们会对客户撒谎说他们是行业第一。

---

① 关于达累斯萨拉姆大学成立的中国研究中心,参见 https://www.udsm.ac.tz/web/index.php/centres/chinese/welcome-to-ccs。

所以，当他们到了会议上开始提供口译服务时就会露出马脚，客户也会因此抱怨。所以，我们尽量不聘用这些口译员。

当被问及招聘口译员的标准时，恩东古斯特、鲁皮亚和基布韦分别提到了与某位口译员有合作经验或有在同一领域工作的同事提供的推荐信。其他考虑的合作标准包括口译员的工作经验和教育经历。但是，教育领域与专业口译培训无关。

多多马大学是坦桑尼亚唯一一所提供笔译和口译学位课程的大学，向学生传授不同环境下的笔译和口译原则，并规划笔译和口译项目①。达累斯萨拉姆大学的外语和语言学系也提供笔译和口译课程，并被纳入语言学、英语或斯瓦希里语研究等专业的选修科目。2002 年，翻译成为达累斯萨拉姆大学语言教育的一部分，而口译培训始自 2016 年。据卡鲁加巴介绍，每门课程持续两个学期，分为理论和实践两部分。该大学有一间配备了同声传译设备的会议室，但课程侧重交替传译，主要是为英语传译为斯瓦希里语开设的；同时也可用于法语至斯瓦希里语的学习。但学生对学习翻译而非口译更感兴趣。此外，达累斯萨拉姆大学在其官方网站上还提及，该部门也为政府及非政府机构提供笔译及口译服务②。坦桑尼亚政府自 2004 年就从该大学招聘口译员。非洲传统上更常用口头交流③，因此口译比笔译更受欢迎。卡鲁加巴和克里斯托穆斯认为，目前缺乏有资历的老师来教授专业水平的口译技能，对口译感兴趣的学生数量较少。沟通技巧，如公开演讲、听力和记笔记相关技能，则可以在达累斯萨拉姆大学的沟通研究中心习得④。所有受访的口译员都提倡有组织的自我职业提升，以及至少为那些被口译职业吸引但却缺乏足够技能的"潜

---

① 关于多多马大学口译及笔译课程，参见 https://tzunicollege.com/udom-b-a-in-translation-and-interpretation/。
② 参见 https://www.udsm.ac.tz/web/index.php/colleges/cohu/department-of-foreign-languages-and-linguistics。
③ 班迪亚（Bandia）从历史的角度将口译描述为："就地位而言，笔译和口译达到的最高地位似乎与该职业的世袭有关，如非洲口头传统中的'智者'将自己的技能传给儿子。"（Baker, 2011: xvi）。
④ 关于达累斯萨拉姆大学的沟通研究中心，参见 https://www.udsm.ac.tz/web/index.php/colleges/cohu/centre-for-communication-studies。

在"口译员提供基础的口译课程。

6 结语

本文通过阐述八位坦桑尼亚自由职业口译员的工作经历，概述口译行业在该国发挥的作用。虽然英语和斯瓦希里语均为坦桑尼亚的官方语言，二者却在该国扮演着不同角色：一方面，大多数坦桑尼亚人承认英语是实现跨文化交流的必要媒介；另一方面，斯瓦希里语则是促进坦桑尼亚巩固民族认同的重要因素之一，是该国的通用语言。为此，坦桑尼亚不仅力求最大程度保留斯瓦希里语在该国日常交流中的使用；同时，在全球化深入发展的背景下，其与世界各国开展跨文化交流的需求也在急剧增长，英语的重要性不言而喻。本文重点讨论了坦桑尼亚口译员的工作职责、社会地位、教育经历、工作语言、工作条件以及当地和国际客户的需求。

斯瓦希里语2004年成为非洲联盟的官方语言之后，与英语、法语和葡萄牙语这些欧洲主要语言便开始有了更多的接触。斯瓦希里语和英语虽然都是坦桑尼亚的官方语言，但它们的作用不尽相同：自19世纪以来，斯瓦希里语被认为是坦桑尼亚民族身份的重要组成部分，而英语则将该国与世界紧密联系起来。因此，在国际会议、教会布道和商业会议这些场合中需要提供斯瓦希里语、英语、法语和葡萄牙语的口译服务。尽管斯瓦希里语在坦桑尼亚是通用语，但该国仍在使用大约120种方言。由于在实施新的农业、医疗或人道主义项目时，采用方言进行交流更能获得当地社区的信任。在这种情况下，翻译工作通常由国际组织的雇员来完成。然而，考虑到坦桑尼亚国土上存在大量本土语言，偶尔从当地社区招募口译员是十分必要的。尽管口译在坦桑尼亚已经是一个十分有吸引力的职业，但这一行业仍缺乏明确的专业标准，无法保障口译员的工作条件。虽然目前坦桑尼亚只有一所大学提供口笔译学位，但是我们为坦桑尼亚在口笔译教学和口译服务方面做出的努力感到欣慰。

【受访人员】

1. 何塞·科雷亚·努内（欧盟驻坦桑尼亚代表团合作和新闻负责人），2019年9月18日在坦桑尼亚达累斯萨拉姆接受欧盟驻坦桑尼亚代表团伊丽萨维塔·格塔的采访，采访期间文字记录可根据要求提供。

2. 戈萨吉·伊迪·马苏德（坦桑尼亚的口译员），2019年9月25日在坦桑尼亚达累斯萨拉姆切尔西酒店接受伊丽萨维塔·格塔的采访，可根据要求提供采访录音。

3. 迈克尔·卡拉尼（达累斯萨拉姆大学传播研究中心主任），2019年9月23日在坦桑尼亚达累斯萨拉姆大学接受伊丽萨维塔·格塔的采访，采访期间文字记录可根据要求提供。

4. 瓦伦丁·卡鲁加巴（坦桑尼亚口译员，达累斯萨拉姆大学讲师），2019年9月27日在坦桑尼亚达累斯萨拉姆大学接受伊丽萨维塔·格塔的采访，采访期间文字记录可根据要求提供。

5. 阿马尼·基布韦（坦桑尼亚口译员，笔译和口译机构 AG 国际语言服务公司所有者），2019年9月19日在坦桑尼亚达累斯萨拉姆金禧塔接受伊丽萨维塔·格塔的采访，采访期间文字记录可根据要求提供。

6. 法拉贾－克里斯托穆斯（坦桑尼亚口译员，达累斯萨拉姆大学讲师），2019年9月26日在坦桑尼亚达累斯萨拉姆大学接受伊丽萨维塔·格塔的采访，采访期间文字记录可根据要求提供。

7. 维克多·库博塔（坦桑尼亚口译员），2019年9月22日在坦桑尼亚达累斯萨拉姆 Best Bite 餐厅接受伊丽萨维塔·格塔的采访，可根据要求提供采访录音。

8. 多丽丝·利克韦利尔（英国文化协会坦桑尼亚分会教学中心经理），2019年9月19日在坦桑尼亚达累斯萨拉姆英国文化协会接受伊丽萨维塔·格塔的采访，采访期间文字记录可根据要求提供。

9. 洛赛里安·马卡·大卫（坦桑尼亚口译员），2019年9月26日在坦桑

编者注：本部分内容根据英文版图书翻译。

尼亚达累斯萨拉姆接受企业语言服务与发展交流部伊丽萨维塔·格塔的采访，采访期间文字记录可根据要求提供。

10. 利文·马塔巴罗（坦桑尼亚的口译员），2019年9月15日在坦桑尼亚达累斯萨拉姆塞雷纳酒店接受伊丽萨维塔·格塔的采访，可根据要求提供采访录音。

11. 苏珊娜·姆比塞（欧盟驻坦桑尼亚代表团新闻官），2019年9月18日在坦桑尼亚达累斯萨拉姆接受欧盟驻坦桑尼亚代表团伊丽萨维塔·格塔的采访，采访期间文字记录可根据要求提供。

12. 安娜·穆罗·特穆（欧盟驻坦桑尼亚代表团官员），2019年9月18日在坦桑尼亚达累斯萨拉姆接受欧盟驻坦桑尼亚代表团伊丽萨维塔·格塔的采访，采访期间文字记录可根据要求提供。

13. 利扬贾·姆维努卡（达累斯萨拉姆大学外语和语言学系讲师），2019年9月17日在坦桑尼亚达累斯萨拉姆大学接受伊丽萨维塔·格塔的采访，采访期间文字记录可根据要求提供。

14. 萨洛梅·恩杜库和阿尔弗雷德·姆塔瓦利（东非口译员和笔译员协会创始人），2019年7月26日在肯尼亚内罗毕CJ餐厅接受伊丽萨维塔·格塔和迈克尔·拉达的采访，可根据要求提供采访录音。

15. 朱利叶斯·恩东古斯特（JHN口译服务公司老板），2019年9月18日在坦桑尼亚达累斯萨拉姆双树酒店接受伊丽萨维塔·格塔的采访，可根据要求提供采访录音。

16. 罗斯·恩古南格瓦·姆瓦隆戈（联合国教科文组织坦桑尼亚国家办事处项目官员），2019年9月25日在坦桑尼亚达累斯萨拉姆接受教科文组织坦桑尼亚国家办事处伊丽萨维塔·格塔的采访，采访期间文字记录可根据要求提供。

17. 多尔卡丝·帕萨劳（坦桑尼亚歌德学院语言课程负责人），2019年9月24日在坦桑尼亚达累斯萨拉姆接受伊丽萨维塔·格塔的采访，可根据要求提供采访录音。

18. 伊莉斯·鲁皮亚（Fun Lungha语言机构负责人），2020年1月24日在坦桑尼亚达累斯萨拉姆火焰餐厅接受伊丽萨维塔·格塔的采访，采访期间文字记录可根据要求提供。

19. 因诺森特·秀（坦桑尼亚口译员），2019 年 9 月 15 日在坦桑尼亚达累斯萨拉姆切尔西酒店接受伊丽萨维塔·格塔的采访，可根据要求提供采访录音。

20. 保罗·瓦兰博（内罗毕无国界翻译组织翻译和培训经理），2019 年 7 月 24 日在肯尼亚内罗毕金翼科德赫克路接受伊丽萨维塔·格塔和迈克尔·拉达的采访，可根据要求提供采访录音。

【参考文献】

Andres, D. 2012. History of interpreting. *The encyclopedia of applied linguistics.*

Amidu, A. A. 1995. Kiswahili: People, language, literature and lingua franca. *Nordic Journal of African Studies*, 4 (1), 20-20.

Augart, J., & Ikobwa, M. J. 2013. (Ost-) Afrikanische Germanistik. Entstehung und Entwicklung von Deutsch in Kenia. *eDUSA*, 8 (1), 9-31.

Baker, M. 2011."Introduction to the First Edition." In *Routledge encyclopedia of translation studies*. London and New York: Routledge.

Bandia, P. 2001."African Tradition." In *Routledge Encyclopedia of Translation Studies*. London and New York: Routledge.

Bwenge, C. 2012. English in Tanzania: A linguistic cultural perspective. In *International Journal of Language*, Translation and Intercultural Communication, 1, 167-182.

Čeňková, I. 2001. *Teorie a didaktika tlumočení* [Theory and didactics of interpreting]. Prague: Univerzita Karlova, Filozofická fakulta.

Degener, J. 2009."Nusu kaputi – die deutsche Sprache in Tansania" [Nusu kaputi – German language in Tanzania]. *Informationen Deutsch als Fremdsprache*.

Gaillet, L. L. 2010."Archival Survival: Navigating Historical Research."In *Working in the Archives: Practical Research Methodsfor Rhetoric and Composition*. Carbondale: Southern Illinois University Press.

Getta, J. 2019. *Jak se tlumočilo a tlumočív Namibii: Přehled od dob koloniálních až po současnost* [Interpreting in Namibia: From the colonial past to the present times]. Prague: Univerzita Karlova, Filozofická fakulta.

Gran, L. K. 2007. *Language of instruction in Tanzanian higher education: A particular focus on the University of Dar es Salaam* (Master's thesis).

Gromov, M. D. 2015. Bilingual Literature of Tanzania as a Specific Inter-Literary Community. *Journal of Language, Technology & Entrepreneurship in Africa*, 6 (1), 1-15.

Hale, S., & Napier, J. 2013. *Research methods in interpreting: A practical resource.* London: Bloomsbury.

Hale, S. 2014. Interpreting culture. Dealing with cross-cultural issues in court interpreting. *Perspectives*, 22 (3), 321-331.

Herzog, J. 1986. *Geschichte Tansanias* [History of Tanzania]. Berlin: Deutscher Verlag der Wissenschaften.

Kadenge, M., & Dion N. 2012.Language Policy, Translation and Language Development in Zimbabwe. *Southern African Linguistics and Applied Language Studies* 29 (3): 259-274.

Klíma, J. 2012. *Dějiny Afriky* [African history]. Prague: Nakladatelství Lidové noviny.

Maral-Hanak, I. 2009. *Language, Discourse and Participation: Studies in Donor-Driven Development in Tanzania*. Münster: LIT Verlag.

Vuai, M. M. 2017. *Investigating challenges of consecutive interpreting: a case of my love film*. Doctoral dissertation, The University of Dodoma.

Muzale, H. R., & Rugemalira, J. M. 2008. Researching and documenting the languages of Tanzania.

Nagel, J. 2010. "Sprachschule oder kolonialwissenschaftliches Institut: Das Berliner Seminar für Orientalische Sprachen zwischen linguistischer Forschung und kolonialer Praxis, 1887–1914" [Language school or colonial science institute: The seminar for oriental languages in Berlin between linguistic research and colonial practice, 1887–1914]. In *Sprachgrenzen – Sprachkontakte – kulturelle Vermittler*. Stuttgart: Franz Steiner Verlag.

Ngonyani, D. 1997. The Failure of Language Policy in Tanzanian Schools. *Social Education*, 61 (7), 412-18.

Ndichu, R. N. 2013. *Figurative language and culture-bound terms in interpreting: challenges and effects* (Doctoral dissertation, University of Nairobi).

Petzell, M. (2012). The linguistic situation in Tanzania. *Moderna språk*, 106 (1), 136-144.

Sa, E. 2007. Language policy for education and development in Tanzania.

Schmied, J. 2013. Tanzanian English. *The Mouton world atlas of variation in English.*

Sdobnikov, V. V. 2017. Types of decompression in simultaneous interpreting.

Středová, K. 2019. Critical archival research in Translation Studies: when a translation scholar becomes an archivist-researcher. *Mutatis Mutandis: Revista Latinoamericana de Traducción*, 12 (2), 500-518.

Swilla, I. N. 2009. Languages of instruction in Tanzania: Contradictions between ideology, policy and implementation. *African Study Monographs*, 30 (1), 1-14.

非洲翻译研究综述（2018—2022年）

马会娟　杨熹允[①]

1　引言

非洲大陆翻译历史悠久，但由于无文字记载的传统，可供研究的史料严重匮乏（Marais, 2020: 95）。非洲语言数量繁多，有2000多种，占世界语言总数的30%。一方面，非洲各国内部的语言使用情况十分复杂（臧胜楠，2019），很少有非洲本土外的学者能够使用当地语言进行调研；另一方面，非洲本土科研资源缺乏，民众受教育程度普遍较低，受限于英语水平，本土学者的研究力量不足（Arenberg, 2016）。就翻译研究而言，非洲本土学者因受限于政治、经济等因素，一方面，很难了解最新的国际学术动态；另一方面，又很难摆脱西方尤其是欧洲中心主义的翻译研究视域（张迎迎、马会娟，2018；马会娟、闫雪芹，2021）。这些都使得非洲翻译研究在全球译学学术舞台上长期被严重忽略（Spies & Seesemann, 2016），在世界翻译研究版图上处于边缘。

在全球化浪潮推动下，非洲等发展中国家的翻译研究在多元互补的翻译格局中日益受到重视（李红满、滕梅，2002）。但是，以欧美为主导的翻译理论体系却并不能充分描述和解释非洲的翻译现实（武光军，2014）。西方知名学者铁木志科指出，以非西方的视角进行翻译研究对丰富世界翻

[①] 作者介绍：马会娟，北京外国语大学教授；杨熹允，北京外国语大学博士研究生。

译学理论意义重大（Tymoczko, 2006: 71）。国内学者也呼吁要重视非洲翻译研究，拓展翻译研究的概念内涵和理论范畴（武光军，2014）。

伴随着当代中国对非交往合作关系的不断推进，非洲作为中国向西推进"一带一路"倡议的重要节点，在中国文化"走出去"战略布局中地位举足轻重，中国关于非洲研究领域不断拓展。然而，由于中国非洲研究的学科分布更注重现实问题或者"研以致用"（张宏明，2020），我国的非洲翻译研究明显滞后，多数研究主要停留在非洲文学作品的翻译或相关非洲项目翻译实践的探讨。近些年来，较为深入的非洲翻译研究论文仅有寥寥数篇，如非洲的戏剧翻译研究（黄坚，2017；黄坚、刘旭，2022），非洲文学在中国的翻译出版（邓耕，2018）以及中国影视作品外译到非洲的译制模式（金海娜，2017）。以"非洲翻译研究"为关键词在中国知网进行检索，研究内容多集中于中非双向文学译介、对非经贸翻译、对非外宣翻译以及相关非洲翻译项目实践的反思等。可见，国内对非洲的翻译研究仍处于初级阶段，缺乏较为深入的全面了解。

基于此，本文拟采用量化统计与质性分析相结合的研究方法，以2018年到2022年国际翻译学期刊、学术专著、博士论文为研究对象，管中窥豹，试图呈现和总结国际上非洲翻译研究最近五年来的研究现状和特点，主要回答以下问题：近五年国际上非洲翻译研究集中在哪些研究领域和主题？本文希望通过对近五年（2018—2022年）来非洲翻译研究成果的梳理，对非洲翻译研究的现状形成较为全面的认识。

2 数据收集

本文的数据来源包括非洲线上期刊英文数据库（African Journals Online），科学网，翻译研究参考书目，本杰明翻译电子期刊数据库，泰勒弗朗西斯文献平台（Taylor & Francis）人文社会科学期刊数据库，EBSCO，Proquest数据库以及以英语世界载文被SSCI或A&HCI收录的14种国际期刊。本文筛选的数据包括英文期刊论文、书本章节和博士毕业论文。

数据获取方法：

本文在搜索非洲翻译研究相关文章时，首先是参考了学者黄勤和刘芙蓉（Huang & Liu, 2019）在《翻译评论》（*Translation Review*）中用英文撰写的 2014 至 2018 年间全球翻译研究综述的研究成果里载明的 26 个翻译研究热门高频关键词，基于该关键词得出的数据分析的结果具有一定的适用性。本文在其基础上，对文中的翻译研究关键词进行了局部微调，将翻译历史（translation history）和历史的翻译（history of translation）合并为一个关键词翻译历史（translation history），同时增加了关键词手语翻译（sign interpreting），形成了表 1 中的 26 个关键词列表。通过统计 26 个关键词（详见表 1）在数据库非洲线上期刊（African Journals Online）出现的频次，对非洲翻译研究总体特点进行宏观把握。其次以"非洲翻译"（"African translation" 或 "translation in Africa"）为关键词在科学网数据库、翻译研究参考书目、本杰明翻译学研究参考书目数据库、泰勒弗朗西斯文献平台（Taylor & Francis）、EBSCO 数据库、Proquest 数据库和主要翻译研究国际期刊官网主页进行文献搜索和统计。由于机器搜寻结果具有含混性，我们对搜索到的论文或书籍章节又阅读其摘要或浏览文章内容来剔除重复和相关度低的文献，在此基础上对非洲翻译具体特点进行微观分析。

3 非洲翻译研究的宏观和微观特点

下面我们从宏观和微观两个方面对所获得的非洲翻译研究数据进行分析，以便了解近些年来非洲翻译研究的特点。

3.1 宏观方面

根据对非洲线上期刊英文数据库（African Journals Online）发文量统计和降序排列进行统计和分析，统计结果汇编成表 1 如下：

表 1

序　号	关键词（英文）	发文量
1	改译（adaptation）	39700
2	口译（interpreting）	31800
3	笔译（translation）	21100
4	意识形态（ideology）	8090
5	机构翻译（institutional translation）	7650
6	手语翻译（sign interpreting）	6920
7	翻译研究（translation studies）	5290
8	翻译历史（translation history）	4860
9	翻译理论（translation theory）	2820
10	口译培训（interpreting training）	1710
11	新闻翻译（news translation）	1470
12	法律翻译（legal translation）	1450
13	文学翻译（literary translation）	1330
14	口述影像（audio description）	1220
15	法庭口译（court interpreting）	975
16	翻译能力（translation competence）	920
17	审查（censorship）	876
18	多语主义（multilingualism）	689
19	语料库翻译研究（corpus-based translation studies）	667

（续表）

序　号	关键词（英文）	发文量
20	机器翻译（machine translation）	627
21	译者培训（translator training）	536
22	同声传译（simultaneous interpreting）	413
23	配音（dubbing）	96
24	视听翻译（audiovisual translation）	89
25	字幕翻译（subtitling）	39
26	重译（retranslation）	16

根据表1中对26个国际翻译研究热门话题关键词的数量统计，可以发现，非洲翻译研究主要呈现以下特点：

改译（adaptation）排名居首，突出反映了"翻译"本体概念在非洲大陆的多层面探讨。在翻译研究中，学者们对于改译的讨论就没有停止过，观点的交锋主要集中在对于翻译忠实性有不同的认知（Bastin, 1993）。传统翻译研究把"改译"视为一种翻译策略（Vinay、Darbelnet & Sager, 1995），而非洲一些学者则把它看作是一种文学改写，比如戏剧翻译（Bastin, 1993）；而以班迪亚（Bandia, 2014: 349）为代表的学者则将非洲的创意写作视同为一种翻译。

口译（interpreting）在非洲得到的关注度比笔译（translation）高。从历史角度来看，主要是因为前殖民时期非洲大陆长期依赖跨部落、跨地区的口头翻译交流（Bandia, 2014: 350）。口译员的职业生态和冲突情境下的伦理在非洲翻译研究中也备受关注。手语翻译作为口译的子领域也引起很多关注，尤其是新闻节目中的手语翻译，这主要是因为非洲大陆的识字率较低，主要以多种乡土话交流，广播中的手语翻译成为帮助广大非洲人（包括听障人士）获取信息的有效渠道（Heywood & Harding, 2020）。

对意识形态（ideology）的关注度也较高。主要是由于非洲的语言格局长期以来深深地打上了被殖民时期的宗主国的烙印。由于历史原因，多数非洲国家都有不少当政者抑制本土多语发展而推崇宗主国的语言，主要实施以英语、法语作为官方语言政策（Thiong'o, 2018: 124-138），形成并固化了非洲以前宗主国的语言为主导，辅之以地方语言的语言等级结构。各种语言在社会地位上呈现出三六九等的等级划分，前宗主国语言被赋予了"发达和现代化、进步的"社会资本，被奉为上等语言，使用者携带的社会符号是较高的社会地位，因此熟练掌握前殖民宗主国的语言被视为社会精英人士的标配。而非洲本土语言却被标签化，成为落后的象征。另一方面，由于受到全球化冲击，非洲大陆也无法抵挡英语的主导地位。英语作为中介语的影响很大，英语世界的意识形态也影响了非洲翻译，尤其是文学作品的翻译（Kruger, 2000: 3-12）。

机构翻译（institutional translation）之所以成为非洲翻译研究的焦点，是因为非洲翻译本身受到国家语言政策的影响很大，非洲的机构翻译仍然不能满足非洲大陆翻译的实际需求（Kuto, 2019）。专业化翻译人才培训和亟需保护濒危本土语言等都需要政府、学校层面的机构推动。

在理论研究方面，翻译学本体研究、翻译职业研究开始受到关注，但是整体上非洲翻译研究还是重翻译实践而轻翻译理论，理论研究相对滞后于翻译实践的新发展；非洲翻译研究领域各分支内研究专题发展不均衡，翻译研究与非洲的地域和行业的研究结合仍待深化。

3.1.1　科学引文数据库（Web of Science, 2018—2022 年）收录论文情况

科学网（Web of Science）[①]是获取全球学术信息的重要平台，收录了全球 2 万多种权威的、高影响力的学术期刊（SCI、SSCI、A&HCI）等各类文献。在科学引文数据库以非洲翻译（translation in Africa 或 African translation）作为主题词搜寻，选取语言学（linguistics）和语言（language）分类项目，语种选取英文，根据主题相关度筛选出 64 个结果。

---

① Web of Science 是获取全球学术信息的重要平台，它收录了全球 2 万多种权威的、高影响力的学术期刊（SCI、SSCI、AHCI）等各类文献。

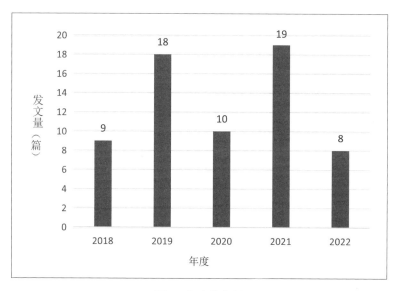

图 2　年度发文量

自 2018 年到 2022 年，非洲翻译研究每年的发文数量，偶数年份呈上升态势，奇数年份呈下降趋势，发文量有明显的波动。虽然 2022 年发文量下降，但很难预测未来的研究趋势。

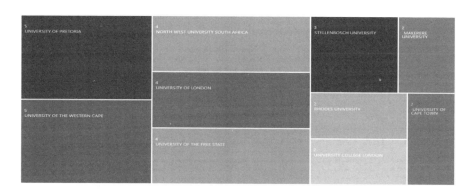

图 3　高产科研机构发文量

在过去 5 年发文量位居前 12 的科研机构为南非的比勒陀利亚大学（University of Pretoria），南非西开普大学（University of the Western

Cape），南非西北大学（North West University of South Africa），英国伦敦大学（University of London），南非自由州大学（University of the Free State），南非斯泰伦布什大学（Stellenbosch University），乌干达马凯雷雷大学（Makerere University），南非罗得斯大学（Rhodes University），英国伦敦大学学院（University of College London），南非开普敦大学（University of Cape Town），美国芝加哥大学（University of Chicago），南非威特沃特斯兰德大学（University of Witwatersrand）。非洲本土的研究机构最为活跃，尤其是南非的科研机构具有较强的研究实力；英国次之，第三是美国。整体而言，非洲本土的研究机构是非洲翻译主题的研究主力军，非洲本土外的英国和美国科研机构对此主题关注较多。发表成果较多的学者和发表数量：科布斯·马雷（Kobus Marais，2 篇），范·罗音·马利尔（Van Rooyen Marlie，2 篇）。被引频次在国际排名前列的论文情况，见附录表1。被引频次最高的论文分别发表在《跨语言与文化》（*Across language and culture*，2 篇），《译者》（*Translator*，3 篇）和《专业翻译杂志》（*Journal of specialized translation*，1 篇）。高被引论文多发表于翻译类专业期刊，可见翻译学界对非洲翻译的关注度高于其他学界。

3.1.2 区域发文量

本文以国家为单位，梳理了非洲 54 个国家（6 个北非国家，10 个南非国家，15 个西非国家，14 个东非国家和 9 个中非国家）翻译研究的发文量，将国名分别输入"翻译学研究参考书目"（Translation Studies Bibliography）的搜索框，限定搜索时间为 2018 年到 2022 年，可以得到不同国别对应的发表数量。东非翻译研究最为发达，共计发文 25 篇，占比 30.48%；其次是南非，共计发文 23 篇，占比 28.04%；北非次之，共计发文 20 篇，占比 24.39%；西非共计发文 17 篇，占比 20.73%；中非发文 7 篇，占比 8.53%。其中，东非翻译研究最为活跃的国家包括乌干达、坦桑尼亚、苏丹和肯尼亚；南非国家中南非独占鳌头；北非国家埃及的研究成果贡献率最高；西非国家中尼日利亚翻译研究成果占比最大；中非国家中最为抢眼的是喀麦隆。区域发文量与区域组成国家的数量和经济发展水平相关。

3.2 微观方面

下面我们从国际期刊、专著和电子数据库收录的非洲翻译研究论文和图书进行分析。

国际期刊方面,我们选取载文量和研究话题的统计时间跨度为2018年1月到2022年12月,分别统计英语世界载文被SSCI或A&HCI收录的14种国际期刊。具体统计情况见附录表2。由表2可见,《译者》、《翻译研究》和《视角》发表非洲翻译研究主题论文最多。根据论文的发文量和发文比例可以看出,非洲翻译研究虽然受到全球一定程度的关注,但是整体研究占比少,非洲翻译研究在国际上的显示度(visibility)比较低。

专著方面,通过对2018—2022年各类翻译主题较为集中的数据库[①]进行筛选,著作以"非洲翻译"贯穿全书始终,并且题目需含"翻译",通过通读标题和目录的二次核查,确定出与非洲翻译主题相关度高的五本著作如下:

(1)《非洲视野的文学翻译》(*African Perspectives on Literary Translation*, 2021),主编为朱迪斯·英格斯和艾拉·韦尔迈耶(Judith Inggs and Ella Wehrmeyer),书中共收录15篇论文。其中,关于翻译方法论和社会历史学视角3篇,文学翻译作品研究7篇,接受和过程研究4篇,去殖民化视角1篇。(来自泰勒·弗兰西斯电子书数据库)

(2)《翻译的必要性:非洲文学与译者的劳动》(*Translation Imperatives: African literature and the labour of translators*, 2020),作者是露斯·布什(Ruth Bush),该书通过海涅曼教育出版社编辑《非洲作家系列》的案例研究和喀麦隆21世纪文学翻译家的作品,采用文献法、访谈法、实地观察法等探讨非洲文学翻译的政治性,涉及到翻译和多语种,种族和去殖民化以及非洲翻译文学的研究方法论等内容。(来自EBSCO数据库)

(3)《南非翻译的权力和意识形态:社会系统视角》(*Power and Ideology in South African Translation: a social system perspective*, 2020),作

[①] Benjamins Translation studies bibliography,Taylor & Francis eBooks 数据库,EBSCO 数据库,Springer 数据库,John Benjamins ePlatform 数据库。

者玛丽塞尔·波塔（Maricel Botha）从后殖民主义视阈探讨南非翻译中的权力和意识形态。（来自 Springer 数据库）

（4）《非洲小说中音色主题的翻译政治》（*The Politics of Translating Sound Motifs in African Fiction*, 2020），作者是劳伦斯·杰伊雷恩－艾伯拉姆·艾博（Laurence Jay-Rayon Ibrahim Aibo）。（来自约翰·本杰明电子平台数据库）

（5）《跨边界、跨媒体和翻译的政治：来自南非的凝视》（*Borders, Media Crossings and the Politics of Translation: The Gaze from Southern Africa*, 2019），作者皮尔·保罗·弗拉西尼利（Pier Paolo Frassinelli）。（来自 EBSCO 数据库）

另外，通过 Proquest global 数据库，以 African translation 或 translation in Africa 为关键词，时间跨度为 2018 到 2022 年，获得 10 篇非洲翻译研究的博士论文（见附录表 3）。博士论文研究内容以文学翻译和文化翻译为主，主要基于语言学理论和文学理论。从研究视角来看，大多从社会语言学和后殖民视角，这与翻译在长期被殖民的非洲大陆中的角色变迁（从殖民者的政治工具变成民族独立反抗压迫的解放工具）息息相关。

电子书目数据库方面，我们主要以收录翻译研究类图书比较全面的约翰·本杰明电子平台（John Benjamins ePlatform）和泰勒－弗朗西斯电子书（Taylor & Francis eBooks）[①]图书数据库为主要数据来源，分别分析如下：

约翰·本杰明电子平台（John Benjamins ePlatform）电子书目数据库：在该数据库以"translation in Africa"或"African translation"为关键词进行查询，搜索到 2018—2022 年发表的作品如下：《接受性研究和视听翻译》（*Reception Studies and Audiovisual Translation*）、《翻译中关键文化文本》（*Key Cultural Texts in Translation*）、(现代翻译知识的历史)（*A History of Modern Translation Knowledge*）、《世界翻译图集》（*A World Atlas of Translation*），《融合时代的新闻与翻译》（*Journalism and Translation in the Era of Convergence*）及《翻译不对称和重写权力》（*Translating Asymmetry-*

---

① Taylor & Francis 电子书数据库（Taylor & Francis eBooks）提供来自 Taylor & Francis 旗下 Routledge 和 CRC Press 等全球知名出版品牌的 120,000 余册电子书，学科全面覆盖人文科学、社会科学数据库。

Rewriting Power）。主题涉及到视听翻译，文学翻译，翻译政治和翻译知识，南非新闻翻译。多数作者都属于非洲国家的某个学术机构，也有后来移民海外的非洲学者，如加拿大康考迪亚大学（Concordia University）的保罗·班迪亚（Paul Bandia）。

泰勒－弗朗西斯电子书（Taylor & Francis eBooks）：在该数据库搜索框输入 Africa，再进一步细化筛选条件，出版时间（2018—2022 年），选中语言与文学门类中的语言与语言学（language & linguistics）中的子类 translation，可以搜索到图书整书或图书部分章节收录的含非洲翻译研究的结果。通过浏览图书封皮和阅读章节摘要，剔除再版图书、重复性结果和相关性不高的结果，可以得出以下数据（见表 4）：

表 4

非洲翻译研究 2018—2022 年	全书收录图书	部分收录图书	高频发文作者及其发文频次	出版年份的书目统计
笔译研究（translation studies）	1	18	朱迪斯·英格斯（3）凯瑟琳·巴彻勒（3）保罗·班迪亚（3）韦尔迈耶（3）	2018（9本）2019（2本）2020（2本）2021（2本）2022（4本）
口译研究（interpreting studies）	0	9	玛利亚·托多罗娃（2）	2018（2本）2019（1本）2020（1本）2021（2本）2022（5本）

该数据库中 2018 年到 2022 年的非洲翻译研究相关著作情况如下：涉及非洲翻译研究的图书共 28 本。其中，以口译为主的著作为《冲突和后冲突情境下的口译员培训》（*Interpreter Training in Conflict and Post-Conflict Scenarios*, 2022）；研究区域只涉及非洲大陆的著作为《非洲视野下的文学翻译》（*African Perspectives on Literary Translation*, 2021）。高频

发文作者包括朱迪斯·英格斯（Judith Inggs）、凯瑟琳·巴彻勒（Kathryn Batchelor）、保罗·班迪亚（Paul F. Bandia）、韦尔迈耶（Wehrmeyer）、玛利亚·托多罗娃（Marija Todorova）。

4　非洲翻译研究热门主题

　　根据对上文搜集到的非洲翻译研究期刊论文和专著的分析，我们发现，除了传统的文学翻译（非洲诺贝尔文学奖作品的译介、自译、译者风格），非洲翻译研究更多关注影响翻译活动的文化与社会等权力关系对翻译主体和翻译产品的影响，比如，域外出版社对非洲文学作品在欧美国家的译介和文化传播的研究，代表性的研究包括马杜埃凯（Madueke, 2022）探讨法国出版社机构的意识形态（世界观、文学观、政治立场等）对尼日利亚作家钦努阿·阿契贝的经典文学作品在法国的译介影响。鲁格（Rüegg, 2022）研究了瑞典出版社对 6 部非洲诺贝尔文学作品在瑞典的译介影响。凯瑟琳（Kathryn, 2019）研究了非洲翻译文学作品外译到中国的社会影响因素，分析了文学作品译介对国家软实力提升和中非关系的意义。另外，非洲非文学翻译也开始受到关注，彰显了非洲翻译与经济发展的关系。例如，2021 年，学者塞布云戈（Sebuyungo）采用社会语言学和语用学的视角研究乌干达的官方文件从法语译入英语的翻译问题。

　　非洲的笔译研究著作共有 19 部[①]，著作出版在 2018 年最集中。除了

[①] 2018 年出版：*World Politics in Translation*、*The Routledge Handbook of Translation and Politics*、*Translation and Paratexts*、*Rethinking Translation*、*Orality and Translation*、*The Routledge Handbook of Translation and Culture*、*The Routledge Handbook of Audiovisual Translation*、*The Routledge Handbook of Literary Translation*、*Translation and World Literature*；
2019 年出版：*Hybrid Englishes and the Challenges of and for Translation*、*Translation in Cascading Crises*；
2020 年出版：*Translation Revision and Post-editing*、*Translation and activism*；
2021 年出版：*African Perspectives on Literary Translation*、*The Routledge Handbook of Translation and the City*；
2022 年出版：*Indirect Translation Explained*、*Teaching Literature in Translation*、*Transfiction and Bordering Approaches to Theorizing Translation*、*Reframing Translators*、*Translators as Reframers*

非洲文学翻译的研究主题更加丰富和多元外，非洲翻译研究还与其他学科（文学、社会学、人类学、政治学等）结合紧密，利用其他学科提出的理论或概念如空间、杂糅、身份、他者、行动主义、世界主义等进行翻译研究。

非洲的口译研究活跃。盖陶（Getta, 2021）研究东非坦桑尼亚[①]斯瓦希里语口译员的职业生态，深化了人们对非洲口译员角色、形象、职业素养的认识。除了社区口译之外，《劳特利奇会议手册》（*The Routledge Handbook of Conference*）（Albl-Mikasa & Tiselius, 2021）收录的金·沃玛赫（Kim Wallmach）和妮娜·奥卡布埃（Nina Okagbue）的论文探讨了非洲沙哈拉地区的会议口译员职业生态情况。学者科斯塔，古特雷斯和劳施（2020）（Costa, Gutiérrez, & Rausch, 2020）的研究则指出非洲的非职业的志愿者口译员在接受了远程的心理辅导后，在执行非法移民中心的口译任务时，自我复原力和工作效率都会比接受心理辅导前表现更佳。非洲冲突地区的口译研究代表性著作有罗森多和托多罗娃（Rosendo & Todorova）主编的《冲突和后冲突情境下的口译员培训》（*Interpreter Training in Conflict and Post-Conflict Scenarios*, 2022）和费德里奇和奥布赖恩（Federici & O'Brien）主编的《层叠冲突下的翻译》（*Translation in Cascading Crises*）。

在翻译过程研究中，非洲手语翻译研究是一个新的研究热点。韦尔迈耶（2022）进行的同传手语的心理语言学类错误的机制研究，修正了以往多数以笔译错误类型照搬到口译研究中的做法，将口译错误类型根据勒韦（Levelt）模型（1983, 1989）进行了优化[②]，引入认知类错误，突破了以往理解类为主的错误分类系统。韦尔迈耶近年来的手语研究兴趣还包括手语同传中的增译和媒体中手语同传策略研究，公共服务领域的手语与英语口语翻译研究。达登 & 马罗尼（Darden & Maroney, 2018）主要通过行动研究探索如何利用现代化的移动学习工具（手机）来为非洲

---

① 坦桑尼亚是非洲首个将非洲本土语言制定为为国家通用语的国家（Petzell, 2012: 138）。
② Wehrmeyer, Ella（2022）对口译错误系统的编码，分类依据以下五大类错误：articulation errors; lexeme selection and morphological encoding errors (TOTs, grammatical errors, referencing errors); lemma selection errors; conceptualiser errors; comprehension errors.

加纳地区培养手语口译员。

翻译建构地方性知识的世界化传播，推动社会变革。一方面，翻译被看作是知识传播的力量，尤其是本地知识生产的重要工具。比如，科布斯·马雷（Kobus Marais）主编的《翻译研究之外的翻译》（*Translation Beyond Translation Studies*）拓展了翻译的内涵，收录了来自南非地区的四位学者关于自然科学领域、人文科学领域的翻译专题研究，探讨了翻译在非洲的文学、教育和医疗领域的知识传播。文学领域，南非荷兰语译者的增多对欧洲经典文学译介到南非意义重大（Constantine, 2018）；教育领域，口译成为辅助大学课堂教育的一种手段（Brewis, 2022），视听翻译对多语（南非的文达语和聪加语）的推广作用（Kruger, Kruger, & Verhoef, 2007）；医疗领域，喀麦隆医疗材料翻译成低资源语言①（喀麦隆洋泾浜英语）（Cameroonian Pidgin English）翻译策略研究（Tekwa & Tazoacha, 2022）。另一方面，翻译也被视为推动社会变革的催化剂。翻译的行动主义视角②往往与社会变化的推动紧密相关。比如，在南非，为了抵抗后种族隔离时代的不公，抗议者用警察不懂的语言科萨语（IsiXhosa）进行交流（Deumert, Mpazayabo, & Thompson, 2021: 248-259）。翻译在一定程度上给了少数族裔或边缘人群发声机会。兰达·阿布巴卡（Randa Aboubaka, 2021）研究了埃及的公共空间（如墙壁涂鸦和店铺的标识语）的多语杂糅现象：一些店铺为了提升身价，采用英语和阿拉伯语混合的店铺双语标识，而另一些店铺将店名用阿拉伯语和拉丁语混合，使拉丁语与阿拉伯语在标识中的平起平坐来作为抵抗和解构英语与阿拉伯语、西方和阿拉伯世界经济地位不平等的方式。

---

① Cronin, M. The cracked looking glass of servants: Translation and minority languages in a global age. *The Translator* 1998 (4: 2), 145-162. Cronin 在 1998 年就撰文呼吁低资源语言纳入翻译研究的重要性。
② 在 *The Routledge Handbook of Translation and Activism*（2020）中编者提到的四种行动主义的范式（paradigm）对应四种译者的身份，译者是见证者、发声者、少数族群语言者和革命者（witness bearer, voice-giver, render of minor tongues of literary and non-literary vernacular, revolutionary）。

5 未来非洲翻译研究展望

非洲文学作品翻译的文学性越来越受到关注，包括非洲口头文学传统的复杂性和多元性，以及文学作品中的音乐性和表演性语言的研究。以往侧重意识形态和政治的非洲文学翻译研究逐渐减少，非洲的翻译文学不仅仅是世界了解非洲殖民史、政治和社会的窗口。文学翻译研究中自译研究得到新的拓展，非洲作者和译者的界限走向模糊，双语写作者的非母语写作被视为是一种自译。

雅各布森的语内、语际、符际三大翻译类型中的语内和符际翻译在非洲翻译研究中得到了广泛关注。非洲翻译研究中的语种也出现了去中心化的变化，非洲地方方言进入人们视野，濒危语种、地方话（vernacular）的语言资源得到了研究者的重视，成为非洲翻译研究的新材料。有关这些非洲语种或地方方言的翻译研究可以利用现有的大语种在各个翻译领域的现有研究成果进行更为深入的研究，比如外国文学作品译入到非洲本土的地方语言，可以带动间接翻译的研究。

在非洲大陆，语言和政治权力之间有着千丝万缕的联系。非洲的翻译研究不应将非洲大陆与世界其他国家或地区隔离开来，而应以一种系统的方式去看待翻译非洲大陆的翻译研究：既要尊重非洲翻译研究的特殊性，同时也要将它还原为非洲大陆的具体语境和事实。

【参考文献】

Aboubaka, R. (2021). Translation and the struggle for urban symbolic capital in Cairo. In T. K. Lee (Ed.), *The Routledge Handbook of translation and the city* (pp.263-277). New York: Routledge. https://doi.org/10.4324/9780429436468

Aibo, J.R.I. (2020). *The politics of translating sound motifs in African fiction.* Amsterdam/ Philadelphia: John Benjamins. https://doi.org/10.1075/btl.150

Arenberg, M. (2016). Studying African literature in the age of the global. *Africa Today*, 63 (2), 117-120. https://doi.org/10.2979/africatoday.63.2.16

Bandia, P. (2014). African Europhone literature and writing as translation. In T. Hermans (et al.), *Translating others* Vol. 2. (pp.349-350). Manchester: St Jerome Publishing. https://doi.org/10.4324/9781315759852

Bastin, G. (1993). La notion d' adaptation en traduction. *Meta*, 38 (3), 473-478. https://doi.org/10.7202/001987ar

Botha, M. (2020). *Power and ideology in South African translation: A social systems perspective*. Cham: Springer. https://doi.org/10.1007/978-3-030-61063-0

Brewis, C. (2022). Some material aspects of an interpreted university lecture: Gaining insight into the realities of interpreter-mediated teaching and learning. *Translation and Interpreting Studies*, 17 (1), 66-87. https://doi.org/10.1075/tis.21010.bre

Bush, R. (2022). *Translation Imperatives: African literature and the labour of translators*. Cambridge: Cambridge University Press. https://doi.org/10.1017/9781108766449

Cortés, O. C. I. & Nebot, E. M (eds). (2021). *Translating asymmetry, rewriting power*. John Benjamins Publishing Company. https://doi.org/10.1075/btl.157

Constantine, P. (2018). Writing an un/broken language: multilingualism, translation, and the rise of Afrikaans. *Translation Review*, 102 (1), 14-21. https://doi.org/10.1080/07374836.2018.1519477

Costa, B., Gutiérrez, R. L. & Rausch, T. (2020). Self-care as an ethical responsibility: A pilot study on support provision for interpreters in human crises. *Translation and Interpreting Studies*, 15 (1), 36-56. https://doi.org/10.1075/tis.20004.cos

Darden, V. & Maroney, E. M. (2018). Craving to hear from you: An exploration of m-learning in global interpreter education. *Translation and Interpreting Studies*, 13 (3), 442-464. https://doi.org/10.1075/tis.00024.dar

Davier, L. & Conway, K. (2019). *Journalism and translation in the era of convergence*. Amsterdam/Philadelphia: John Benjamins Publishing Company.

https://doi.org/10.1075/btl.146

Deumert, A., Mpazayabo, S. & Thompson, M. (2021). Cape Town as a multilingual city, policies, experiences and ideologies. In T. K Lee (ed.), *The Routledge handbook of translation and the city* (pp.263-275). New York: Routledge. https://doi.org/10.4324/9780429436468

Di. G. E. & Gambier, Y. (2018). *Reception studies and audiovisual translation*. Amsterdam/Philadelphia: John Benjamins. https://doi.org/10.1075/btl.141

Federici, F. M. & O'Brien, S. (2020). *Translation in cascading crises*. London: Routledge.

Frassinelli, P. P. (2020). *Borders, media crossings and the politics of translation: the gaze from Southern Africa*. London: Routledge. https://doi.org/10.4324/9780429029387

Gambier, Y. & Stecconi, U. (2019). *A world atlas of translation*. Amsterdam/Philadelphia: John Benjamins Publishing Company. https://doi.org/10.1075/btl.145

Getta, E. (2021). Interpreting in Tanzania from the perspective of Tanzanian interpreters: Intercultural communication in inter/national dimensions. *Babel*, 67 (5), 553-578. https://doi.org/10.1075/babel.00241.get

Heywood, E. & Harding, S.A. (2020). If you've done a good job, it's as if you've never existed: Translators on translation in development projects in the Sahel. *Translation Studies*, 14 (1), 18-35. https://doi.org/10.1080/14781700.2020.1749122

Huang, Q. & Liu, F. (2019). International translation studies from 2014 to 2018: a bibliometric analysis and its implications. *Translation Review*, 105(1), 34-57. https://doi.org/10.1080/07374836.2019.1664959

Hulst, L. & Gambier, Y. (2018). *A history of modern translation knowledge: sources, concepts, effects*. Amsterdam/Philadelphia: John Benjamins. https://doi.org/10.1075/btl.142

Inggs, J. & Wehrmeyer, E. (2021). *African perspectives on literary translation*. New York: Routledge. https://doi.org/10.4324/9781003001997

Kathryn, B. (2019). Literary translation and soft power: African literature in Chinese translation. *The Translator*, 25 (4), 401-419. https://doi.org/10.1080/13556509.2020.1735090

Kruger, A. (2000). Translation Studies in South Africa at the turn of the 21st Century. *Language Matters*, 31 (1), 3-12. https://doi.org/10.1080/10228190008566156

Kruger, J. L., Kruger, H. & Verhoef, M. (2007). Subtitling and the promotion of multilingualism: the case of marginalized languages in South Africa. *Linguistica Antverpiensia New Series — Themes in translation studies* 6, 35-50. https://doi.org/10.52034/LANSTTS.V6I.178

Kuto, E. (2019). Re-modelling institutional translation. An African perspective. In J. Ndongo-Kell et al (Eds.), *La traduction et l'interprétation en Afrique subsaharienne: les nouveaux défis d'un espace multilingue*. Éditions Des Archives Contemporaines. https://www.sudoc.fr/26354723X

Levelt, W. J. M. (1983). Monitoring and self-repair in speech. *Cognition, 14* (1), 41-104. https://doi.org/10.1016/0010-0277(83)90026-4

Levelt, W. J. M. (1989). *Speaking: from intention to articulation*. Cambridge, MA: MIT Press. https://doi.org/10.7551/mitpress/6393.001.0001

Madueke, S. I. (2022). Translating across the imperial divide: the role of agents in translation and publishing Chinua Achebe's works in French. *Translator*, 28 (3), 263-278. https://doi.org/10.1080/13556509.2021.1963511

Marais, K. (2020). Exploring the multimodality of translation in precolonial African contexts. In R.Gould & K. Tahmasebian (Eds), *The Routledge handbook of translation and activism*. New York: Routledge. https://doi.org/10.4324/9781315149660

Malmkjær, K., Serban, A. & Louwagie, F. (2018). *Key cultural texts in translation*. Amsterdam / Philadelphia: John Benjamins Publishing Company. https://doi.org/10.1075/babel.00084.che

Rosendo, L. R. & Todorova, M. (2022). *Interpreter training in conflict and post-conflict scenarios*. New York: Routledge. https://doi.org/10.4324/9781003230359

Rüegg, J. (2022). Prestigious publishing in the semi-periphery: Swedish publishing of African Nobel laureates in literature after 1970. *Perspectives, Studies in*

Translatology, 30 (5), 844-858. https://doi.org/10.1080/0907676X.2022.2067484

Sebuyungo, E. (2021). Translating official documents from French to English in Uganda: A sociolinguistic and pragmatic approach. *Babel*, 67 (6), 730-757. https://doi.org/10.1075/babel.00243.seb

Spies, E. & Seesemann, R. (2016). Pluralicity and relationality: new directions in African Studies. *Africa Today*, 63 (2), 132-139. https://doi.org/10.2979/africatoday.63.2.19

Tekwa, K. & Tazoacha, F. (2022). No worry, dat sick go finish small time: Encouraging local community participation in global healthcare via minority language determinologization and ruralization. *Linguistica Antverpiensia New Series-Themes in translation studies 21*. https://doi.org/10.52034/lanstts.v21i.749

Thiong'o, N. (2018). The politics of translation: notes towards an African language policy. *Journal of African Cultural Studies*, 30 (2), 124-132. https://doi.org/10.1080/13696815.2016.1183476

Tymoczko, M. (2009). Reconceptualizing Western translation theory: Integrating non-Western thought about translation. In T. Hermans (et al), *Translating others* Vol. 2. London: Routledge. https://doi.org/10.4324/9781315759852

Vinay, J. P., Darbelnet, J. & Sager, J. C. (1995). *Comparative Stylistics of French and English* (Benjamins Translation Library). Amsterdam: John Benjamins. https://www.jbeplatform.com/docserver/fulltext/9789027291134.pdf?expires=1700317119&id=id&accname=manchester%2F1&checksum=C770615E5010AFA9C781580D0769F210

Wallmach, K. & Okagbue, N. (2021). Conference interpreting in Sub-Saharan Africa. In M. Albl-Mikasa & E. Tiselius (Eds.), *The Routledge handbook of conference interpreting*. London: Routledge. https://doi.org/10.4324/9780429297878

Wehrmeyer, E. (2021). Additions in simultaneous signed interpreting. *Translation and Interpreting Studies*, 16 (3), 434-454. https://doi.org/10.1075/tis.18053.weh

Wehrmeyer, E. (2022). Psycholinguistic errors in signed simultaneous interpreting.

Interpreting: International Journal of Research and Practice in interpreting, 24 (2), 192-220. https://doi.org/10.1075/intp.00074.weh

邓耘．(2018)．近百年来非洲文学在中国翻译出版的特征与困境探析．出版发行研究（03），108-111.

李红满，滕梅．(2002)．探索新世纪的翻译研究模式——评介《跨文化侵越翻译研究模式Ⅱ：历史和意识形态问题》．上海科技翻译（04），54-57.

黄坚．(2017)．关于非洲戏剧翻译的若干思考．戏剧之家（02），27-28.

黄坚，刘旭．(2022)．交际翻译视角下肯尼亚戏剧《黑隐士》的翻译实践研究．玉林师范学院学报（01），105-110.

金海娜．(2017)．中国影视作品对外译制模式探析——以坦桑尼亚为例．中国翻译（04），33-37+44.

马会娟．(2014)．加拿大学者视角下的当代西方翻译研究．解放军外国语学院学报（05），131-138+160.

马会娟，闫雪芹．(2021)．翻译研究选题、研究热点及趋势——皮姆教授访谈录．中国外语（06），82-87.

武光军．(2014)．非洲的翻译及非洲翻译研究的意义．外国语（上海外国语大学学报）（05），57-63.

臧胜楠．(2019)．基于SWOT模型的非洲孔子学院发展战略分析．浙江师范大学学报（社会科学版）（03），69-74.

张宏明．(2014)．如何辩证地看待中国在非洲的国际处境——兼论中国何以在大国在非洲新一轮竞争中赢得"战略主动"．西亚非洲（04），4-25.

张迎迎，马会娟．(2018)．当代西方翻译研究的新趋势．上海翻译（04），17-23+94.

附录表 1：被引频次在国际排名前列的论文情况

作　者	文章标题	被引频次
Kruger, H	That Again: A Multivariate Analysis of the Factors Conditioning Syntactic Explicitness in Translated English	16
Azeb, S	Crossing the Saharan Boundary: Lotus and the Legibility of Africanness	11
Van Rooyen, M	Investigating Translation Flows: Community Radio News in South Africa	11
Gracia, NIO	Towards a decentered Global North Atlantic: Blackness in Saga af Tristram ok isodd	9
Ke-Schutte, J	Aspirational Histories of Third World Cosmopolitanism: Dialectical Interactions in Afro-Chinese Beijing	7
Marais, K; Luchner, CD	Motivating the translation-development nexus: exploring cases from the African Continent	7
Angermeyer, PS	Beyond translation equivalence: Advocating pragmatic equality before the law	6
Batchelor, K	Literary translation and soft power: African literature in Chinese translation	6
Bornman, J; Louw, B	A model for cross-cultural translation and adaptation of speech-language pathology assessment measures: Application to the Focus on the Outcomes of Children Under Six (FOCUS(C))	5
Plaetzer, N	Decolonizing the Universal Republic The Paris Commune and French Empire	4
Mastropierro, L; Conklin, K	Racism and dehumanization in Heart of Darkness and its Italian translations: A reader response analysis	4

（续表）

Chibamba, M	Translation and communication for development: the case of a health campaign in Zambia	4
Dyers, C; Antia, BE	Multilingual and multimodal mediation in one university module: The people and processes involved	4
Pym, A	A typology of translation solutions	4

附录表2：非洲翻译研究刊文的14种国际翻译期刊（2018—2022年）

No.	期刊名称	E-ISSN	载文量
1	Translation studies	SSCI/A&HCI	19
2	Linguistica Antverpiensia	SSCI/A&HCI	7
3	Target	SSCI/A&HCI	11
4	Perspectives	SSCI/A&HCI	15
5	Translation and Interpreting Studies	SSCI/A&HCI	5
6	Journal of Specialized Translation	SSCI/A&HCI	2
7	Interpreter and Translator Trainer	SSCI/A&HCI	8
8	Translator	SSCI/A&HCI	45
9	Interpreting	SSCI/A&HCI	2
10	Across Languages and Cultures	A&HCI	2
11	Babel	A&HCI	5
12	Meta	A&HCI	2
13	Translation and Literature	A&HCI	2
14	Translation Review	A&HCI	1

附录表3：非洲翻译研究主题博士论文（2018—2022年）

论文作者	博士论文题目	时间	大学机构所在地	研究主题	研究方法／研究视角
Basu, Durba	"Bilingualism" and Language-Choice in Literary Production in Colonial Bengal	2018	美国	文学翻译	语言学、后殖民
Talento, Serena	Framing Texts/Framing Social Spaces: The Conceptualisation of Literary Translation and Its Discourses in Three Centuries of Swahili Literature	2018	德国	文学翻译	社会学
Gbogi, Michael Tosin	"Out of Naija, Straight from Naija": Language, Performativity, and Identity in Nigerian Hip Hop Music	2019	美国	文化翻译	音乐、表演
Indongo, Julia N	Language and Mobility: A Study of Migrants' Linguistic Repertoires and Discourses in Windhoek, Namibia	2019	南非	文化翻译	多语、语言政策
Phetlhe, Keith	Decolonizing Translation Practice as Culture in Postcolonial African Literature and Film in Setswana Language	2020	美国	文化、文学翻译	文献、后殖民
Meehan, Erin Elizabeth	Dervish Oral Poetry in Somalia: A Study in Semiotic Chora	2021	美国	文学翻译	符号学

（续表）

作者	标题	年份	国家	类型	领域
Samuels, Tristan	Translation as a Cultural Act: An Africological Analysis of Medew Netcher from a Jamaican Perspective	2021	美国	文化翻译	区域国别学、历史学
Alharbi, G. M.	Contemporary saudi fiction in english translations: A bibliographic and analytical study of the methodology of the english translation of the Novel	2022	美国	阿拉伯语文学翻译	文献研究
Zouaoui, Akram.	Recognizing Diglossia and Language Diversity in Tunisia: A User-Centered Approach to the Translation of Technical Documentation	2022	美国	非文学翻译（技术）	社会语言学、用户视角
Braimoh, Jimoh Junior	Linguistic Expressions of Pidgin in Nigerian Stand-Up Comedy	2022	美国	文化翻译	社会语言学、语用学

多语言多文化背景下的南非字幕翻译

海伦娜·克鲁格（Haidee Kruger）
让·路易斯·克鲁格（Jan-Louis Kruger） 著
玛琳·韦尔霍夫（Marlene Verhoef）[①]
杨熹允　马会娟[②]　编译

1　引言

在全球化和信息技术革新的背景下，世界各国、各地区之间文化交流碰撞日益频繁，影视作品成为文化交流的先锋。与其他翻译模式相比，影视作品字幕翻译有助于观众体验原汁原味的外语。近年来，南非学者让·路易斯·克鲁格（Jan-Louis Kruger）就南非的字幕翻译发表了系列论文，主要探讨了南非字幕翻译对南非社会发展进程的推动作用，基于用户需求的南非字幕翻译培训模式以及意识形态影响下的南非字幕翻译研究（Kruger & Kruger, 2004; Kruger & Verhoef, 2007; Kruger, 2012）。本文将主要基于克鲁格的研究，介绍多语言多文化背景下南非的字幕翻译对南非多语制推行和保障语言权利的意义，以及南非字幕翻译用户需求和南非广播公司（SABC）是如何影响影视作品字幕翻译的。

---

① 作者介绍：海伦娜·克鲁格，南非西北大学语言系副教授；让·路易斯·克鲁格，澳大利亚麦考瑞大学语言学系教授和系主任；玛琳·韦尔霍夫，南非西北大学语言系教授。
② 编译者介绍：杨熹允，北京外国语大学博士研究生；马会娟，北京外国语大学教授。

2 南非字幕翻译的社会角色

南非是多民族、多种族的社会,文化多元,语言多样。南非影视作品的字幕翻译作为一种翻译形式,与南非的社会历史背景、语言文化及国家建设密不可分。下面我们主要论述南非字幕翻译在推动南非多语制度和保障不同群体公平享受语言权利参与社会公共生活扮演的重要作用。

2.1 南非的多语制与字幕翻译

南非境内语言资源丰富。然而,由于受历史上殖民时期的语言政策影响,很长时间以来南非实行英语和南非荷兰语双语官方语的语言政策。为了摆脱殖民时期的影响,保持文化的多元性和南非各语言之间的平等,增加各语言群体的民族自豪感,南非民主政府1996年颁布新宪法,确立了11个官方语言,包括斯佩迪语(北索托语)、南索托语、茨瓦纳语、斯瓦西语、文达语、聪加语、阿非利堪斯语(南非荷兰语)、英语、恩德贝莱语、科萨语和祖鲁语。新宪法指出:"我们要重新认识到南非土著语言的使用和地位在历史上有所下降,实行切实有效的措施来提升这些语言的地位并推动这些语言的使用势在必行"[South Africa, 1996: 6 (4)]。对境内所有语言的尊重和推崇不只是南非政府为了维系多元文化、维护和发展本土语言、提升国家凝聚力的国家意志的体现,也代表了全国人民争取自身语言权利的心声(Erasmus, 2002: 198)。

然而,南非所有的官方语言并不享有平等地位,这与南非新宪法倡导的多语理想相去甚远。2003年,南非国家统计局对南非各语言的母语使用人数统计如下(见表1):

表1 2003年南非国家统计局统计的南非语言使用情况分布

（Statistics South Africa, 2003: 15）

语　言	使用人数	百分比（%）
祖鲁语	10677305	23.8
科萨语	7907153	17.6
南非荷兰语	5983426	13.3
北索托语	4208980	9.4
茨瓦纳语	3677016	8.2
英语	3673203	8.2
南索托语	3555186	7.9
聪加语	1992207	4.4
斯瓦西语	1194430	2.7
文达语	1021757	2.3
恩德贝莱语	711821	1.6
其他语言	217293	0.5
共计	44819778	100

由表1可知，在南非只有百分之八的人口将英语作为母语。然而，英语的使用却在南非教育、行政和媒体占据绝对主导地位。语言学家乔姆斯基认为："语言问题，本质上是权力的问题"（Chomsky, 1979: 191）。南非与许多曾被殖民的国家一样，前宗主国语言渗透至深。

在南非，非英语母语者形成的价值判断是英语的熟练使用关乎个人社会地位、文化水平和经济收入的提高；而南非的英化也是出于政府经世致用的考虑（Erasmus, 2002: 198）。掌握像英语这类主流语言的人在社会竞争中更具有优势，能享受更多的社会资源和经济机会（Durgunoğlu &

Verhoeven, 1998: 292; May, 2004: 41）。此外，英语在南非之所以获得如此至高无上的地位，还源于很多人将英语视为南非 1848—1991 年种族隔离制度斗争的武器和追求自由的象征（Webb, 1996: 145）。

英语在南非的重要地位很容易让人们陷入认识误区：误以为南非人人精通英语。然而，根据泛南非语言委员会（PanSALB, 2001: 9）的一项语言社会学调查，仅有 20% 的非英语母语者认为自身英语水平可无障碍理解官方英文发布的演讲和声明。实际上，大约 50% 的非英语母者仅仅能够勉强理解南非官方和媒体上用英文发布的各类政务信息。另外，南非还存在着相当数量的文盲群体和教育机会受限人群，英语很难成为这些人日常生活中赖以交流的通用语。因此，南非政府在推广多语制政策的过程中面临着双重困境：一方面，如果过于强调英语作为通用语的地位势必会导致南非土著语言被边缘化，进而侵犯到其他语言群体的语言权利；另一方面，也不能否认英语作为全球沟通工具、知识传播和促进社会性流动的重要意义（Kruger & Verhoef, 2007: 37）。

基于此，南非政府致力于多语制的推广。通过有效利用国家广播电视台这类官方媒体，充分发挥字幕翻译在打破不同民族、种族之间的文化隔阂的作用。字幕翻译在南非社会的重要性日益凸显。一方面，字幕翻译对促进南非土著语言的发展具有巨大潜力；另一方面，如果电视节目翻译成南非的土著语言，也可以帮助人们提高对英文电视节目的理解能力（Kruger & Verhoef, 2007: 37）。

2.2 保障语言权利与字幕翻译

在南非，推动所有官方语言（尤其是处在边缘地位的语言）语内和语际的字幕翻译实践有助于实现三大基本语言权利的主张：个体使用自己语言自由的权利，个体发展自己语言的权利，以及个体被理解和理解其他语言的权利（Sachs, 1994: 110）。由于语言行为发挥着实现公民基本权利的保障性作用，南非字幕翻译被视作保障公民语言权利的利器。2007 年，克鲁格与海蒂·科茨（Haidee Kotze）在联合发表的论文《字幕翻译和多语制的推动：以南非被边缘化的语言为例》中选择处于边缘地位的两种南非官方语言文达语（Tshivenda）和聪加语（Xitsonga），探究南非字幕翻译成英语以外的这两门语言对这两门语言的语言地位和南非多语制的潜在影响。之所以选择这两门语言，是由于文达语和聪加语不属于南非的两大语系（恩古尼语系和索托语系），在南非的使用人群均不足百分之五；而且使用群体主要分布在南非边远的乡村。虽然此项研究的样本量小，选取的教育节目混杂着南非其他语言，而且受试者约有 25% 的文盲率，不是所有受试者都熟悉带字幕的电视节目，人们通常很难以日常交际中同样的语速来阅读字幕（文达语和聪加语通常在非正式口语会话中使用），但是研究结果仍具有很高的参考价值。研究结果显示：语言被边缘化的群体迫切希望自己的语言能获得社会认可，并得以发展壮大。而存在本族语字幕的电视节目无疑可以推动这一目标的实现。不论是本族语字幕还是英语字幕都有助于改善视听媒体的可及性和受众对节目内容的理解。电视节目中语内和语际字幕翻译对消除边远地区的文盲和语言传承意义重大。更为重要的是，行使平等语言权力能使贫困人口免受各类语言歧视，能有机会更大程度地参与国家经济、政治和社会生活，这对人民幸福感的提升和国家发展都具有积极意义（Kruger & Verhoef, 2007）。

3 用户需求和字幕翻译

南非字幕翻译的社会作用举足轻重，但是由于缺乏字幕翻译专业培训，合格的字幕翻译译者数量和质量难以满足社会需求，字幕翻译质量参差不齐。而要扭转这一局面，推出可行的字幕翻译译者培训势在必行。培训方案离不开对字幕翻译终端用户的需求调研，因为不同用户需求决定了培训选材和字幕以何种方式翻译才会更有效。

海伦娜·克鲁格和路易斯·克鲁格（Kruger & Kruger）在《服务于南非字幕翻译人员培训的用户参数研究》（2004）一文中，对字幕翻译的不同用户需求进行了研究。通过向社会发放纸质调查问卷、电话调查、网络论坛调查以及从电视台定期收集可靠的用户反馈进行结果统计，得出了不同类别的字幕翻译用户的潜在需求（参见表2）：

表2　南非字幕翻译的用户参数需求表（Kruger& Kruger, 2004: 121）

参数	听障人士		文盲观众	非母语观众
	先天失聪	后天失聪		
熟悉用户字幕速度	需要	需要	需要	需要
单词数/分	低于140	不低于140	低于140	不低于140
非语言的声音信息	需要	需要	不需要	不需要
字幕语言结构简化	不需要	不需要	不需要	需要
音字关联	不需要	不需要	需要	不需要
符际对等	需要/不需要	需要/不需要	不需要	需要
限制词量	需要	不需要	需要	不需要

虽然这项研究不能涵盖南非字幕翻译用户的所有需求，但是为南非字幕翻译培训的开展提供了更多的思考空间。根据以上调查数据，对南非字幕翻译人员培训有以下四点启示（Kruger & Kruger, 2004: 122）：

（一）字幕翻译者需要有用户意识，并且能够根据代表性的用户反馈来选择合适的翻译材料和字幕翻译风格。

（二）字幕翻译培训需要提供给学员为不同阅读速度的用户进行翻译字幕的训练机会，培养学员能因具体用户需求来选配合适字幕速度的工作能力。

（三）针对听障用户，视听产品中的非语言声音信息需要提供字幕；针对语言能力有限的用户，提倡使用同一的非言语线索来最大限度减少过多字幕对用户观感的负面影响。

（四）字幕翻译培训要帮助字幕翻译译者在词汇、句子结构以及字幕和对白的同步性方面做出合理权衡和选择，以达到简化字幕阅读难度，降低用户阅读字幕的认知负荷。比如，被动语态改为主动语态，舍弃冗余信息，删除绝非必要的信息：如因讲话犹豫导致的不当停顿、填充词，以及因信息重构导致的自我修正的语言，过多的感叹词，逻辑不清的断句等。

（五）字幕翻译培训需要培养更多在南非不同官方语之间能自如翻译转换的人才，字幕翻译者需要具备良好的语言能力和翻译技巧。

4 意识形态和字幕翻译

勒菲弗尔在《翻译、改写和文学名声的操纵》中指出，文学翻译作为一种改写，受意识形态、赞助人和主流诗学的操控；有特定权力的主体（人或机构）促进或阻碍着文学翻译（Lefevere, 1992）。意识形态同样影响南非的字幕翻译。克鲁格指出，南非广播电视公司的电视台对节目哪些部分需要配字幕，字幕翻译服务于哪些受众，选择何种语言呈现以及其中的原委都有绝对话语权（Kruger, 2012: 499）。

克鲁格在《南非意识形态对字幕翻译的操控》一文中，以南非广播电视台推出的四部本土生产的肥皂剧为例，详细地分析了南非国家广播电视台（SABC）电视节目的字幕翻译规范是如何受到意识形态影响的。南非广播公司（SABC）（下设广播和电视台）作为国家公共广播主体，是南非政府推行多语制的重要依托。根据南非1999年广播法规定，南非广播公司必须：

a）以所有官方语言向南非人提供服务；

b）向观众反映南非及其文化和地区的多样性和独特文化和多语言属性；

c）保障所提供的语言质量上乘（Republic of South Africa Government, 1999:13）。

为了积极响应国家倡议，南非广播公司规定了其语言政策的宗旨：用南非人的母语为南非人提供信息、教育和娱乐；促进对南非语言和文化群体的彼此理解和相互接纳；为11种南非官方语言和南非手语的持续发展做出贡献；促进南非的多语制发展（SABC, 2005: 2）。南非广播公司通过在其三个频道中的两个频道 SABC1 和 SABC2 中以英语以外的十种官方语言推出每日新闻以及委托本地制作电视剧，在提升不同官方语言的显示度方面取得了长足进展（Kruger，2012：502）。从 SABC1 和 SABC2 频道安排的黄金时段节目来看，这两个频道确实提供了大量非英语的官方语言节目，促进了或试图促进跨文化理解，有助于所有官方语言的发展，也促进了多种语言的发展。

克鲁格之所以选择反映南非多语制社会的肥皂剧作为研究对象，是因为肥皂剧备受观众青睐，能让观众有机会领略不同国家、地域的多彩文化和语言风味。此外，肥皂剧也有助于南非国家统一（对国家复杂性的包容）和构成南非背景下多重身份的构建（Marx，2007：117）。克鲁格研究了四部电视剧的字幕翻译，它们分别是《历代记》（Generations，SABC1 播出）、《第七大道》（7de Laan，SABC2 播出）、《穆夫杭戈》（Muvhango，SABC2 播出）和《伊斯丁戈》（Isidingo，SABC3 播出）。根据他的统计，这四部肥皂剧的字幕翻译情况如下（参见表3）：

表3 SABC 频道上播放的肥皂剧字幕翻译情况（Kruger，2012：503）

肥皂剧	频道	时段	语种	字幕
《历代记》	南非国家电视频道1	工作日 20:00—20:30；早上重播	多语种（祖鲁语、柯萨语和南部索托语、茨瓦纳语）	非英文对白，只有英文字幕
	南非国家电视频道1&3	周六上午多集连播		
	南非国家电视频道1	周六上午多集连播		
《第七大道》	南非国家电视频道2	工作日 18:30—19:00；下午重播	多语种（南非荷兰语为主，还包括英语、南非索托语和祖鲁语）	全英文字幕
	南非国家电视频道2	早上重播		
	南非国家电视频道3	周日下午多集连播		

（续表）

肥皂剧	频道	时段	语种	字幕
《穆夫杭戈》	南非国家电视频道2	周一至周四：21:00—21:30	多语种（南部索托语、英语、文达语和柯萨语）	全英文字幕
	南非国家电视频道2	下午重播		
	南非国家电视频道3	早上重播；周六下午多集连播		
《伊斯丁戈》	南非国家电视频道3	工作日18:30—19:00；早上重播	多语种（以英语为主，还包括南非荷语、祖鲁语和索托语）	非英文对白，只有英文字幕
	南非国家电视频道1&3	周日上午多集连播		

从表中可以看出，这些肥皂剧的字幕无一例外都翻译成英语，体现了南非广播公司在字幕翻译中的语言和翻译政策。仅将字幕翻译成英语的政策不可避免地加深了南非人都可以使用英语的刻板印象，以牺牲其他语言为代价来给予英语特权地位（Kruger, 2012: 502）。

下面我们以克鲁格研究中所选取的四部南非本土肥皂剧的字幕翻译为例，阐释原文节目的选择是如何折射出南非社会各阶层、各语族的价值观、文化特征与意识形态，分析意识形态是如何影响南非肥皂剧字幕翻译的。

《历代记》

南非广播电视台之所以选择翻译该肥皂剧，是因为该剧受到南非黑人新贵的赞助，受该群体的意识形态的影响。Msimang（2006: 15）指出："《历代记》中的人物反映了南非社会的变革，因为黑人资产阶级变得越来越根深蒂固。它反映了不断变化的南非社会现实，并试图描绘新兴的富有的黑人在上层建筑的天然正义和合理。"该剧1994年在SABC1首播后，成为

SABC 上播放时间最长的肥皂剧，收视率位居榜首。关于字幕的比重，根据节目的首席字幕翻译官马特索安（Matseoane）在一次采访中透露，字幕的对话百分比1994年开始时很少，目前（2006年）已上升到60%（Msimang, 2006: 9）。倡导媒体多语制的南非独立通信局（ICAS）规定在2007年3月之前媒体字幕占比需要达到百分之七十五。该肥皂剧剧中只有非英语的对白会添加英语字幕。英语在《历代记》中的使用造成了不平衡，特别是因为脚本是用英语编写的，而其他语言的短语和句子在后期才被翻译，在被译回英文之前，只有英文字幕（Msimang, 2006: 17）。这意味着在以英语开头然后转换为另一种语言（即使用代码切换）的句子中，只有非英语的部分才会有字幕。这会迫使观众不断地从听觉代码（口语对话）转向视觉代码（字幕）。这样做势必会给观众带来额外的认知负担，导致处理剩余视觉和听觉代码的能力（吸收、消化节目能力）降低。观众理解土著语言和一定程度的英语，这使得代码切换处理变得困难，无法解决词不过意或词不完全达意的尴尬，尤其是镜头切换后屏幕上同时显示字幕片段时句子的其余部分是英语画面时（Kruger, 2012: 503-504）。该剧的赞助人南非黑人新贵更青睐用英文作为中介语来收看节目，从而影响了南非广播公司（SABC）在使用英语方面的意识形态立场。

《第七大道》

《第七大道》是南非广播公司唯一一部南非荷兰语肥皂剧。南非广播公司对该剧添加字幕翻译符合南非的主流意识形态。《第七大道》通过描绘一个讲南非荷兰语的人物（白人、黑人和有色人种）居住的城市社区，呈现了"有色民族"的自由多元主义乌托邦。南非广播公司（SABC）希望通过这个渠道建立它所期待的国家印象。该剧在南非非常受欢迎，主要是因为它涵盖了多种语言，呈现了南非"有色民族"的自由多元主义乌托邦（Milton, 2008: 261）。大部分演员在剧中说标准的南非荷兰语，尽管事实上南非不同的群体讲南非荷兰语的方式存在着显著差异。剧中对白字幕的翻译趋于同质化和标准化导致所有角色都以类似的方式"被阅读"（Remael, 2004: 105），不同人物角色的特征、种族、社会地位等标记基本消失。剧中所有对话都有字幕，包括英语对话。对白主要是南非荷兰语，也夹杂少量的英语、祖鲁语、索托语和科萨语对白。此外，该节目部分非语言声道（各种自然声音、特殊音响等）也带有字幕，是 SABC 上为数不多的可供聋人和听力障碍观众观看的节目。（Kruger, 2012: 504-505）

《穆夫杭戈》
《穆夫杭戈》是南非广播电视台试图提供公平语言表达的一个重要载体，是唯一一部剧情对白使用多种被边缘化的南非官方语（文达语、祖鲁语、科萨语）的肥皂剧。该剧描绘了南非林波波省最北部的乡村和约翰内斯堡的城市风貌，尽管有些刻板或人为修饰，还是能够为观众呈现南非城市和农村不同语言使用者的迥异文化动态。通过使用多种边缘化语言讲述南非多语言和多文化的社会现实，该剧很好地推动了国家多语制目标的建设（Kruger, 2012: 505-506）。《穆夫杭戈》旨在实现 SABC 语言政策中规定的"南非语言和文化群体之间的理解和接受"（SABC, 2005: 2）。

《伊斯丁戈》
该剧 1998 年 7 月在 SABC3 上首播，主要讲述了约翰内斯堡金矿上不同的族裔为了财富梦想的个人奋斗故事，展现了不同族裔、不同阶层（矿工、家庭主妇、矿工老板）之间的社会文化互动，体现了不断变化的社会现实（Kruger, 2012: 506）。剧中的白人使用英语和南非荷兰语，而黑人说英语、祖鲁语或南索托语。对话主要是英语，只有非英语对白的句子添加了英语字幕。该剧既反映了南非语言政治的悠久和形成的历史惯性，也反映了南非新宪法对语言公平的推崇（Barnard, 2006: 49）。

5 结语

南非电视剧的字幕翻译不仅有助于推动南非多语制的发展，还有利于践行南非宪法中关于维护不同官方语言使用者的语言权利。然而，在以上所讨论的南非四部肥皂剧的字幕翻译中，所有非英语对白都被翻译成英语，这反映了视听系统之外的意识形态对字幕翻译的影响。在南非肥皂剧的乌托邦世界中,每个人都会说多种语言。而通过单一语言的字幕政策,剧中所有角色都或多或少地讲流利的英语。操英语的人口占南非人口总数的比重被明显高估了。南非字幕翻译的目标受众是多样化和复杂的,要求有更大的兼容性。南非字幕翻译的不同用户群体都希望自己的母语能够在字幕中呈现,受其他社区其他语种人群的尊重。

意识形态影响着视听翻译的生产活动。意识形态对字幕翻译的操纵体现在视听文本的选择以及字幕使用何种语言翻译。在南非肥皂剧中,英语作为一种跨越不同语言文化社群的语言,潜移默化地影响着南非的社会和语言风貌。南非广播公司是南非字幕制作的重要阵地,是南非当局推广多语制、保护语言资源、降低文盲率的重要工具,促进或影响着南非多元文化和多语制的发展。南非广播公司的字幕翻译实践活动说明,若其节目仅提供英文字幕,将很难实现其推广多语言、多文化和所有官方语言的目标。

【参考文献】

Barnard, I. (2006). The Language of multiculturalism in South African soaps and sitcomes. *Journal of Multicultural Discourses*, (1:1), 39-59. https://doi.org/10.1080/10382040608668531

Chomsky, N. (1979). *Language and Responsibility*. London: Harvester. https://doi.org/10.2307/1574806

Durgunoğlu, A. Y. & Verhoeven, L. Epilogue. (1998). Multilingualism and literacy development across different cultures. In Ludo Verhoeven & Aydin Y Durgunoğlu (Eds), *Literacy Development in a Multilingual Context: Cross-cultural Perspectives*. Mahwah: Lawrence Erlbaum, 289-298. https://doi.org/10.4324/9781315045160

Erasmus, M. (2002). Making multilingualism work in South Africa: the establishment of translation and interpreting services for local government. In Eva Hung (ed.). *Teaching Translation and Interpreting 4*. Amsterdam: John Benjamins. 2002, 197-210. https://doi.org/10.1075/BTL.42.23ERA

Lefevere, A. (1992). *Translation, Rewriting, and the Manipulation of Literary Fame*. London: Routledge. https://doi.org/10.4324/9781315458496

Kruger, H. C. & Kruger, J. L. (2004). User-based parameters for the training of subtitlers in South Africa. *Southern African Linguistics and Applied Language Studies*, (22:3-4), 111-124. https://doi.org/10.2989/16073610409486365

Kruger, J. L, Kruger, H. C., & Verhoef, M. (2007). Subtitling and the promotion of multilingualism: the case of marginalised languages in South Africa. *Linguistica Antverpiensia*, (6), 35-49. https://doi.org/10.52034/LANSTTS.V6I.178

Kruger, J. L. (2012). Ideology and subtitling: South African soap operas. *Meta: journal des Traducteur*, (57:2), 496-509. https://doi.org/10.7202/1013958ar

May, S. (2004). Rethinking linguistic human rights: answering questions of identity, essentialism and mobility. In Jane Freeland & Donna Patrick (Eds), *Language Rights and Language Survival: Sociolinguistic and Sociocultural Perspectives*. Manchester: St Jerome, 35-53. https://doi.org/10.4324/9781315760155

Marx, H. (2007). Narrative and Soap opera: A study of Selected South Africa soap operas [Unpublished Master's thesis]. University of Pretoria. https://www.semanticscholar.org/paper/Narrative-and-soap-opera-%3A-a-study-of-selected-soap-Marx/50d2eebdbf79a22cb91de2f426f116abe8021dbf

Milton, V. C. (2008). Local is lekker: Nation, narration and the SABC's Afrikaans Programmes. *Communication*, (34:2), 255-277. https://doi.org/10.1080/02500160802456197

Msimang, V. B. (2006). Subtitling Practices in South Africa: A Case Study of the Soap Opera Generations [Unpublished Master's thesis]. University of the Witwatersrand. https://www.semanticscholar.org/paper/Subtitling-practices-in-South-Africa%3A-A-case-study-Msimang/c3c4d7234467314992e4fac3d709743a6a4859d9

PanSALB. (2001). Guidelines for Language Planning and Policy Development: Language Use and Language Interaction in South Africa. PanSALB Occasional Papers 6. Pretoria: PanSALB. CMPL2002_T3_Webb.pdf (linguapax.org)

Remael, A. (2004). A place for film dialogue analysis in subtitling courses. In Pilar

Orero(Eds.), *Topics in Audiovisual Translation*. Amsterdam: John Benjamins, 103-126. https://doi.org/10.1075/BTL.56

Republic of South Africa Government: Broadcasting Act (4) (1999). Pretoria: Government Printers. http://www.info.gov.za/view/Download FileAction?id=70607.

Sachs, A. (1994). Language rights in the new South African constitution. *English Academy Review*, 11(1), 105-131. https://doi.org/10.1080/10131759485310141

SABC. (2005). Language. http://vcmstatic.sabc.co.za/, 2005.

Statistics South Africa. (2003). Census 2001: census in brief. Available at http://www.statssa.gov.za/special/Projects/Census2001/ (Accessed 7 September).

South Africa. (1996). The Constitution of the Republic of South Africa. Pretoria. Government Printer. https://www.gov.za/sites/default/files/images/a108-96.pdf

Webb, V. (1996). Language planning and politics in South Africa. *International Journal for the Sociology of Language*, 118, 139-162. https://doi.org/10.1515/ijsl.1996.118.139

《翻译的文化政治：全球背景下的东非》述评

孙慧敏[①]

1 引言

翻译研究自从超越了单纯的语言学层面之后，越来越多地引入其他领域的研究视角，如翻译学的文化转向、社会学转向。研究者将关注点投向文本背后承载的历史、社会和文化意义。翻译使得不同文化的交流和碰撞成为可能，在此过程中也不乏各方面权力关系的操纵。如果语言可以构建含义，那么翻译的政治则大有可为（Spivak, 2000: 397）。政治和意识形态成为研究翻译文化转向中不可避免的因素。Alamin M. Mazrui 在其 2016 年出版的《翻译的文化政治：全球背景下的东非》一书中，着重探讨了东非的翻译活动如何受到政治因素的影响。

2 内容简介

本书回顾了东非的翻译活动，从前殖民时期到殖民时期再到后殖民时期。通过分析译入斯瓦希里语的大量文本，论证翻译不仅仅是一个在语言

---

① 作者简介：孙慧敏，北京外国语大学研究生。

层面作用的过程，更是文化、历史、政治合力作用下的结果。本书共分为七章：引言；第一章，语言、身份和翻译：《圣经》与《可兰经》；第二章，翻译和外交关系：传统与现代；第三章，社会主义时期坦桑尼亚的法农翻译：不幸者与可憎者；第四章，9·11事件之后的翻译；第五章，法律翻译：一个语言活动家的反思；结语。下面将逐章概述其主要内容，并作出简要评价。

引言部分介绍了全书的写作背景及主题，并概述了东非主要的翻译作品。作者一开始就指出，翻译的政治性不仅仅在于翻译文本本身的政治性。东非的殖民翻译既包括神圣的宗教文本，又包括世俗的文学作品；既可以是哲学类文章，也可以是植物学介绍。只要翻译的目的是控制和征服人民，就可以被贴上殖民的标签。为了便于读者理解，作者使用"后殖民翻译"指代发生在非洲独立后的翻译活动，范围涵盖欧洲殖民主义在非洲的政治文化遗留问题和帝国主义历史遗留问题。

斯瓦希里人民在与阿拉伯、波斯、印度、中国、葡萄牙等的贸易往来中，必然有翻译的存在。之后伊斯兰教的传入，将斯瓦希里语和阿拉伯语紧密地联系起来，并极大地促进了当地的翻译活动发展。自19世纪末以来，英语作品译入斯瓦希里语的数量开始激增，其翻译活动可分为三个阶段：殖民初期《圣经》的译入和莎士比亚戏剧的译入；20世纪20年代末到20世纪40年代初，大量英语经典作品的译入；20世纪60年代后殖民初期，英语经典作品及其他从英语转译的欧洲文学作品的译入。这些翻译作品有的极其贴近斯瓦希里语文化，如《爱丽丝梦游仙境》；有的尽可能地忠于源语文化，如对莎士比亚两部戏剧作品的翻译。尽管斯瓦希里语境下的翻译作品很多，相关研究却很少。作者在引言中表示，希望通过研究后殖民时期译入斯瓦希里语的作品，探讨作用于东非的文化政治力量。

作者在第一章着重分析了两种宗教文本《圣经》和《可兰经》的翻译。宗教作品的主要目的是传播宗教理念，因此十分注重翻译能力和语言（语言变体）的选择。斯瓦希里语受到阿拉伯语的深刻影响，因此成为东非与伊斯兰教联系最紧密的语言。正是斯瓦希里语的这种"伊斯兰性"，使得其成为基督教传教士翻译《圣经》时的一大障碍。这也引发了"去伊斯兰化"——欧洲殖民者试图建立一种标准的斯瓦希里语,逐渐减少其中阿拉伯语的影响,加重英语和西方文化的痕迹。斯瓦希里语的语言分化,实际上彰显的是语言使用者的身份认同:标准斯瓦希里语代表的是基督教,其他主要方言则继续代表伊斯兰教。语言和种族身份的关系,以及语言和宗教身份的关系,在斯瓦希里语及其变体中体现得淋漓尽致。

欧洲殖民初期的东非,《圣经》就开始大量地译入斯瓦希里语。尽管如此,关于斯瓦希里语是否适合传递基督教教义的争论却从未停止。斯瓦希里语从阿拉伯语中借用了很多概念、单词和俗语,斯瓦希里人民在很多方面也深受伊斯兰文化的影响。一方面,斯瓦希里语是东非的通用语言,且包含一些与基督教有关的宗教概念,支持者认为,这样的本土语言有利于基督教的传播;另一方面,有的传教士担心,以斯瓦希里语为媒介,穆罕默德的宗教思想可能会渗入其在非洲的教众。这种意识形态上的分歧也反映了传教士的不同身份:倾向使用欧洲语言的一般活动区域在城市,而倾向使用本土语言的则主要在乡村传教。总体来看,为了从思想上巩固殖民统治,伴随着标准斯瓦希里语的去阿拉伯语化和去穆斯林化,《圣经》的译入仍然大规模地展开了。

鉴于斯瓦希里语和伊斯兰教的深厚渊源,一些人认为,《可兰经》译入斯瓦希里语会相对简单。然而,不同于《圣经》的大量翻译,伊斯兰教义中关于《可兰经》是否可译一直存疑。即使是阿拉伯语的《可兰经》,也不能等同于阅读《可兰经》本身。尽管有这样的疑虑,一些学者还是希望借助斯瓦希里语,加深对伊斯兰教奥义的理解。另外,冷战过后西方国家的反穆斯林势头也促进了《可兰经》在斯瓦希里语境下的翻译。

作者梳理了《圣经》和《可兰经》译入斯瓦希里语过程中所遭遇的种种困惑、对抗、支持,不仅说明了宗教文本的翻译对于所选语言的苛刻要求,更反映了殖民者与被殖民者在意识形态层面上所作出的无形而又有力的抗争。

第二章转向外交关系对翻译的影响。一般来说,翻译文本的选择能反映出目标语国家与源语国家的政治关系,而翻译文本的变化也能说明政治经济环境的变化。在后殖民时期,特别是冷战过后,斯瓦希里语通过翻译吸收了很多西方关于政治和经济的现代观念。翻译既是非洲实现现代化的手段之一，也是加强传统政治纽带的有效举措。事实证明，非洲不能完全依赖于西方的发展模式，也应该从自身的历史传统与现实情况中发现合适的道路。

从非洲翻译活动的发展可以一窥非俄关系和非中关系的改变。冷战期间，苏联政府出资将高尔基的《母亲》译入斯瓦希里语。后来坦桑尼亚的政治环境发生了变化，《母亲》以及一些译自苏联和中国的其他文本逐渐淡出。及至苏联解体，俄罗斯在政治、经济、军事方面对非洲的影响与苏联时期不能同日而语。译入坦桑尼亚的文本不再是宣扬俄罗斯政治意识形态的作品，而是反映两国文化趋同的作品。这一时期还翻译了大量俄罗斯的民间传说故事，包括普希金的三首童话诗：《沙皇萨尔坦的故事》《金公鸡的故事》《渔夫和金鱼的故事》。这些故事的结局往往出人意料，蕴含着深厚的教育意义。非洲的民间传说也是如此。图里（Toury）指出，有的时候目标语文化对译入的外来文化十分抵触，除非外来文化经过伪装后与本土文化找到共鸣（2005: 3）。通过翻译形成的这种文化上的共同点有助于维持苏联解体后的非俄关系。连接两国的纽带从现代又归于传统。

与乌贾马社会主义时期的坦桑尼亚关系更为密切的是中国，《毛主席语录》被译成英语和斯瓦希里语引入坦桑尼亚。随着中国经济的飞速发展，中国给非洲提供了很大援助，并提出建立"政治上平等互信，经济上合作共赢，文化上交流互鉴"的中非新型战略伙伴关系。这一政治关系的变化表现在翻译活动上则是，翻译材料从政治性文本转向表现文化趋同性的作品。其中颇具代表性的是脱胎于中国传统经典作品的《中国古代故事》，宣传了同情、谦虚、中庸等道家思想。这些作品适时地反映了中国的外交策略，有助于推动国与国之间关系的发展。用作者的话来说，前两章是"以新的视角分析旧的问题"，也就是"旧瓶装新酒"。陈旧的历史材料未必没有新的发现。"旧瓶"使用得当，美酒就依然醇香。

第三章主要比较了弗朗兹·法农作品《大地的不幸者》的两个斯瓦希里语译本。《大地的不幸者》是东非国家主动选择译入的作品，且有两个不同译本：一个基于法语原文，一个从英语转译。两个译者所处的政治地位及其赞助者的不同，都在译本中得以体现。

关于非洲人大移居的作品，很大程度上都被忽略了。法农的《大地的不幸者》因其聚焦点放在"非洲"而非"移居"上，没有遭此厄运。东非在经历了反对殖民主义的暴力运动后，法农关于"暴力"的见解引起了很多读者情感上的共识：被殖民者在追寻解放的过程中，有时不得不靠暴力重新争得一席之地。而且书中还较为准确地预言了后殖民时期的状况：资产阶级接受殖民者的价值观和意识形态，成为西方世界的代言人。法农对非洲解放运动的思考和洞见由此可见一斑。

英译版的出现是坦桑尼亚图书馆服务处与多家出版社合作的结果。出于对这一译本质量的不满，坦桑尼亚出版社牵头从法语原文重译。如果说英译版是为了填补斯瓦希里语读物的空白，法译版则更多地呈现了坦桑尼亚以至东非的政治环境变化。两个版本的封面对比如下：英译版是一双从底部伸向太阳和月亮的手，表达了摆脱政治经济黑暗状况的渴望和对光明未来的向往，并没有反映出从黑暗到光明的转变过程需要革命才能达成；法译版的封面是拿着枪的非洲士兵雕像，表达了对欧洲殖民者的反抗，强调暴力和斗争是"大地的可憎者"摆脱潦倒困境的必然武器。英译版删除了一些涉及种族问题以及对普通斯瓦希里语读者较陌生的内容，而法译版则比较完整地再现了原作。法农对殖民者的暴力行径与被殖民者的暴力反抗之间关系的探讨，在英译版中明显被削弱了。这说明，译者对于什么应该翻译、什么不应该翻译，有着自己在文化、政治、历史等方面的考虑（刘云虹，2014）。

翻译有助于塑造目标语读者对待源语国度的态度，可能引发对文化差异的尊重，也可能基于爱国主义或种族中心主义产生仇视情绪（Venuti, 1995: 10）。9·11事件之后，美国开始寻求应对恐怖袭击的策略，其中之一便是通过文化渗透打消穆斯林对美国的敌意，语言也成为不可或缺的工具。例如，在东非发行斯瓦希里语期刊，翻译的内容多为展示美国政府对穆斯林善意的报告材料。第四章便是在新型帝国主义语言政策的全球大背景下，对东非此类期刊内容以及接受度的研究。

美国政府对"他者"语言的兴趣促成了英语与"他者"语言的互译，包括译入俄语的 T. S. 艾略特的作品，以及译入斯瓦希里语的马基雅弗利的《君主论》。《君主论》的译入有助于美国政府的政治行为在"他者"眼中变得合法化，并启示冷战期间东非领导人，治理国民也可以借助谋略、不择手段，以追求利益最大化。同一时期的翻译作品还有乔治·奥威尔的《动物农场》。美国政府大力推行此类作品的翻译，首要原因不是东非的反殖民革命，而是担心即将进行的社会主义革命——彼时坦桑尼亚国内的乌贾马社会主义倾向越来越明显。

美国报纸如《纽约时报》和《华盛顿邮报》在非洲的影响力比不上英国的《金融时报》和《卫报》，但期刊和电视媒体的影响力遥遥领先。尽管如此，非洲本土的语言在传播帝国主义过程中仍具很大优势，于是出现了为美国服务的阿拉伯语电视节目和斯瓦希里语期刊。大部分穆斯林对此持抵抗态度，也有一些人希望通过这些媒介了解美国是如何选择文本来进行对东非穆斯林的思想渗透的。

冷战时期和9·11之后东非的翻译活动无疑受到美国外交政策的影响，但民众普遍的敌视情绪似乎说明，美国借助翻译渗透东非的尝试是失败的。

意识形态的影响不仅表现在文学作品和政治性文本的翻译上，还存在于政治生活的方方面面。在英国的殖民统治下，非洲国家法律体系的建立和法律文件的制定，都离不开英语。作者在第五章分析了语言和东非法律传统的关系，通过与译者的采访交流，再现了法律翻译过程中的问题、背后的政治力量以及译者自身的政治立场。

在非洲，虽然英语的使用者只占一小部分，但英语是官方语言，广泛应用于教育、公共管理、议会讨论、外交事务等方面。英语的中心地位造成了非洲本土语言的边缘化，也使得普通民众远离政治生活。非洲宪法和法律几乎全以欧洲语言写就，这对其宪政文化的发展极其不利。很多法律案件的误判，正是因为审判过程中没有译员，更多情况下是因为译员的误译。为了缩小本土语言和法律之间的差距，自20世纪90年代初期，肯尼亚就开始了漫长的宪法改革，2010年确立斯瓦希里语与英语一同成为官方语言，将法律条文译为斯瓦希里语也成为必然。

作者采访了负责法律翻译的译者Kimani Njogu。Njogu认为，翻译过程中的一大难题就是旧宪法语言的晦涩冗长，有些术语在斯瓦希里语中找不到对应的表达，通常的解决办法是赋予已有单词延伸含义以适用法律条文，很少创造新词。改革人士希望斯瓦希里语宪法促进人们参与政治生活，而维持现状的政客想以英语为门槛把参与权掌握在自己手中。译者关注的不仅仅是翻译过程，还有斯瓦希里语宪法在民众中的接受度。译者期望通过翻译改变语言的现有地位，这也是他们翻译法律条文的初衷之一。

从法律翻译的发起，到译者翻译的具体策略，再到政府对译本的审查、敲定，背后都存在政治因素和意识形态的博弈。殖民者通过翻译来实行霸权统治，Kimani Njogu 这样的译者也可以拿起语言的武器进行反抗和改革。这正说明了，权力与翻译之间的作用是相互的。"一方面，翻译受权力的操纵，另一方面，在跨文化交流过程中，翻译通过译者又展示了自己的权力。"（朱耀先、张香宇，2010：5）

作者在结语中再次强调，从翻译文本的选择，到赞助者的支持，再到译本的接受，都与政治息息相关。对待这些译作，有的人大力支持，有的人极力反对，态度上的不同也受到政治因素的影响。斯瓦希里语译作能否维持长久的生命力，关键要看语言本身的地位。坦桑尼亚和肯尼亚是东非为数不多的把斯瓦希里语作为公共领域语言的国家。斯瓦希里语在坦桑尼亚的民族融合过程中功不可没。为了进一步巩固斯瓦希里语的地位，坦桑尼亚将其广泛应用于各阶段的教学中，以对抗英语在教学中的霸权地位。肯尼亚将斯瓦希里语也确立为官方语言，并把斯瓦希里语纳入接受高等教育的考核中。

殖民时期译入斯瓦希里语的作品多出自英国、法国和非洲阿拉伯语作家，这是由出版社决定的。当下也有出版商积极筹备外语文学作品的译入，目的之一就是利用翻译刺激斯瓦希里语高质量作品的产出。出版商对通过翻译引进的作品有着远大的规划，但资金不足是很大的障碍。

作者最后指出，本书关注的是从其他语言译入斯瓦希里语的翻译作品，并没有涉及斯瓦希里语作品的译出。将斯瓦希里语的优秀作品译成世界主流语言也应获得相应的关注。作者认为，东非各国政府和社会应该通过翻译与世界共享文化财富，这也是非洲文明与其他文明融合的必经之路。

3 总体评价

《翻译的文化政治：全球背景下的东非》一书分析了东非殖民时期及后殖民时期的翻译作品（尤其是外语译入斯瓦希里语的翻译作品）如何受到政治因素的影响，是从文化政治视角对东非翻译历史进行得一次比较完整的研究。全书可以看作是一个大型的"文献综述"，梳理了译入斯瓦希里语的重要译作，填补了相关领域研究的空白。

本书主体的五章内容各有侧重，体现了作者研究内容的广泛性。第一章从宗教文本的翻译谈起，关注点在群体的身份认同上；第二章通过文学作品的翻译揭示了东非国家与其他国家外交关系的变化；第三章转向东非内部不同意识形态的冲突在翻译中的表现；第四章的重点是政治材料的翻译——美国在9·11事件之后试图通过翻译消除穆斯林对美国的敌意，结果却不尽如人意；第五章进一步表现了东非人民利用语言和翻译彰显自身的独立，努力摆脱殖民主义的影响，法律条文的翻译便是很好的范例。这五章内容从不同角度探究政治因素对东非翻译活动的影响，契合主题，内容丰富。

本书援引了大量的例证，体现了作者研究态度的严谨性。文章以详实的资料、案例作为支撑，得出的结论令人信服。作者不仅对本书中提到的翻译作品的译入背景、评论进行了说明，有时还详细分析译本。可以说，大至作家作品、小至具体词汇的翻译策略，在书中都能找到适当的引用。比如，在提到译入的《中国古代故事》引起的文化共识时，作者介绍了晏子与车夫的故事、买椟还珠的故事等。又如，第一章宗教文本中恶魔名称的翻译，采用拉丁语词源的 Lusifa，而不是沿用阿拉伯语词源的 Shetani，充分体现了当时的"去阿拉伯化"；第三章法农作品两个版本的译者对 decolonization 这一单词的翻译，反映了各自的政治立场和意识形态；第五章译者翻译法律文件时对 devolution 这一术语如何翻译的推敲，说明了翻译过程的艰难和翻译成果的得来不易。另外，对于一些易引发争论的术语，作者预先给出了此研究语境下的定义，避免引起读者理解上的偏差。

本书还体现了研究方法的多样性。翻译史研究离不开数据的收集和整理。作者在书中不仅分析了各方面关于翻译作品的史料，还加入了与译者的访谈记录（第五章）。与译者的直接交流，既可以有效地获取自己需要的信息，也可以直观地向读者展示译者的态度和想法。

当然，书中也存在一些不足和遗憾。

首先，整体结构的安排大致基于时间线，从殖民时期的《圣经》《可兰经》翻译到近年来的法律翻译，比较清晰。但具体到各章的结构，则稍显混乱：有的章节有明确的章末小结（第一章、第三章、第五章），其他章节没有；有的先总述这一领域翻译作品的概况，然后再分小节进行具体案例的分析（如第二章先概述外交关系对翻译的影响，再分别介绍俄罗斯、中国、芬兰的译入作品），而第三章在比较法农作品的译本时，在结构上没有进行清晰的划分。其次，作者在论述翻译作品的译入背景时，不时穿插自己的生活经历，虽然这样的写作手法可以增强论证的真实性，拉近与普通读者的距离，但第一人称的叙事角度削弱了其学术性。最后，由于年代久远，一些资料的收集不是十分完整。比如，作者没有找到关于《大地的不幸者》英译版译者的信息，这样就无法分析此案例中译者本身的政治立场和意识形态对于译作的影响。整体来看，《翻译的文化政治：全球背景下的东非》一书不失为从文化政治视角研究东非翻译历史的佳作，对其他地区翻译作品的研究，也有很大的借鉴意义。

【参考文献】

Mazrui, A. M. (2016). *Cultural politics of translation: East Africa in a global context*. New York and London: Routledge.

Spivak, G. C. (2000). The politics of translation. In L. Venuti (Ed.), *The translation studies reader* (pp.397-416). London and New York: Routledge.

Toury, G. (2005). Enhancing cultural changes by means of fictitious translations. In E. Hung (Ed.), *Translation and cultural change: Studies in history, norms and image-projection* (pp.3-17). Amsterdam/Philadelphia: Benjamins.

Venuti, L. (1995). Translation and the formation of cultural identities. In C. Schäffner & H. Kelly-Holmes (Eds.), *Cultural functions of translation* (pp. 9-25). Clevedon/Philadelphia/Adelaide: Multilingual Matters.

刘云虹.（2014）.译者伦理：身份、选择、责任——皮姆《论译者的伦理》解读.中国翻译，35（5），18-23+128.

朱耀先，张香宇.（2010）.政治·文化·翻译.郑州：河南人民出版社.

《后殖民主义多元系统——南非儿童文学翻译的创作和反响》述评

黄江南[①]

1 引言

儿童文学常被认为是一种简单透明、辅助教学的文学形式，缺乏丰富的文化意义，因此长期以来儿童文学的研究一直被边缘化，儿童文学翻译的专门研究更是少之又少（徐德荣，2004）。不过，随着文化社会、政治经济等各个方面的发展，人们提高了对儿童文学的认识，越来越关注到儿童文学研究的复杂性（李宏顺，2014；徐德荣，2022）。儿童文学及其研究的发展对儿童文学的翻译研究提出了迫切要求，到目前为止，儿童文学的翻译研究还有不少空白之处亟待填补。《后殖民主义多元系统——南非儿童文学翻译的创作和接受》一书正是基于此背景，试图探讨南非特定社会文化背景下儿童文学的翻译过程和读者对译本的接受问题。本文拟对该书内容加以介绍并进行评述。

[①] 作者简介：黄江南，北京外国语大学研究生。

2 内容简介

第一章为绪论，作者概括了儿童文学及其研究、儿童文学翻译和南非特定社会文化背景的复杂现状。作者列举了儿童文学研究面对各方面挑战，并结合本书的研究视角和目的，给出了本书中对"儿童文学"的定义，为后文的阐述奠定了基础。接着作者强调了翻译之于儿童文学的关键意义，同时指出翻译归化和异化策略之间的艰难选择。因本书侧重于南非儿童文学及其翻译，作者对南非的社会语言背景做了简单介绍。南非共有 11 种官方语言，英语虽位列第五大语言，在社会政治功能方面依旧占主导位置；南非荷兰语的使用人数位居第三，在商业和教育方面仍保有影响力；而余下九个非洲语种的使用人数众多，但在社会政治方面的功能和使用十分局限。因此，在南非后殖民社会的文化融合大背景下，目标读者群体语言文化背景的异质性是南非儿童文学传播的重要特点。而且，在南非特定的文化背景下，本就受经济政治力量影响的儿童文学功能变得更加难以界定。后殖民主义的独立思想十分强调儿童文学的教育功能，而南非国家的教育方针重视民主平等，要求以官方的 11 种语言提供儿童书籍，导致翻译的重要性上升到前所未有的高度。

儿童文学的相关研究一直在稳步增长，包含了不同视角、不同目的，或基于文本或关注文化历史、意识形态，或基于对个体的实用性或关注对社会教育的驱动力。尽管南非儿童英语文学也颇受关注，对本土语言的儿童文学研究却十分有限，儿童文学翻译的研究也尚未形成趋势，具体到南非特定社会背景下的研究更是寥寥无几，这体现了本书的可贵之处。仅有的研究表明，南非相关背景下的儿童文学翻译呈归化趋势，但规定性研究远胜于描述性探讨，引起的争议和问题提醒人们对此重新审视。由此作者具体介绍了本书目的，即探讨南非儿童文学翻译的现状、策略和读者反应，抛出了许多发人深省的问题。

为了解决这些问题，本书需要一个足够灵活全面的理论框架。在分析比对后，作者强调了多元系统和后殖民主义视角的实用性和重要性，因为这二者都体现了翻译研究与社会文化背景之间的相互作用。作者意在用建构主义的描述性方法，基于实证研究，并以南非为背景验证这些理论观点。在本章结尾处，作者概述了其他章节的分工和所有要阐述的要点。

第二章涵盖两个部分。第一部分有关目前南非的教育政策、语言环境和出版情况。南非的多语种社会背景强调母语教育基础上的双语及多语能力，但目前的教育政策及实施情况却导致南非出现了"教育危机"：尽管教育政策强调母语教育和多语制度，但是政策内容本身并非连贯统一，甚至言外之意中透露出母语教育的基础性，只适用于低层次教学场景，而在四年级及以后发展英语、改用英语是不可避免的——母语教育似乎沦为一种过渡手段，而后就会被抛弃、贬低，这不利于母语教育的发展。而且，研究表明，仅仅三四年的母语教学不足以支撑学生发展双语、多语能力，甚至会妨碍其认知发展和学业成绩。

此外，南非的教育政策缺乏具体明确的实施机制，模糊的分散决策会限制政策执行的效果，熟悉一种语言就可以升学的政策更是有助长单语制的风险。如今，英语在教学语言中占主导地位，其次便是南非荷兰语，非洲语言虽是绝大多数儿童的母语，却鲜少作为教学语言。当前形势与种族隔离制度实施末期的语言背景十分相似，表明如今非洲语言仍没有摆脱贫民窟的烙印，而英语在全球化浪潮之下已经与权力、财富密不可分，象征着国际视野、科技思想前沿。因此，英语的教学材料、考试、儿童书籍都远超过非洲语言，甚至已经形成了非洲语言不适用于高等学术环境的观念。但南非教育体系面临的挑战并非只是英语的主导地位打压了非洲语言的母语学习，而是偏重英语却无法达到预期的英语水平，甚至无法培养合格的任何语言的阅读能力，这在很大程度上正是因为母语教育的不足。

在第一部分背景知识的铺垫之下，第二部分开始介绍当前南非的图书出版情况，作者主要使用南非出版商协会2006、2007、2008年度行业调查的数据进行分析。不论是所有书籍的总营业额，还是教育书籍、贸易书籍的营业额（儿童文学属于教育书籍和贸易书籍），英语书籍都远远超过南非荷兰语和非洲语种书籍。南非荷兰语的书籍营业额和语言使用者数量还算相当，非洲语种营业额和使用率却完全不成比例，这或许归咎于指导性政策的缺乏和政策实施不到位。从图书生产来看，英语依旧最为普遍。

非洲语种书籍的生产量逐步提升，体现了教育政策的激励性，但也可能源于要弥补之前非洲语种教育书籍生产的落后。这两组数据反映了消费者和出版商对英语书籍的偏爱，表明了英语的主导地位。

在明了南非图书出版的情况后，后文讨论了南非出版商协会数据未曾涉及的翻译趋势。现有研究表明，翻译在南非荷兰语和非洲语种的儿童书籍中广泛使用，但并未形成系统的翻译机制，翻译的具体使用程度也尚未确定，对翻译使用的评价褒贬不一。因此作者试图通过问卷调查重新分析总结翻译在南非儿童文学中的使用情况。

对16家出版商的问卷调查证实了翻译在南非儿童文学中运用十分广泛，最普遍的是英语书籍翻译成南非荷兰语和其他非洲语种，英语也经常用作翻译的中介语言，英语依旧备受推崇。不过近年来也有从非洲语种翻译成英语的情况，体现了非洲语种的发展。虽然英语向非洲语种的大规模翻译能够扩大非洲语种的使用范围，但同时也压制了非洲语种作为源语言的潜能。就1997至2007年间的儿童文学翻译趋势而言，大部分出版商认为儿童书籍译著增加了，类型也更加多样，翻译成非洲语种的儿童书籍虽仍占比有限，但呈现出了积极趋势。大部分儿童书籍译本都基于南非本地写作的原文本，这与南非的多语言文化背景相关。在翻译过程方面，如对书籍、译者、翻译策略的选择，调查问卷显示出版商皆未形成寻找译者、监督翻译过程的系统，专业译者短缺，译者常因没有标准指南而遇到困难，而出版商对翻译标准的理解又呼应了归化策略的盛行。为了弥补问卷的局限性、进一步调查南非图书出版情况，作者进行了统计分析，数据同样表明大部分非洲语种书籍是翻译而来，原著通常是英语。针对0—12岁儿童的非洲语种原著少之又少，空缺的教育市场激励翻译蓬勃发展，但这种激励并不作用于英语和南非荷兰语的图书市场。另外，统计结果也体现出翻译既推动了非洲语种发展，但也打压了非洲语种原版书籍的出版，非洲语种的译著和原著需要实现更好的平衡。南非荷兰语则是原著、译著共同繁荣，书籍的多样性也更为丰富。

对南非译者的问卷调查同样体现了英语作为源语言的主导地位。儿童书籍译著越来越多、愈发多样，这与儿童文学的教育功能息息相关。至于翻译策略，多数译者表示没有收到过儿童文学翻译的指导方针，但半数以上译者希望有一份指导方针,并强调方针的灵活性。多数译者认为翻译是满足市场多样化的不二选择,这些译者多以英语或南非荷兰语为工作语言,他们也更强调原版书籍和翻译之间的平衡,并倾向于使用异化策略翻译儿童书籍,认为这是教育儿童的一种方式。只有少数译者认为用不同语言编写原著更好,这些译者皆用非洲语种工作,他们普遍倾向于在儿童文学翻译中使用归化策略。这是因为南非荷兰语和英语的原版书籍已经占有固定市场,没有必要再强调原著的重要性,因而译者更看重翻译对原著多样性的补充作用。但对于非洲语种书籍来说,译著是不可或缺的绝大部分,对非洲语种的原版书籍具有威胁性,而且非洲语种的儿童文学翻译为了起到南非荷兰语和英语原著可以实现的基本教育作用,需要强调其文化适应性。

第三章中作者试图建立一个理论模型以解释第二章阐述的南非儿童文学翻译现状,并为第四章和第五章的文本分析做铺垫。多元系统理论认为文学系统是有阶级性的,儿童文学隶属于边缘位置,而翻译文学的等级位置不固定。Even-Zohar(1990: 1-2, 50-51)认为,如若某种文学仍在建立过程中,或是处于边缘位置,或正面临转折点或危机时,翻译可能会占据中心位置,推动文学发展。但除去这三个条件,翻译文学被默认是次要的,所以儿童文学翻译可以说是一种双重边缘文学。但是,翻译文学本身又是分层的,这就能解释南非不同语种的儿童文学翻译具有不同的作用,遵循不同的原则。英语、南非荷兰语的翻译文学对其文学系统都无足轻重,但非洲语种的儿童文学翻译则在非洲语种的儿童文学中占据中心位置,这正是因为非洲语种的儿童文学符合上述三种情况。Even-Zohar 也强调市场对文学系统的影响,正好呼应了教育市场对非洲语种儿童文学的激励作用。

在多元系统的基础上,作者又引入了 Toury 的描述性翻译研究,但以"规范"这一概念为重点。作者强调"规范"更像是解释性的假设条件,而非决定因素。Toury(2012: 81-85)将翻译规范分为预备规范、初始规范和操作规范。在南非,儿童文学翻译在不同语种的文学系统中有不同的地位,这会影响 Toury 所说的预备规范,即归化、异化策略的选择。教育市场的激励作用则会影响非洲语种儿童文学翻译的初始规范,即对翻译文本和源语言的选择:非洲语种儿童文学翻译为了弥补教育市场的空白，倾向于选择教育性启蒙读物，而南非荷兰语和英语没有教育市场的约束，书籍翻译更为多样化。但是，Even-Zohar 和 Toury 都认为，当翻译文学占据中心位置时，译者会认为无须以目标语言为导向，更注重翻译的充分性，而当翻译文学处于边缘位置时，译者才不得不选择归化策略，注重在目标文化中的接受度。这样的二元条件论明显与南非的实际情况相悖，占据中心位置的非洲语种翻译文学反而更加小心翼翼地迎合目标文化，而边缘化的英语、荷兰语翻译文学则更为大胆，倾向于异化。这一现象表明翻译策略的选择并非只由翻译文学的地位决定，需要将更多因素纳入考量。

因而，作者转向后殖民主义，关注权力和意识形态的影响。Lefevere（1992）相较于 Even-Zohar 更注重影响系统的控制机制，如译者、出版商、教育机构。这些因素也都影响着南非儿童文学的翻译系统。许多学者指出，翻译能够推动殖民进程。在后殖民世界中，翻译则成为文化殖民的一种手段。一般而言，翻译成殖民者语言时会采用归化以消除差异，忽视其他文化的特殊性，而翻译成被殖民者语言时，则会采用异化以强调殖民者的语言文化。但作者指出，南非复杂的多语言文化环境使得"归"和"异"这两个概念极难分辨，而译者对此的理解便会影响他们的翻译策略，这种理解又源于他们是以何种身份和认知参与南非文化的。比如，将儿童文学翻译成非洲语种的译者可能认为需要通过归化来宣扬自己文化语言的重要性，以抵抗新殖民主义语言文化的霸权，这实际上与主流观点相违背。鉴于异化、归化过程在南非背景下的复杂性，作者提出异化、归化应该被视作互补的策略，在不同的语境下可以发挥不同的作用。翻译通常是异化归化这两者互相协调的结果，是这两者的混合体，儿童文学的翻译自然也不例外。

在第四章中，作者将副文本和宏观文本分析结合起来，用第三章的理论框架研究南非文化背景下，南非荷兰语和英语的儿童文学翻译，探讨前述理论在这一语言对之间的体现。作者抽样的儿童书籍包括南非本地生产和进口的书籍，分为图画书和启蒙读物两类。

就功能而言，样本中所有启蒙读物都在副文本中表明其致力于培养儿童阅读能力，通常带有明显的说教意义，都或多或少探讨了儿童个人以及所处社会的问题、社会价值观等，翻译通常保留了原著的这些特征。但是，图画书并不受制于教育要求，不论从内容还是从排版上，都更侧重于娱乐性而非说教性。不过，南非本地的图画书译本仍会关注社会文化问题，同样具有些许教育意图；而进口图画书译本则基本不关注社会历史背景，几乎没有教育倾向。另外，以南非荷兰语为源语的图画书译本也鲜少关注社会文化问题，而以英语为源语的图画书译本则往往明确涉及社会文化问题，扎根于特定的社会文化背景中。

宏观文本分析表明，南非荷兰语的本地原著中地理位置、社会经济文化背景往往是不具体的，并且具有同质化、城市化、西化的特征，一般集中于家庭、学校这些儿童熟悉的场合，幻想元素在书中十分普遍。英语本地原著在地理位置、社会经济文化背景方面则更加具体而多样，涉及更广泛的社会环境，能够体现阶级和文化的融合，且风格更偏向于现实主义，强调南非的文化元素。而进口的儿童文学原著与南非荷兰语的本地原著具有几乎相同的特征。这些差异正是因为影响翻译书籍选择的初步规范指定了相关文化背景。

从语言叙述风格来说，启蒙读物通常以第三人称叙事，以主角视角叙述事情、感知事物，以此与儿童读者共情，插图也往往是第三人称的低视角，让读者觉得自己仿佛是故事中的一员。在叙述上，启蒙读物常常使用重复（语言重复或情节重复）和幽默两种策略，以达到教育和吸引读者的目的，但往往缺乏创新和审美性，字体和排版更是如此。而图画书的叙述视角和插图风格都更加新颖多样，虽然大部分字体和排版依旧保持常规，但文字和图片的关系更加复杂，而且语言叙述的多样性有所增加。不过，当地的图画书也多只采用重复和幽默两种策略，只是出现了更多不同语言的穿插使用，也有部分夸张、比喻等修辞手段，但进口图画书则是广泛使用上述修辞，并大量加入节奏、韵律、拟声词、拟人及其他形象化语言。除此之外，进口图画书的插画也采用了更多视角，排版布局也更有创意。

最后作者探讨了副文本中体现的译者地位：启蒙读物不重视展现译者身份，甚至忽略翻译这一过程，而图画书中则明显承认翻译、展现译者身份。这与启蒙读物和图画书的不同功能以及相关初步规范相关。

第五章基于与第四章相同的样本，探讨如何翻译具有文化内涵的词汇及短语，如专有名词、称呼语、借词、文化负载词和固定搭配、习语，因为这反映了译者决策的操作规范和对异化归化的倾向。文本分析表明，南非的儿童文学翻译普遍同时采用了异化和归化两种策略，但不同类型的书籍会有一些不同。在专有名词、称呼语的翻译及借词的使用上，进口的图画书译本体现出高度归化的趋势，人名不仅改编成了南非荷兰语，甚至还会改成非洲语种，使用借词的频率也最低；本地图画书最能体现出异化归化两种策略的融合，大部分专有名词在翻译时被保留，借词现象十分普遍，但也有部分专有名词和借词被改编以适应目标语言；而本地的启蒙读物虽然也体现了两种策略的混合使用，但在保留专有名词和使用借词方面都局限得多，这与其教育功能息息相关。

值得一提的是，借词使用时鲜少被标记，表明南非的语言文化融合程度很高。就文化负载词而言，三类样本都展现出了明显的异化和归化策略，但大多数文化负载词会在翻译中保留下来。而短语层面的固定搭配和习语则是高度归化，尽管三类样本中的策略稍有不同：进口图画书中较少使用替换，更多概括或省略原文中的习语，但也经常添加原文中本没有的目标语言的习语和搭配，这可能是由于译者必须以创新的方式弥补韵律和节奏的缺憾；本地图画书和进口图面书同样都有添加习语的倾向，表明译者普遍重视习语的表意和审美功能；而在启蒙读物中，使用目标语言习语替换源语言习语的情况最为广泛，增添的情况非常有限，反映出对实用性教育功能的重视，美学考虑则不那么重要。

第六章转而讨论读者对归化、异化策略的实际感知和态度，这在现有文献中鲜有触及。作者基于南非儿童文学的特定背景，试图使用眼动实验来研究归化异化策略对于儿童和成人读者的阅读过程和内容理解有何影响，并且调查这两类读者对不同策略的态度。

实验结果表明，总体上读者对归化和异化的词汇反映相近，但在异化词汇上的注视持续时间更长，意味着异化词汇需要更多认知处理。不同词汇的归化异化版本对读者的影响也不尽相同：有些词汇只对个别测量指标有显著影响，有些词汇则对所有测量指标都有显著影响。另外，成人读者和儿童读者的反映也有所不同：成人读者普遍对兴趣区（即归化／异化的词汇）的总注视时间和首次注视时间都更短，注视次数和回视次数也更少，但出乎意料的是，异化词汇会在成人读者阅读过程中会带来更多干扰——更多指标体现出异化归化词汇之间的显著差异，尤其是在回视次数和总注视时间方面，这都是由于成人读者有更丰富的知识背景、阅读经验和更完善的理解能力，使得他们阅读迅速，但更容易注意到陌生词汇；而儿童读者尽管组内差异较大，但对于异化词汇的总注视时间明显更长，且对归化、异化词汇的首次注视时间并无显著差异，这多是由于儿童的阅读经验不够丰富，无法第一时间发现词汇的特殊性或是词汇代表的陌生文化，但会受词汇熟悉度影响，需要更多时间攻克异化词汇带来的阅读障碍，但当异化和归化词汇都不熟悉，且异化词汇在字母音素方面更为匹配时，异化词汇的总注视时间甚至会更少。另外，实验表明读者花费在插图上的阅读时间普遍较少，且当插图和文本所指的文化不同时，或许会给读者带来一些认知处理的障碍。总之，实验结果说明异化、归化策略的效果是复杂而不可预测的，会根据不同的文本和读者而变化。

在文章理解方面，结果表明异化策略虽然会给成人读者带来更多的阅读干扰，但对其理解并未造成任何影响，而儿童则明显被异化词汇所影响，尤其是在异化词汇的意思在文章中找不到解释和提示时。就读者的态度而言，儿童读者或对归化策略持有更积极的评价，或在归化异化之间没有偏好，但是成人读者对不同的文本有不同的偏好，这再次说明对于读者对于归化异化的态度取决于读者自身背景和文本的具体内容。

在最后一章中，作者对全书重点内容总结了七点，重申了每一章的重点结论，强调了本书内容的全面性、综合性，涵盖翻译学的多个领域和方向，涉及多个主体和视角，填补了南非儿童文学翻译研究的空白。基于本书内容，作者在最后提出了未来潜在的研究方向，如采用历时对比、语料库量化研究以及整合社会学或叙事学视角，以对本书结论进行补充或是进一步验证。

3　总体评价

《后殖民主义多元系统——南非儿童文学翻译的创作和接受》一书分

析了南非儿童文学翻译的社会文化背景，以实证研究调查了南非出版商、译者、读者三方对儿童文学中异化、归化翻译策略的观点，体现了异化、归化策略在译著中是交错融合的，对读者产生的效果也是复杂而不可预知的。本书结论填补了相关研究空白，并在一定程度上指明了未来的研究方向。

该书最大的亮点是将理论介绍与实证研究结合起来，且关注到了翻译过程的多个方面和主体，前后内容融会贯通。作者采用了文本分析、问卷调查、实验等多种研究方法，研究过程中始终注重研究的科学性，如抽样是否具有代表性、研究指标定义是否清晰、分类是否合理等，作者对采取的每一步都有详细的说明和合理的解释。更重要的是，作者不仅关注到了翻译的产生和出版，也关注到了读者对不同译本的感知和态度，对南非儿童文学翻译进行了更全面的研究。另外，前文介绍的理论背景支撑着后文的实证研究，而介绍研究结果时，作者也结合具体文化背景给出了相应的解释，恰当地证明或修正了现有的理论，提出了富有价值的实验启示，指明了未来研究方向。

宏观全书，大量的引用和脚注能够体现出作者严谨的研究态度。作者援引了不同视角的理论和观点，但同时也有清晰的逻辑串联和论证过程，并且会在海量文献中找到本书的聚焦点。比如讨论"儿童文学"这一概念时，综合前人观点，作者提出了本书中"儿童文学"的具体所指，既让读者了解儿童文学的相关理论，也让读者认识到本书的目的和聚焦点。而且，虽然本书聚焦于儿童文学，但是作者也会取不同类型的书籍做类比，使得内容更加全面，观点更为可信。值得一提的是，当遇到词意纷杂的重点术语（如"规范""借词"）时，作者总会给出这些术语在书中的定义，并结合研究重点说明原因，这有助于读者理解后文内容。而且，全书有大量脚注，提供更多正文以外的信息，在不影响行文连贯性的同时保持严谨，体现了作者的多方考量，且达到了详略得当的效果，提供的背景知识也能够帮助读者理解文章内容。

在行文方面，作者时刻注意读者的理解。各个章节正文前均有梗概，结尾处均有要点总结，章节与章节之间普遍有过渡衔接，提及前文相关内容以构建读者的知识背景。全书有不少分点列举，也运用了表格等，使得结果可视化，便于读者阅读、理解。具体到第四章，文本分析十分具体，举例详略得当，且有大量插图作为例证，每幅图都有充分的解释，图与文字关系紧密。而第六章对实证研究、实验法都有概括性的介绍，对眼动实验的原理也有细致阐述，这不仅有助于读者理解，也使得本书能够面向更多的读者。

但是，本书也存在一些不足之处。

尽管本书结构基本清晰，但仍有零散的部分。这尤其体现在绪论一章，作者介绍了大量不同方面的信息，但信息类别转换频繁，可能让读者因开篇出现太多繁杂的信息而感到云里雾里，无法构建系统的知识背景。若作者将信息分类，再按序介绍，如先介绍南非的社会语言文化等背景，再聚焦于儿童文学及其翻译，其中可以穿插南非的特定背景与儿童文学的相互影响，这样或许更加系统一些，有助于读者跟上作者的思路。另外，在文本分析中，有些文本的直译放在段落中，有些却放在脚注里，这种不统一显得凌乱，而且将翻译放在脚注中不方便读者将其与文中内容进行联系与对比，易给读者造成阅读不便。

作者在书中提出了不少观点与发现，但在表述方面存在些许不足。本书的一大优势是在说明问题时会引经据典，结合实际背景，但在客观陈述时作者偶尔会跳过逻辑论证，直接加入自己的理解和推论，这样容易显得突兀而主观。更多问题与实证研究相关。在谈及出版商选择出版物的动机时，问卷显示大部分出版商选择了教育价值（75%），其次便是审美文学价值（62.5%），但作者直接忽视了后者，并将教育价值与教育市场等同起来，以论证南非儿童文学出版多受教育市场驱动这一观点，不免显得有些牵强。而在表述出版商招聘译者方式时，作者表示"一些"出版商提及缺乏有经验的译者，鉴于前文都有具体数字，且译者短缺这一评论又与后文最为相关，只用"一些"这样模糊不清的表达显得不够可信，不足以支撑作者后文对译著质量的评价。针对第六章的实验还有一些具体的问题，如：被试数量不多，且多是女性，是否会影响结果？作者选择特定文本做实验的理由为何？被试是否都对此文本不熟悉？作者对文本的词汇进行了异化／归化的操纵，这种操纵较为武断片面，并非基于真实的翻译情景，这对读者是否会有影响？是否让专业译者以归化／异化策略对特定文本进行翻译会更好？有关读者对文本的态度并未提供任何原语料，作者直接按照积极／消极／中立分类是否成立？最后，在解释结果时作者将标准化条件移除以说明数据显著性，甚至在标准化数据有显著性时，仍用非标准化数据强调显著性，这不够令人信服，有操纵数据的嫌疑。而且。所给表格中是标准化数据，文字与表格不匹配，影响了数据一致性。但是整体而言，瑕不掩瑜，本书对南非儿童文学的翻译研究作出了显著贡献，并对翻译学理论进行了建设性的验证、补充和修正。

【参考文献】

Even-Zohar, I. (1990). Polysystem studies. Poetics Today, 11 (1), 1-51.

Kruger, H. (2012). Postcolonial polysystems: The production and reception of translated children's literature in South Africa. Amsterdam/Philadelphia: Benjamins.

Lefevere, A. (1992). Translation, rewriting, and the manipulation of literary fame. Routledge.

Toury, G. (2012). Descriptive translation studies – and beyond (revised edition). Amsterdam/ Philadelphia: Benjamins.

李宏顺. 国内外儿童文学翻译研究及展望. 外国语，2014（5），64-72.

徐德荣. 儿童文学翻译刍议. 中国翻译，2004（6），35-38.

徐德荣. 儿童文学翻译研究专题. 山东外语教学，2022（6），97.